통합 독서교육콘텐츠의 이론과 실천

통합 독서교육콘텐츠의 이론과 실천

## 저자 소개

### 이창식(李昌植)

동국대학교 대학원 국어국문학과 졸업(문학박사)
세명대학교 미디어문학부 한국어문학과 교수
세명대학교 지역문화연구소 소장 역임
(사)전통문화자원연구원장, 독서·논술 자문위원(제천고 등)
충청북도 문화재전문위원, 문화예술진흥위원
저서 『한국의 유희민요』, 『구비문학이란 무엇인가』, 『충북의 민속문화』, 『전통문화와 문화콘텐츠』,
　　『문학콘텐츠와 스토리텔링』, 『한국문학콘텐츠』, 『한국신화와 스토리텔링』 외 다수

### 안상경(安相敬)

충북대학교 대학원 국어국문학과 졸업(문학박사)
한국외국어대학교 대학원 문화콘텐츠학과 박사과정
충북대학교 평생교육원 독서지도자 과정 전임강사
충북대·충주대·세명대 강사
충북개발연구원 비상임연구원
저서 『중국 조선족의 문화와 청주아리랑』, 『죽령국행제 조사연구』, 『충북의 무가·무경』, 『앉은굿 무경 연구』,
　　『충북지역 마을신앙의 전승과 문화콘텐츠 활용 연구』 외 다수


# 통합 독서교육콘텐츠의 이론과 실천

**초판 인쇄** 2008년 9월 1일 | **초판 발행** 2008년 9월 10일
**지은이** 이창식·안상경
**펴낸이** 최종숙 | **책임편집** 이소희 | **편집** 권분옥 김지향 윤수진
**펴낸곳** 글누림출판사
**주소** 서울시 서초구 반포4동 577-25 문창빌딩 2층
**전화** 02-3409-2055 | **팩시밀리** 02-3409-2059
**홈페이지** http://www.geulnurim.co.kr | **이메일** nurim3888@hanmail.net
**등록** 2005년 10월 5일 제303-2005-000038호

ISBN 978-89-91990-99-9 03370
정 가 16,000원

* 잘못된 책은 교환해 드립니다.

# 통합 독서교육콘텐츠의 이론과 실천

이창식 · 안상경

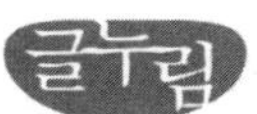

# 책을 내며

21세기 감성사회는 창의성을 요구하는 지식기반 글로벌시대이다. 그만큼 다각도에서 지식기반형 아카이브 구축 및 지식정보화가 필요하다. 그래야만 제반 분야에서 다양한 형태의 파생콘텐츠를 기대할 수 있다. 독서는 파생콘텐츠의 창출을 주도하는 핵심활동으로서 여전히 의미를 갖는다. 독서는 고도의 지식 능력과 삶의 지혜를 제공하며, 동시에 생존경쟁에서 앞서나갈 수 있는 지식전략의 열쇠를 제공한다. 때문에 독서의 창조적 활동이 세상을 바꿀 수 있다고 말하기도 한다.

집필진은 국문학 전공자들이다. 국문학을 전공한 덕에 상대적으로 수많은 한국문학 작품을 섭렵하였다. 예컨대 '춘향전', '흥부전', '심청전' 등의 원전을 미련스럽게 해독하며 어린 날에 그림책이나 동화책으로 이해할 수밖에 없었던 작품의 진정성에 심취하였다. 고전을 남긴 위대한 사상가와 문학가의 열정적인 삶을 동경하며 그들의 삶을 좇으리라 다짐하기도 하였다. 관련한 프로젝트를 수행하기 위해 전통마을의 이야기꾼들과 명무들로부터 설화, 민요, 무가 등을 채록하기도 하였다.

이러한 기초 작업을 통해 인간 삶의 의미와 가치, 나아가 한민족 역사와 문화의 정체성을 자연스럽게 체득하였다. 그러던 중 타의반 자의반 평생교육원 독서지도자 과정의 강의를 전담하게 되었다. 당시까지 독서교육에 대한 집필진의 지식은 일반 상식을 뛰어넘는 수준이 아니었다. 한국문학 작품을 두루 섭렵했을 뿐만 아니라 전통문화의 전승 체계를 파악하고 있었지만, 독서교육이라는 것이 그러한 지식만으로 충분하지 않다는 사실을 잘 알고 있었다.

아직도 평생교육원 독서지도자 과정의 첫 강의를 잊지 못한다. 내심 기대와 염려가 교차하고 있었지만, 평생교육원 수강생들의 열정은 어떤 전문 연구자들의 열정보다 대단한 것이었다. 그들이 뿜어내는 집단의 기운을 차마 감당할 수가 없었다. 그때부터 강의에 대한 부담이 스트레스로 변해갔다. 차라리 강의를 포기할까, 수차례 고민하기도 하였다. 그러나 수강생들의 기대를 저버릴 수가 없었다. 그 기대의 원천이 오로지 아이들에 대한 사랑으로부터 비롯되고 있었기 때문이다.

그때부터 독서교육과 관련한 서적을 뒤적이기 시작하였다. 독서교육에 대한 새로운 길찾기를 시작한 것이다. 그러나 독서교육, 특히 독서지도와 관련한 서적은 지지부진하였다. 간혹 있다손 치더라도, 수강생들이 교육현장이나 가정에서 전혀 응용할 수 없는 난해하고 진부한 이론 일색이었다. '독서지도의 실제'라는 타이틀을 표방한 서적들도 이런저런 독서지도 방법들을 주먹구구식으로 나열한 것이었다. 독서교육이 제때에 정상적으로 이루어지지 않고 있는 이유를 실감할 수 있었다. 집필진은 평생교육원 강의 차원에서가 아니라, 한국 독서교육 전반적인 차원에서 대책을 마련해야 한다는 사실에 공감하였다.

그러나 별다른 대안이 없었다. 외국서적을 탐독하였지만 우리의 현실과 상당 부분 떨어져 있었다. 그러는 중에 형지영(2001)의 『창의력을 신장시키는 통합적 독서교육』을 접하게 되었다. 독서교육과 관련한 서적으로 단연 선진적인 자료였다. 체계적인 논리를 바탕으로 독서지도의 실제를 학생들과 함께 창출하고, 그 결과물을 세상에 내보인 것이었다. 그러나 이 자료마저 평생교육원 수강생들이 요구하는 실질적인 대안은 될 수 없었다. 필자진은 『창의력을 신장시키는 통합적 독서교육』을 저본으로 평생교육원 수강생들과 함께 아동들의 독서지도에 부합하는 새로운 모델을 궁구하기 시작하였다.

처음에는 그저 흉내 내는 수준을 벗어나지 못했다. 그러나 우리들의 노력은 헛되지 않아, 시간이 흐를수록 독서교육의 체계가 확립되기 시작하였다. 기존의 자료를 훨씬 뛰어넘는 참신한 결과물들이 쏟아져 나오기 시작하였다. 새롭게 제기된 방법론은 그때그때 수강생들을 통해 교육현장이나 가정에서 적극 활용되었다. 활용은 단순한 접목이 아니었다. 방법론의 문제점 발견과 대안 마련을 전제로 한 활용이었다. 강의는 서서히 활기를 띠기 시작하였다. 수강생들도 교육현장의 상황에 따른 저마다 고민을 토로하며 독서교육의 합일점을 찾아갔다.

이러한 과정을 거쳐 '통합 독서교육콘텐츠'의 체계가 완성되었다. 무려 7년이라는 세

월이 흘렀다. '통합 독서교육콘텐츠'의 콘셉트는 아동들이 책을 사랑하고, 책 속에서 삶의 논리를 익히고 무한한 상상력을 키우며, 예리한 판단력과 심미안을 고양할 수 있도록 하는 데 맞추어져 있다. 그리고 출판에 있어서는 '실천'이라는 편찬 의도를 최대한 살리려고 노력하였다. 어떤 교육현장에서든 학습자 중심의 독서교육이 이루어질 수 있도록 다양한 교육자료를 제공하는 데 주력하였다. 아동들이 독서를 보다 친근하고 흥미롭게 받아들일 수 있도록 유도한 편집 결정이었다.

독서교육은 시대적 여건이나 문화적 현상에 따라 변화하는 특성이 있다. 그래서 아무리 체계적인 이론이나 효율적인 방법론이라도 그 자체를 완성이라고 할 수가 없다. 독서교육의 이론과 방법론에 대한 모색은 지속적으로 이루어져야 한다. 무엇보다 현장의 교사들이나 우리 부모들의 독서교육에 대한 관심과 고민, 그리고 실천이 수반되어야 한다. 이 책이 그러한 눈높이에 맞는 안내서가 되기를 바란다. 또한 이 책을 저본으로 독서의 대중화와 생활화를 이룩할 수 있는 코페르니쿠스적인 방법론이 제기되기를 바란다.

이 책의 저자는 필자진만이 아니다. 그동안 충북대학교 평생교육원 독서지도자 1·2과정을 수강한 원생 및 세명대학교 미디어문학부 '독서와 논술'을 수강한 학부생들이 필자진으로 참여했다고 할 수 있다. 이 자리를 빌려 그들에게 감사의 인사를 전한다. 그리고 등장인물의 캐릭터 포착과 독서만화의 교육적 효과를 알려 준 주성대학 디자인과 우은정 선생님께 감사드린다. 북아트의 독서교육 접목 방법과 필요성을 알려 준 '책만들며 교육하는 사람들－북플러스'의 류양현 선생님께도 감사드린다. 산재한 자료들을 체계적으로 분류하고 정리하는 데 도움을 준 독서지도사 유은숙 선생님께도 감사드린다. 마지막으로 이 책의 전체적인 방향을 설정해 주고 문제점을 지적해 준 청주고등학교 김민정 선생님께 깊이 감사드린다.

2008년 8월

집필진

# 차 례

# 제1장 ▌ 디지털시대의 매체변화와 독서교육의 변화

## 1. 매체변화와 의사소통 구조의 변화

문자의 발견과 인쇄술의 발달에 이어 컴퓨터가 발명되었다. 컴퓨터의 발명과 확산·보급은 인간사회를 급격하게 변화시켰다. 무엇보다 기존의 의사소통 구조를 변화시켰다. 컴퓨터에 의한 의사소통 구조의 변화를 이해하기 위해서는 문자에 의한 의사소통 구조의 형성과 변화를 먼저 이해할 필요가 있다. 그리고 문자에 의한 의사소통 구조의 형성과 변화는 개인적인 의사소통 구조보다 신문이나 방송과 같은 공적인 의사소통 구조를 중심으로 살펴보는 것이 용이하다.

[표 1] 일방작용으로서 의사소통

문자에 의한 초기 의사소통 구조는 송신자가 수신자에게 일방적으로 정보나 지식을 전달하는 구조를 취하고 있었다. 예컨대 신문의 경우에 구독자는 편집자의 주장을 그대로 받아들일 수밖에 없었다. 물론 그에 대한 반응이나 반론이 있기도 했지만, 그러한 의견들이 신문에 반영될 수는 없었다. 이러한 의사소통 구조는 라디오나 텔레비전과 같은 공중파 방송에서도 마찬가지였다. 방송국은 송신자가 되고 시청자는 수신자가 되어, 수신자는 방송국에서 제작한 프로그램을 시청하는 것 이외의 어떠한 역할도 담당할 수 없었다.

이러한 의사소통 구조는 송신자와 수신자의 관계를 수직적이거나 종속적인 것으로 만들었다. 그러나 인쇄술이 발달하여 대중의 의식이 각성되고 사회참여에 대한 욕구가 커지면서 대중은 단지 수신자의 위치에 머물러 있지 않았다. 대중으로서 수신자도 간접적인 형태로나마 송신자에게 자신의 의견을 개진하였다. 예컨대 신문을 구독하거나 방송을 시청하고 편지나 전화를 통해 신문사와 방송국에 자신의 의견을 개진하였다.

[표 2] 간접상호작용으로서 의사소통

그 결과 상호작용으로서 의사소통이 이루어지기는 했지만, 그렇더라도 송신자는 수신자에게 직접적으로 의사를 전달한 반면 수신자는 송신자에게 간접적으로 의사를 전달할 수밖에 없었다. 즉 수신자는 전달 매체를 달리하거나 사적인 전달 매체를 통해서만 송신자와 의사소통이 가능하였다. 이러한 간접상호작용으로서 의사소통 구조는 자본주의의 확산으로 소비자가 경제활동의 핵심으로 부상하면서 직접상호작용으로서 의사소통 구조로 변화하였다.

[표 3] 직접상호작용으로서 의사소통

송신자와 수신자의 의사소통이 비로소 대등한 위치에서 이루어졌다. 신문사와 방송국은 구독자와 시청자의 의견을 매체에 담아 "독자의 소리" 또는 "시청자의 의견을 듣습니다" 등의 코너를 만들어 수신자의 의견을 해당 프로그램에 적극적으로 반영하였다.

특히 드라마의 경우에 시청자의 반응이나 의견에 따라 드라마의 내용, 방영 시간, 방영 기간 등이 조정되었다. 작품성에 대한 논란이나 시청률을 의식한 유연한 방송, 상품성에 매달린 편성이라는 우려의 목소리가 있지만, 의사소통 구조에서 본다면 수신자의 목소리가 직접적으로 송신자에게 전달되는 직접상호작용으로서 의사소통이 이루어지게 된 것은 분명한 사실이다. 그러나 직접상호작용으로서 의사소통이 이루어졌다고 하지만, 일방향의 의사소통 구조나 일 대 다수의 의사소통 구조에서는 아직 벗어날 수 없었다.

[표 4] 교류작용으로서 의사소통

　1990년대 들어서 컴퓨터가 전국적으로 보급·확산되었다. 컴퓨터에 의한 의사소통 구조는 즉시성·쌍방향성·개별성 등의 특성을 갖는다. 즉시성과 쌍방향성은 송신자와 수신자의 구분을 의미 없는 것으로 만들었고, 일 대 일의 의사소통 구조는 개인의 권리와 참여 활동을 적극적으로 수용하고 보장하였다. 예컨대 컴퓨터의 채팅에서는 특별히 송신자와 수신자의 구분이 없다. 송신자와 수신자의 역할이 고정되어 있지 않기 때문에 누구나 송신자가 되고 수신자가 된다.

　전 단계의 의사소통 구조가 여러 단계를 거쳐 발전을 거듭하면서도 송신자와 수신자의 역할이 고정되어 있던 점을 상기하면, 컴퓨터에 의한 의사소통 구조의 변화는 획기적인 것이라고 할 수 있다. 텔레비전도 이제는 쌍방향TV나 웹TV가 각광을 받고 있다. 쌍방향TV는 시청자가 수백 개의 채널 중에서 자기가 원하는 프로그램을 구성하고 자신의 의견을 적극적으로 프로그램에 반영하는 형태를 취하고 있으며, 웹TV는 텔레비전의 역할에다 인터넷 등 다양한 매체가 TV 안에서 통합되는 형태를 취하고 있다. 한편 신문의 경우에도 전자신문의 발전으로 맞춤식 신문의 탄생을 눈앞에 두고 있다.

　컴퓨터에 의한 매체변화는 송신자와 수신자의 영역을 허물고 쌍방향성·즉시성·실시간성을 이룸으로써 의사소통 구조의 변화를 가져왔다. 의사소통 구조의 변화는 전달하고 전달받는 전통적인 의사소통 구조와 달리 수신자의 역할을 송신자의 위치로 끌어

올림으로써 송·수신을 더욱 원활하고 다양하게 만들었으며, 맞춤식 정보를 제공받을 수 있는 기회와 정보 창조자의 역할을 부여하였다.

컴퓨터의 확산과 보급으로 인해 기존의 의사소통 구조가 변화하였음을 살펴보았다. 그런데 의사소통 구조의 변화는 그 자체에 머물지 않고 사회, 문화, 교육 전반의 변화를 주도하는 특성이 있다. 무엇보다 일방적인 쓰기와 읽기의 시대가 가고 쓰는 사람과 읽는 사람이 함께 하는 다차원적 소통이 그 자리를 차지하게 된 데 기초하여 단선구조를 취하고 있던 과거의 교육 구조가 시정되고 있다. 학습자의 능력과 취향을 고려하지 않은 기존의 교재도 학습자의 목소리와 삶을 담는 방향으로 개선되고 있다. 일부 사례이기는 하지만 지도교사의 평가도 상당 부분 학습자의 몫으로 돌아가고 있다. 동시에 결과에 대한 일회성의 평가보다 교육활동의 모든 내용이 종합적으로 평가의 대상이 되고 있다.


## 2. 매체변화와 독서교육의 변화

### 1) 독서교육의 변화

#### (1) 개인·심리적 측면

독서는 작가와 독자 사이에서 일어나는 심리적 상호작용이다. 독서는 단순히 글을 읽는 것을 의미하지는 않는다. 독서는 문자를 해독하는 것에서 시작하지만, 해독된 문자나 기호를 일정한 의미와 연결시키고 그 의미를 일정한 상황과 접목시켜 이해하며, 나아가 그것에 대해 일정한 반응을 보일 때 비로소 완성된다. 요컨대 독서는 글 속에 담긴 문자나 기호를 해독하여 독자의 사전지식과 경험 그리고 다양한 보조수단을 활용하여 글 속의 정보를 파악하고 이해할 뿐만 아니라, 개인적인 차원에서 의미 체계를 재구성하는 정신적 활동이라고 할 수 있다. 이러한 사실에 기초하여 오늘날 개인·심리적 측면에서 독서교육이, 독자가 글을 읽고 그 속에 담겨 있는 의미를 역동적으로 재구성하는 능력을 고취시키는 방향으로 변화하고 있다.

(2) 사회·문화적 측면

인간의 문명은 문자와 언어를 만들고 사용하면서 비약적으로 발달하였다. 문자를 통해 경험을 기록하고, 기록물을 후대에 전수하여 새로운 발전의 밑거름으로 삼았다. 따라서 전대의 사회와 문화를 이해하고 새로운 사회와 문화를 창조하려면 문자로 기록된 기록물을 읽어낼 수 있어야 한다. 그러나 현대인은 문자의 홍수 속에서 살아가고 있다. 교과서와 학술서적, 신문과 잡지, 광고와 안내, 인터넷과 방송 등 제반 영역에서 글이 넘쳐 나고 있다. 특히 정보통신혁명시대, 지식기반사회라고 일컫는 오늘날에 글의 유통과 전파는 과거 어느 시대와 비교할 수 없을 정도로 대량화·신속화되고 있다. 이러한 환경에서 우리는 의식하든 의식하지 못하든 간에 여러 종류의 글을 읽으면서 살아가고 있다. 이러한 사실에 기초하여 오늘날 사회·문화적 측면에서 독서교육이, 새로운 환경에 바르게 적응하고 전대의 전통과 문화를 이해하여 새로운 전통과 문화를 창조할 수 있는 능력을 고취시키는 방향으로 변화하고 있다.


## 2) 독서교육의 목표

### (1) 매체읽기 독서교육

첨단기술의 확산에 따른 고도의 정보화는 사회·문화현상의 변화뿐만 아니라 교육체계의 변화를 가져왔다. 이제 학습자는 원하는 지식과 정보를 컴퓨터를 통해 얼마든지 얻을 수 있다. 따라서 지식을 전달하고 가르치는 데 중점을 두었던 독서교육은 본질적인 변화를 꾀해야 한다. 과거에는 독서를 통해 지식과 정보를 획득하였지만, 디지털시대의 도래로 지식과 정보를 획득하는 통로가 다양한 매체로 다원화되었다. 독서가 지식과 정보를 습득하기 위한 가장 중요한 수단이라는 말은 옛말이 되어가고 있다. 매체가 다원화되고 컴퓨터로 대표되는 멀티미디어문화가 삶의 중심이 되고 있는 이때, 독서를 바라보는 패러다임이나 독서교육의 방향은 변화해야 한다.

독서는 넓은 의미의 '보기'와 좁은 의미의 '읽기'로 나눌 수 있다. 넓은 의미의 보기는 주변의 모든 것을 보고 이해하고 활용하는 행위이다. 이는 독서의 범위를 일반적인 책 읽기만으로 한정하지 않는다. 훨씬 넓은 의미로서 신문이나 잡지, 텔레비전, 영화, 비디오, 만화, 컴퓨터 등의 멀티미디어 같은 다양한 매체까지 포함한다. 좁은 의미의 읽기는 전통적인 독서, 즉 책 읽기를 뜻한다. 책을 읽는다는 것은 영상매체와 다른 고유한 성질을 갖고 있지만 이제 책의 개념도 달라져야 한다. 종이에 인쇄된 출판물뿐만 아니라 컴퓨터의 모든 자료들이 읽기의 대상으로서 새로운 의미가 부여될 것이기 때문이다.

미래사회의 독서교육에서는 독서의 범주를 책이라는 인쇄된 출판물에만 한정시킬 수 없다. 인쇄된 출판물뿐만 아니라 인터넷의 정보나 다양한 매체까지 독서교육의 기초 자료가 되어야 한다. 따라서 독서교육을 책 읽기 교육만이 아니라 문화읽기, 생활읽기, 삶 읽기 등 매체읽기 교육으로 확대하는 인식의 전환이 필요하다. 독서교육은 인간의 삶 속에서 구현되는 다양한 매체를 바르게 읽고 자의적으로 해석하여 표현할 줄 아는 사고력과 습관을 길러주어 학습자가 보다 풍요로운 삶을 살 수 있도록 해야 한다.

### (2) 정보처리 독서교육

21세기는 고도의 지식정보화 사회이다. 많은 지식을 쌓고 기술을 습득하는 것도 중요하지만, 지식과 정보를 어디에서 얻고 어떻게 활용할 것인가를 인식하는 것이 더욱 중요하다. 하루하루 쏟아져 나오는 엄청난 양의 정보 중에서 학습자는 자기에게 필요한 자료를 취사선택하고 이를 분석·이해·종합하는 사고과정을 통해 자기화할 줄 알아야 한다. 즉 정보를 읽고, 정보를 다시 자료화하여 처리하고, 다시 자기의 지식으로 만들어 구조화할 줄 아는 고도의 정보처리 능력을 가진 사람을 기르는 독서교육이 되어야 한다. 이를 위해서는 독서기능, 독서전략, 독서자료 등에 대한 연구와 학습자 중심의 교수·학습방법 및 평가방법 등에 대한 지속적인 연구가 병행되어야 한다.

무한한 정보를 효율적으로 처리하고 활용할 줄 아는 능력뿐만 아니라 주어진 자료를 바탕으로 새로운 정보를 창의적으로 표현할 줄 아는 사람을 기르는 것이 독서교육의 핵심이다. 독서는 주어진 자료를 편집·가공해서 자기 언어로 표현하는 능동적이고 창조적인 사고과정이라는 점을 이해하는 것이 중요하다. 글의 내용을 이해하고, 분석하고, 추리하고, 비판하고, 재해석해서 표현할 줄 아는 사람을 기르는 독서교육이 이루어져야 한다.

　독서를 단순히 책을 읽는 것이라고만 생각해서는 곤란하다. 책을 읽고 마는 것은 지식과 정보의 습득 수준에 머물 수 있다. 다양한 표현 기회를 제공해서 글과 작가, 독자 사이에서 일어나는 역동적인 사고를 심화시키고 끌어낼 수 있는 통로를 마련해주어야 한다. 따라서 학습자가 독서 후에 감상표현을 지겨워하고 싫어한다고 해서, 시간이 많이 소비된다고 해서 책만 읽도록 하는 것은 문제가 있다. 다양한 독서프로그램을 개발하고 독서표현을 권장하는 분위기를 만들어야 한다. 책을 읽는 과정에서 획득한 어떤 사고를 표현하는 것, 그것까지가 독서이며 이러한 과정을 통해 창의적 사고력이 길러진다는 사실을 상기할 필요가 있다.

# 제2장 ▌ 통합 독서교육콘텐츠의 기초와 원리

## 1. 통합 독서교육콘텐츠의 기초

통합 독서교육콘텐츠는 통합언어(Whole language) 이론에 기초를 두고 있다. 통합언어 이론은 1980년대 유럽과 미국을 중심으로 확산된 이른바 '학습자 중심의 언어교육 운동'이다. 통합언어 이론의 요체는 "언어의 각 영역, 즉 읽기, 쓰기, 듣기, 말하기는 문자 언어와 음성 언어로 구분할 수 있다. 그러나 실제 언어 사용에 있어서는 네 영역이 복잡하게 서로에게 영향을 주고받는 통합적 특성을 지니고 있다."는 것이다.

통합언어 이론은 코매니우스, 듀이, 피아제 등에서 그 맥을 찾을 수 있다. 특히 듀이는 학습자가 어떤 문제를 스스로 탐구하고 해결하기 위해서는 학습자의 실제적인 경험과 활동, 그리고 자기주도적 역할이 중요하다고 강조하였다. 또 교육현장을 하나의 실험실로 삼아 학습자가 직접 만들고 창조하고 활동적으로 문제를 탐구할 수 있도록 하는 데 필요한 자료와 도구—이때 도구 중에서 가장 중요한 것이 언어이다—를 갖추어야 한다고 역설하였다. 이밖에 로젠블렛은 읽기를 학습자와 텍스트간의 의사소통 행위로 간주하여 학습자의 의무와 책임을 강조하였다. 굿맨과 스미스도 읽기를 학습자와 언어 사이의 상호작용 과정으로 파악하였다. 이들의 연구는 유럽과 미국을 중심으로 활성화되었던 '문학중심 언어교육' 또는 '활동중심 언어교육'에 이론적 기반을 제공하였다.

통합언어 이론은 연구자의 자의에 따라 개념 정의와 특성 논의가 다양하게 전개되었다. 그러나 다양한 의견 속에서도 통합언어에 대한 일치된 견해를 찾을 수 있다. 무엇보다 언어의 각 영역들이 근본적으로 분리되어 있지 않기 때문에 언어를 사용하는 실제적이고 자연스러운 상황 안에서 언어교육이 이루어져야 한다는 관점을 공유하고 있다. 여기서 '언어를 사용하는 실제적이고 자연스러운 상황'은 통합적 상황으로 요약할 수 있다. 통합적 상황이란 뉴맨(Newman, 1985)의 정의를 빌어, 수업 상황에서 발생하는 모든 것뿐만 아니라 학습자를 둘러싼 세계, 즉 가정생활, 학교생활, 교실 밖 실제생활 등을 아우르는 용어라고 할 수 있다. 사실상 언어활동은 삶의 모든 부분과 직접적으로 연결되어 있으며, 그렇게 될 때라야 언어교육에 의한 언어능력이 자연스럽게 신장될 것이라는 의미를 갖고 있다.

또한 학습자가 능동적으로 학습에 참여하여 흥미를 보이거나, 학습내용을 더욱 깊이 있게 이해하고 진지하게 탐구하기 위해서는 현재 학습하고 있는 것과 과거에 학습한 것을 연결시켜야 한다는 관점을 공유하고 있다. 즉 학습내용보다 학습자에 초점을 맞추는 학습자 중심 교육이 이루어져야 한다는 것이다. 이러한 관점에서 통합언어를 지도하는 지도교사는 학습자가 자연스럽게 자신의 언어를 표출할 수 있도록 학습자에게 다양한 언어를 경험할 수 있는 풍부한 기회와 효과적인 환경을 제공하고, 그들의 흥미와 동기를 유발시킬 수 있는 학습 환경을 계획하고 구성해야 한다.

실제로 유럽에서 운용되고 있는 교육협의회의 경우, 소집단 교육에 초점을 맞추어 '통합 독서교육콘텐츠'를 논의·개발하였다. 학습자가 자신의 삶뿐만 아니라 교과 교육과정의 다른 영역을 자신의 학습과 관련짓도록 도와주는 프로그램으로 평가받고 있다.

[표 5] 호주 Victoria주 통합교과적 수업 사례

| •9·10학년 통합교과적 수업 운용 사례 | | |
| --- | --- | --- |
| •통합교과적 수업 운영 : "Zines" | | |
| 학습요소<br>Strand | 학습영역<br>Domain | 학습내용<br>Dimension |
| 신체적·개인적·사회적 학습<br>Physical Personal<br>and Social Learning | 대인관계 발달<br>Interpersonal Develoment | 팀 작업 |
| | 개인 학습<br>Personal Learning | 개별 학습자<br>개인 학습 주도(자신의 학습 주도) |
| 학문기반 학습<br>Discipline—based<br>Learning | 예술<br>The Art | 창조하고 만들기 |
| | 영어<br>English | 읽기, 쓰기, 듣기, 말하기 |
| 간학문적 학습<br>Interdisciplinary<br>Learning | 정보통신기술<br>ICT | 창조를 통한 ICT |
| | 사고 과정<br>Thinking Processes | 추론, 정보처리, 탐구 |
| •수업활동 1. 수업시간에 만들 잡지 설정<br>•수업활동 2. 창안할 잡지의 특징 탐색<br>•수업활동 3. 창안할 잡지의 초점과 범위 선정 및 출판 계획 수립<br>•수업활동 4. 잡지에 수록할 자료의 수집, 저술, 배열 및 인쇄·온라인용 잡지 출판<br>•수업활동 5. 잡지를 기존 시장에 런칭시키기 위한 계획 및 조직 | | |

[표 6] 호주 Victoria주 통합교과적 평가 사례

| •9·10학년 통합교과적 평가 사례 | | |
| --- | --- | --- |
| •통합교과적 수업 평가 : "Zines" | | |
| 평가기준<br>Standards | 평가준거<br>Assessment criteria | 평가증거<br>Evidence |
| 대인관계 발달<br>*팀 작업* | •팀의 장점을 밝히고 활용할 수 있는 능력 / 목표를 설정하고 스케줄대로 진행하는 능력 | •프로젝트 플랜 |
| 개인 학습<br>*개별 학습지* | •자신들의 학습에서 개선할 부분을 규명하는 능력 | •잡지 출판 입안자의 기록 |
| 개인 학습<br>*개인학습 주도* | •적절한 자료를 배당하고 정해진 시간 내에 과제를 완성하는 능력 | •잡지 출판 입안자의 기록 |
| 예술<br>*창조하고 만들기* | •텍스트와 그래픽의 변화, 스타일, 효과 등에 대한 관심을 반영하는 잡지를 개발하는 능력·잡지 내용을 개발하기 위해 미디어를 조작하는 능력 | •레이아웃, 설계, 이미지 등에 대한 평가 |
| 영어<br>*읽기* | •두 개의 다른 잡지의 내용, 스타일, 독자를 분석하는 능력 | •기존 잡지와 창안할 잡지의 특징에 대해 분석한 글(개별 학습자 노트) |
| 영어<br>*쓰기* | •글을 정확성, 일관성, 명료성 있게 편집하는 능력 | •글의 내용과 언어의 적절성 측면에서 평가 |
| 영어<br>*듣기와 말하기* | •아이디어를 개발하고 쟁점을 명료화하게 하기 위해 동료 및 집단 토론에 참여하는 능력 | •토론에 대한 교사 관찰 |

| 정보통신기술<br>*창조를 위한 ICT* | • 적절한 소프트웨어를 설정하는 능력 / 프로젝트 계획을 개발하는 능력 | • 프로젝트는 과제 분류, 과제 할당, 자원, 열정 등을 포함해야 함 |
| 사고 과정<br>*추론, 정보처리, 탐구* | • 자료의 의미를 식별하는 능력 | • 객관적 분석과 대비하여 주관적 조사의 가치, 목적, 의도 분석 |

위의 표와 같이 '통합 독서교육콘텐츠'는 쓰기를 통한 읽기의 재구성과 함께 풍부한 구두 언어, 즉 듣기와 말하기의 기회를 열어주어 보다 의미 있는 언어 경험을 갖도록 하고, 독서의 내용을 관련 교과 내지 실제 자신의 삶의 경험과 연결짓도록 하는 전방위적 통합을 꾀하는 독서교육 모델이라고 할 수 있다.


## 2. 통합 독서교육콘텐츠의 원리

통합언어(Whole language) 이론이 시사하는 바, 우리나라에서도 국어교육이 통합언어 이론에 기초하여 새로운 방향으로 나가야 한다는 주장이 제기되고 있다. 이러한 주장은 매체변화에 따른 사회·문화의 변화 및 그러한 환경에서 성장하고 있는 학습자의 수용 변화에 근거를 두고 있다. 그렇다면 국어교육뿐만 아니라 국어교육의 핵심이라고 할 수 있는 독서교육도 본질적인 변화를 기해야 한다. 이러한 주장에 부합하여 오늘날 '통합 독서교육콘텐츠'가 지속적으로 개발되고 있고, 또 현장에서 적극적으로 활용되고 있다.

'통합 독서교육콘텐츠'는 독서자료와 문학영역 및 다른 교과목의 통합, 언어기능 즉 읽기·쓰기·듣기·말하기의 통합, 독서 내용과 실제 삶의 통합을 지향하는 독서교육 프로그램이다. 즉 독서는 내용면에서 문학뿐만 아니라 사회, 역사, 과학, 예술, 철학 등 다양한 독서자료를 대상으로 한다는 점에서 범교과적으로 통합한다. 독서자료의 이해와 표현은 언어를 기반으로 하며 언어기능 즉 읽기·쓰기·듣기·말하기는 서로 독립적으로 분리될 수 있는 것이 아니라 상호 연관되어 함께 이루어지는 것이므로 독서교육은 이들을 통합한다. 독서는 인간을 바르게 이해하고 보다 나은 삶을 위한 것이며 결코 생활과 분리될 수 없다는 점에서 학습자의 실제 삶과 관련짓고 그 속에서 독자적인 의미를 찾는 통합을 기반으로 한다.

차세대의 독서교육은 통합의 원칙을 좇을 필요가 있다. 모든 교과와 생활의 기반이 되는 것이 독서이며, 독서를 통해 학습능력을 발달시킬 수 있고, 나아가 인간과 사회에 대한 바른 이해가 가능하기 때문이다. 독서자료를 통해 다른 교과나 생활과 관련된 여러 활동을 해보거나 서로 연관시키는 활동을 통해 종합적인 사고력을 신장시킬 수 있을 것이다.

### 1) 교과과목의 통합 원리

독서교육은 학교교육의 일부분이다. 독서교육은 해당 학년별, 발달 단계별 과정에서 학습하는 교과의 내용과 연결하여 통합적으로 이루어져야 한다. 모든 교과는 독서를 기반으로 하며, 독서가 바탕이 될 때라야 학습능력이 효과적으로 신장될 수 있다는 점에서 독서와 교과를 연계하는 독서교육콘텐츠가 지속적으로 개발되어야 한다. 교과의 내용이나 주제와 연계할 수 있는 독서자료를 제공하거나, 교과간의 관련성을 확대시키는 독서지도 활동, 각 교과에서 함께 운영할 수 있는 독서교육콘텐츠를 개발하여 범교과적으로 독서교육이 이루어질 때 종합적인 사고력 신장 및 학습능력의 신장을 기대할 수 있다.

### 2) 언어기능의 통합 원리

독서교육의 효과를 높이기 위해서는 읽기 영역뿐만 아니라 쓰기·듣기·말하기 영역과 긴밀한 공조가 이루어져야 한다. 독서는 언어활동이면서 쓰기·듣기·말하기와 여러 측면에서 공통성을 가지고 있다. 학습자의 독서능력은 언어기능의 네 영역을 함께 지도할 때 신장된다. 관련한 연구에서도 언어기능을 통합적으로 지도할 때 학습자가 독서에 대해 더욱 적극적인 자세를 갖게 되고, 지식의 확장과 내면화를 촉진한다는 결과를 얻었다.

그런데 교육현장에서는 읽기는 수용 과정이므로 비창조적 행위이고, 쓰기는 표현 과정이므로 창조적인 행위로 여기는 경향이 지배적이었다. 그러나 독서교육에 대한 패러다임의 변화로 읽기와 쓰기는 모두 의미 재구성의 과정이며, 학습자와 텍스트의 상호작용에 의한 의사소통 행위라는 점에 관심을 가지게 되었다. 한편 읽기와 쓰기의 통합을 강조한다고 해서 말하기나 듣기를 배제하는 것은 아니다. 읽기와 쓰기의 통합적 지도라는 것은 말하기와 듣기 활동이 동시에 이루어진다는 것을 전제로 하고 있다.

### 3) 자기동일화의 원리

학습자의 개성과 창의성을 최대한 살리는 동시에 삶의 가치를 내면화할 수 있도록 하기 위해서는 학습자의 삶 속에서 의미를 발견하는 독서교육이 되어야 한다. 독서과정에서 인물이나 사건 또는 갈등을 자신의 경험과 끊임없이 대입하고 비교하는 활동을 통해 삶의 바른 가치와 지혜, 세상을 바라보는 시각을 기를 수 있다. 즉 독서는 삶의 의미를 발견하고 창조하는 활동인 것이다. 일상생활의 언어활동으로서 드라마, 미술, 음악, 신체활동 등과 연결짓는 학습자 중심의 독서교육을 통해 학습자의 삶의 표현이 다양화되고 실제적인 삶의 경험이 유기적으로 통합되어야 한다.

### 4) 표현과 활동의 원리

독서는 문자에서 의미를 도출하는 해독과정이나 의미 전달의 수단이 아니다. 학습자가 자신의 경험을 바탕으로 텍스트를 분석, 종합, 추론, 판단하고 의미를 재구성하는 주체적이고 적극적인 고등사고 과정이다. 따라서 주어진 글을 단순히 수용하고 이해하는 것이 독서라는 시각은 바뀌어야 한다. 글의 바른 이해는 사고의 기본이기 때문에 추리하고 분석하고 비판하면서 글의 내용을 재조직해서 창조적으로 표현할 수 있도록 하는 데까지 독서교육이 확대되어야 한다. 사고능력은 다양한 언어활동을 통해서 길러진다. 이야기 재구성의 경험, 창조적인 표현 활동을 통해 학습자의 창의성은 신장된다.

독서는 흥미롭고 재미있는 경험이어야 한다. 스타인버그는 독서교육에서 가장 좋은 결과를 얻게 해줄 수 있는 다섯 가지 원리 중에서 "독서는 즐거워야 한다."를 최고의 원리로 꼽았다. 이는 재미있는 오락이나 활동의 형태로 지도하여 독서동기를 유발하고 독서습관을 형성하자는 데 목적이 있다. 이러한 취지는 비단 초기 독서단계의 경우에만 해당

되는 것이 아니라 일반 독자에게도 의미가 있다. 독서체험을 다양한 활동으로 표현하는 기회는 사고의 기회로 연결될 수 있으며, 이 과정에서 창의적인 사고가 신장될 수 있다.

## 5) 학습자 주도의 원리

독서교육의 운영에 있어서 학습자의 개별성을 최대한 존중하고 학습자 스스로 주도적인 독서를 할 수 있는 분위기를 만들어야 한다. 개인의 독서능력과 흥미에 따른 독서 감상과 정서적인 반응의 차이를 인정하고, 그에 따라 적절한 독서자료를 선택하고 응용할 수 있도록 보장해야 한다. 학습자가 지닌 개성을 존중하여 학습자 스스로 자신의 흥미와 능력에 맞게 독서자료와 독서활동을 선택하고, 이를 중심으로 학습할 순서를 결정할 수 있게 해야 한다. 획일화된 학습문제를 내용으로 삼는 현재의 일반적인 학습활동과 비교할 때, 학습자 주도의 원리는 학습자의 창의적 사고를 유발하고 촉진할 수 있는 효과적인 활동 원리이다.

## 6) 상호 작용성의 원리

언어능력은 언어소통을 통해 신장된다. 독서교육에서 학습자 상호간 감상을 표현하고 이를 교환하는 토의 및 토론활동과 전시회를 통한 감상의 공유 및 확산에 관심을 가질 필요가 있다. 학습자 상호간의 의사소통을 통해 학습자의 이해력과 표현력이 증대되기 때문이다. 감상을 나누고 의견을 교환하는 활동을 통해 서로의 사고를 자극할 수 있다. 독서교육의 모든 단계에서 서로 의견을 나누고 감상을 표현하며 생각을 교환할 수 있는 대화의 장이나 발표 및 전시 등의 기회를 가능한 많이 갖게 한다.

## 7) 스키마 활성화의 원리

스키마는 기억에 저장되어 있는 경험 내용의 총체로서 글을 이해하고 반응하는데 중요한 역할을 한다. 학습자에게 글의 내용에 적합한 스키마가 없거나 스키마가 있어도 독서과정에서 스키마가 인출되지 못한다면 학습자가 글을 제대로 이해하지 못한다는 것이 많은 실험과 연구를 통해 밝혀졌다. 또한 스키마는 글을 이해하는 것뿐만 아니라 글을 해석하고 반응하는 데도 영향을 미쳐 각기 다른 해석과 반응을 보이게 하며, 명시되지 않은 부분에 대한 추론도 가능하게 한다. 따라서 보다 효과적인 독서감상을 위해서는 학습자의 사전지식이나 경험을 토대로 글을 이해할 수 있는 훈련을 강조해야 한다. 즉 글의 내용과 학습자의 스키마가 연결될 수 있도록 유도해야 한다는 것이다.

지도교사는 경험을 통해 형성되어 있는 학습자의 스키마가 동원될 수 있도록 적절한 촉매제를 주어야 한다. 학습자의 경험이 연결되지 않을 때, 학습자는 글에 담긴 지적 의미를 수동적으로 받아들일 수는 있지만, 용해되어 있는 정서에 주체적·능동적으로 반응하며 수용하기는 어렵다. 따라서 스키마의 활성을 통해 학습자가 소극적인 수용자에서 적극적인 해석자로 나아가도록 유도해야 한다. 자신의 총체적 경험의 소산이 스키마를 활용하여 글을 읽고 이해, 감상하여 다양한 방법으로 표현할 수 있도록 스키마의 활성화를 유도해야 한다.

# 제3장 ┃ 통합 독서교육콘텐츠의 단계별 의미

## 1. 독서동기 유발 단계

독서동기 유발 단계는 학습자가 주체적이고 능동적으로 독서에 임할 수 있도록 분위기를 조성하는 단계이다. 글에 대한 학습자의 관심을 촉발시키고, 글과 친화할 수 있는 관련 프로그램을 강구해서 자연스럽게 독서활동에 참여하도록 유도한다. 독서동기 유발 단계는 독서환경과 독서분위기 조성을 목적으로 삼고 있기 때문에 독서능력이나 창의성 신장과 직접적인 관련은 없다. 그러나 독서동기 유발이 모든 독서활동의 기반이 된다는 점에서 통합 독서교육콘텐츠의 기초 단계라고 할 수 있다.

[표 7] 통합 독서교육콘텐츠 1단계 : 독서동기 유발 전략 모형

| 단 계 | 독서전략 | 상위 활동 모형 | 하위 활동 모형 |
|---|---|---|---|
| 1단계 | 독서동기 유발 전략 | 독서게시판 | |
| | | 읽기기록표 | • 그래프 모형 |
| | | | • 경기장 모형 |

## 2. 스키마 활성화 단계

　스키마 활성화 단계는 글의 내용을 보다 쉽게 이해할 수 있도록 학습자의 스키마를 자극하는 단계이다. 학습자가 글의 내용과 상응하는 스키마를 가지고 있으면 글에 보다 쉽게 동화될 수 있기 때문에 읽기 전 단계에서 스키마의 조절이 필요하다. 지도교사는 읽기 전, 읽는 중, 읽은 후의 활동에 대해 각각의 중요성을 인식하고, 교육현장에서 학습자의 스키마를 최대한 고려해야 한다. 기존의 독서교육에서는 읽는 중이나 읽은 후의 스키마 활성에 중점을 두었으나, 오히려 읽기 전에 스키마를 활성화하는 것이 글에 대한 학습자의 이해를 증폭시킨다는 새로운 결과가 도출되었다. 그리고 이와 관련하여 학습자의 지역이나 문화현상을 직·간접적으로 수용하고 있는 자료를 선정할 것이 제안되었다. 학습자의 지역적, 문화적 특성을 고려하여 가급적 그들의 경험과 연계될 수 있는 자료를 제시함으로써 학습자의 독서활동을 자연스럽게 유도하자는 취지이다.

[표 8] 통합 독서교육콘텐츠 2단계 : 스키마 활성화 전략 모형

| 단 계 | 독서전략 | 상위 활동 모형 | 하위 활동 모형 |
|---|---|---|---|
| 2단계 | 스키마 활성화 전략 | 스키마 진단 및 인출 | |
| | | 스키마 활성 | • 질문하기 |
| | | | • 연상하기 |
| | | | • 예측하기 |
| | | 스키마 보강 | |

## 3. 텍스트 이해 단계

　텍스트 이해 단계는 글을 이해하는 기본 과정이다. 학습자가 글을 이해하기 위해서는, 독서과정에서 다양한 전략을 구사하며 지속적으로 반응해야 한다. 학습자의 글의 이해와 반응에 정확한 위계가 있는 것은 아니지만, 인지적 측면에서 내용 이해가 바르게 이루어지지 않으면 정의적 측면에서 정서적 반응이나 사고의 확대도 제대로 일어날

수 없다. 사전지식이나 경험과 같은 스키마를 활용해서 글을 이해하고 추리하는 지적 정보 처리 과정이 제대로 이루어져야 가치화, 내면화 등의 정서적 반응을 기대할 수 있다는 점에서 텍스트 이해 단계는 통합 독서교육콘텐츠에서 가장 핵심적인 부분이라고 할 수 있다.

[표 9] 통합 독서교육콘텐츠 3단계 : 텍스트 이해 전략 모형

| 단 계 | 독서전략 | 상위 활동 모형 | 하위 활동 모형 |
|---|---|---|---|
| 3단계 | 텍스트 이해 전략 | 플롯의 이해 | • 도표의 활용<br>– 의미지도<br>– 기상도<br>– 오늘의 운세<br>– 문학그래프<br>• 그림의 활용<br>• 신문의 활용<br>• 검색자료의 활용<br>• 퀴즈, 퍼즐, 게임의 활용<br>– O/×퀴즈<br>– 릴레이퀴즈<br>– 스피드퀴즈<br>– 빙고게임<br>– 스무고개<br>• 발문의 활용<br>– 내용이해 측면<br>– 창의력과 상상력 측면<br>– 도덕성 측면 |
| | | 인물의 이해 | • 인물탐구<br>– 인물탐구표<br>– 인물화<br>• 인물교류<br>– 모의인터뷰<br>– 인물초대석<br>– 편지쓰기<br>• 인물대조 및 비교<br>– 인물대조<br>– 인물비교<br>• 인물재생<br>– 인물이력서<br>– 인물찾기<br>– 인물시화전<br>– 인물다큐멘터리 |

## 4. 텍스트 확장 단계

텍스트 확장 단계는 전 단계를 거치며 획득한 내용의 이해를 바탕으로 보다 적극적으로 의미를 재구성하는 단계이다. 글의 정확한 이해를 바탕으로 보태어 쓰거나 바꾸어 쓰는 활동을 통해 수동적인 글의 이해를 탈피하여 작가의 위치에서 글의 의미를 역동적으로 재구성해 가는 과정이라고 할 수 있다. 텍스트 확장을 통한 창조적인 활동은 글의 의미를 자기화하는 가장 효과적인 방법이다.

[표 10] 통합 독서교육콘텐츠 4단계 : 텍스트 확장 전략 모형

| 단 계 | 독서전략 | 상위 활동 모형 | 하위 활동 모형 |
|---|---|---|---|
| 4단계 | 텍스트 확장 전략 | 보태쓰기 | • 세부묘사 |
| | | | • 결말잇기 |
| | | 바꿔 쓰기 | • 결말바꾸기 |
| | | | • 시점바꾸기 |
| | | | • 배경바꾸기 |
| | | | • 갈래바꾸기 |
| | | | • 입장바꾸기 |

## 5. 텍스트 변화 단계

텍스트 변화 단계는 글에 대한 학습자의 반응을 구체화시키는 단계로서 학습자의 창조적인 참여를 통해 이루어진다. 전 단계의 능동적인 감상활동을 전제로, 독서감상을 다른 예술매체와 통합하거나 다른 장르로 바꾸어 종합적인 활동을 할 수 있다. 이러한 활동은 감상의 심화, 발전을 꾀할 뿐 아니라 학습자의 실제 삶과 관련한 언어활동, 예컨대 드라마, 미술, 음악, 신체활동 등을 통해 삶과 감상을 유기적으로 연계시킬 수 있게 한다. 이 과정에서 사고의 확대가 이루어진다.

[표 11] 통합 독서교육콘텐츠 5단계 : 텍스트 변화 전략 모형

| 단 계 | 독서전략 | 상위 활동 모형 | 하위 활동 모형 |
|---|---|---|---|
| 5단계 | 텍스트 변화 전략 | 매체의 변화 | • 독서감상화 |
| | | | • 독서만화 |
| | | | • 독서주제가 |
| | | | • 독서신문 |
| | | | • 북아트 |
| | | 행위의 변화 | • 연극[극본] |
| | | | • 모의재판[청문회] |

　이상에서 살펴본 바와 같이, 통합 독서교육콘텐츠는 ① 독서동기 유발 단계→② 스키마 활성화 단계→③ 텍스트 이해 단계→④ 텍스트 확장 단계→⑤ 텍스트 변화 단계 등으로 진행된다. 각각의 단계는 독립적인 속성을 지니고 있으면서도 서로 유기적으로 연계되는 속성을 지니고 있다. 따라서 단계별 활동을 독립적으로 파악하는 것은 무리가 있다. 즉 각각의 단계를 지나치게 단계화하고 고정화할 것이 아니라, 글의 내용이나 학습자의 독서취향 등을 고려하여 보다 탄력적으로 통합 독서교육콘텐츠의 각 단계별 하위 모형을 선별하여 지도할 필요가 있다.

# 제4장 ▌통합 독서교육콘텐츠의 단계별 전략

## 1. 독서동기 유발 전략

### 1) 독서게시판

독서게시판은 학교 현장에서 게시되고 있는 독서게시판을 의미하지 않는다. 학교 현장의 독서게시판은 학급 전체의 독서분위기를 조장한다는 취지에서 월별로 권장추천도서 소개, 신간 안내, 독서토론 광장, 독서편지, 감동의 책 구절, 독서명언 등을 수록하고 있다. 지도교사의 주도가 아니라 학습자의 주도에 의해 이루어진다는 점에서 의미가 있다. 그러나 집단을 겨냥한 독서게시판이기 때문에 개인의 독서취향과 독서성취를 포괄할 수 없는 한계를 내포하고 있다. 따라서 보다 구체적이고 실질적인 방안을 강구하여 독서게시판을 통한 학습자의 독서동기를 유발할 필요가 있다.

통합 독서교육콘텐츠의 입장에서는 특정 개인을 위한 독서게시판의 개발에 초점을 맞춘다. 그런데 이때, 지도교사의 의욕과 욕심이 지나쳐 하나의 게시판에 너무 많은 독서교육프로그램을 채우는 경우가 있다. 이는 학습자에게 부담을 주는 동시에 일회성으로 끝나버릴 가능성이 높다. 따라서 학습자의 개성과 독서취향을 면밀하게 점검한 후에 한두 가지의 독서교육프로그램일지라도 실질적인 차원에서 독서게시판을 운영할 수 있도록 해야 한다.

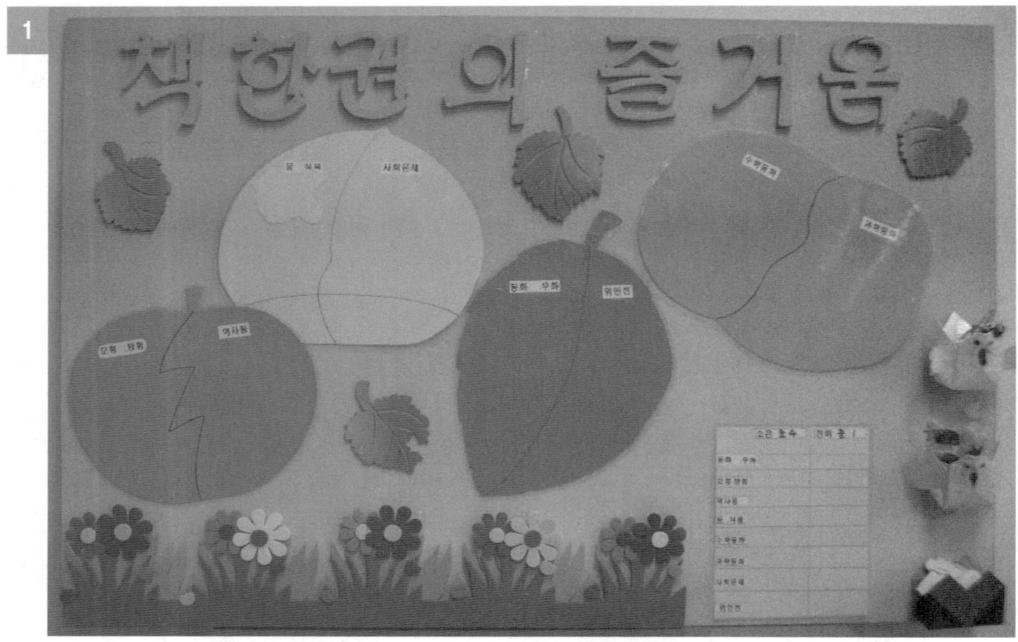

공룡의 책 따먹기
엄마 세균

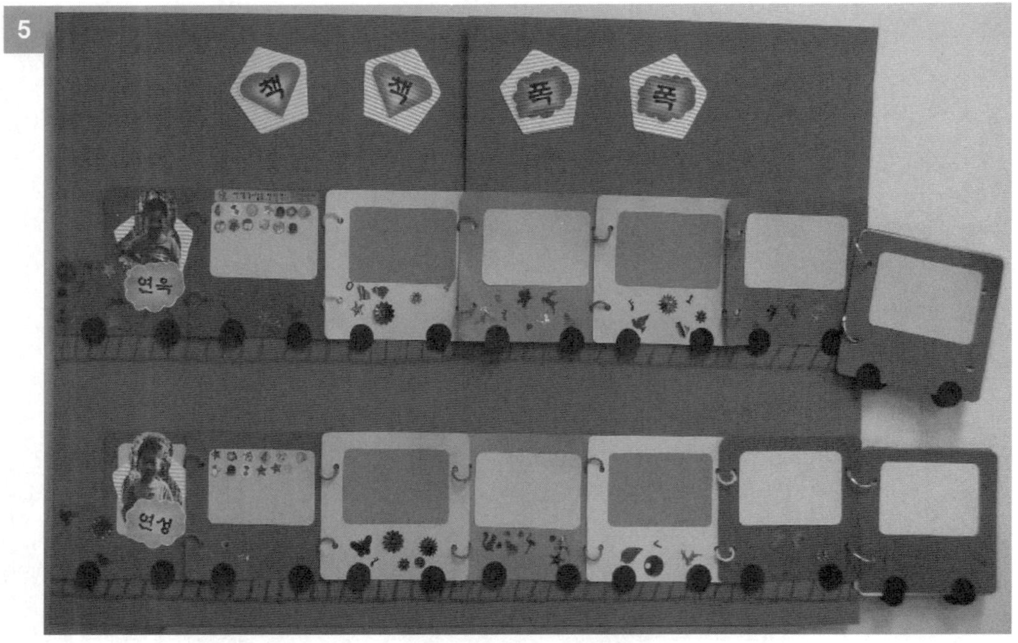

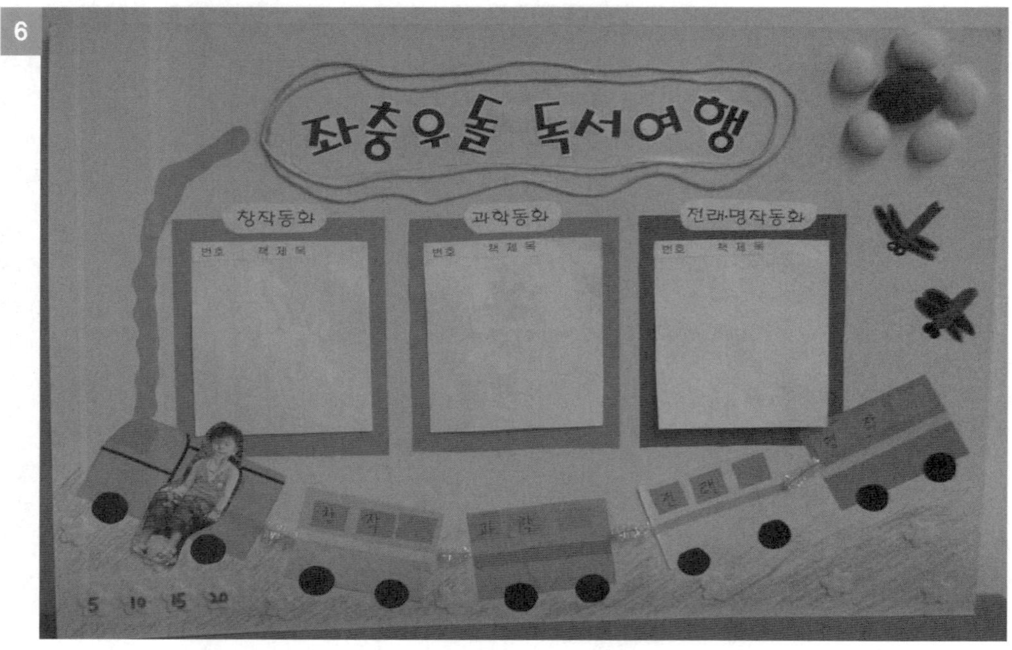
좌충우돌 독서여행
창작동화
과학동화
전래·명작동화

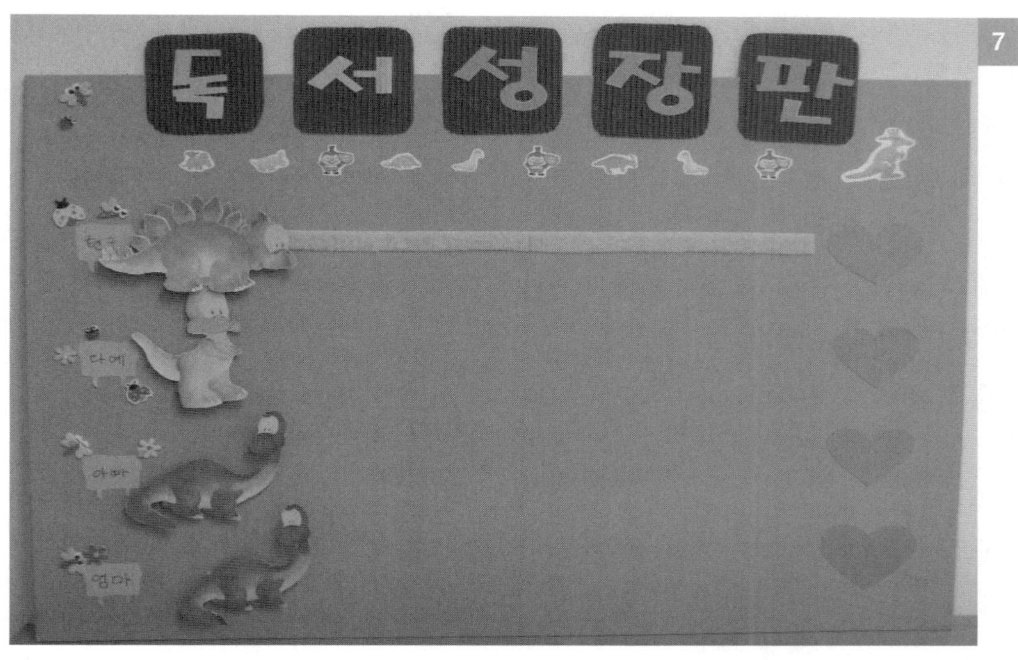

독서성장판
아빠
엄마


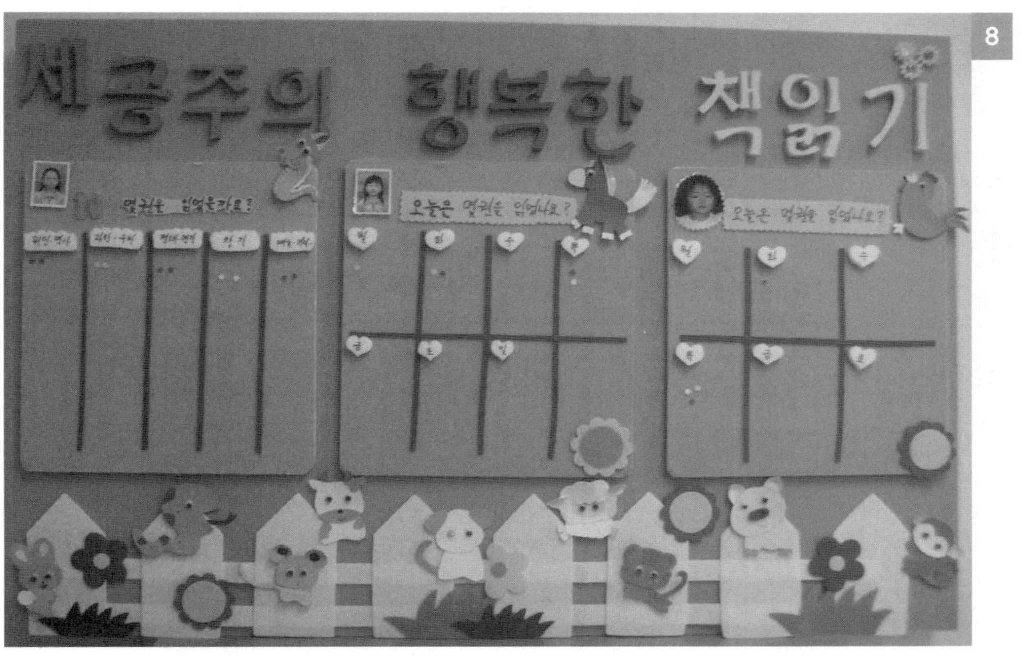

세종주의 행복한 책읽기
몇권을 읽었을까요?
오늘은 몇권을 읽었나요?
오늘은 몇권을 읽었나요?

## 2) 읽기기록표

읽기기록표는 학습자의 독서량을 점검하고 자극하여 독서동기를 유발하는 것은 물론, 특정 장르[분야]에 치중하는 편독을 방지하는 장점이 있다. 초기 독서교육이 제대로 이루어지지 않으면 특정 장르[분야]의 글만 편독하는 독서편향아의 성향이 두드러지게 나타난다. 예컨대 하이틴 로맨스류나 만화에 심취하는 경우, 괴기한 동화에 심취하는 경우, 과학도서에 심취하는 경우 등 편독의 현상은 매우 다양하다. 편독은 학습자의 올바른 인성이나 가치관 형성에 장애를 일으킨다. 지도교사는 학습자가 다양한 장르의 글을 스스로 찾아 읽는 독서습관을 길러주어야 한다.

### (1) 그래프 모형

그래프를 활용한 읽기기록표는 점그래프, 선그래프, 막대그래프 등이 있다. 형태는 다양하지만 독서동기의 유발과 편독의 방지라는 동일한 목적을 갖고 있다. 막대그래프의 사례를 보이면 다음과 같다.

[표 12] 막대그래프 모형의 사례

| 2008년 9월 독서자료 종류와 분량 | | | | | | | |
|---|---|---|---|---|---|---|---|
| | | | | | | | |
| | | | | | | | |
| | | | | | | | |
| | | | | | | | |
| | | | | | | | |
| | | | | | | | |
| | | | | | | | |
| | | | | | | | |
| | | | | | | | |
| 학습자 성명 | 안민서 | 조정민 | 이유민 | 윤나영 | 박여원 | 박소은 | 정민주 |

▨ 동화·우화　▤ 위인전　▥ 역사물　▨ 동·식물
▧ 과학동화　▦ 수학동화　▧ 모험·탐험　■ 사회문제

[표 12]에서 분류한 동화·우화, 위인전, 역사물 등은 학습자의 독서능력이나 독서취향 또는 학년·연령별에 따라 얼마든지 조정할 수 있다. 가령 초등학교 고학년의 남학

생인데 매우 섬세한 성격에 미술 교과를 좋아하는 취향이라면 미술의 재료나 미술가의 생애와 관련한 항목을 추가할 수 있다. 주의할 것은 지도교사의 편독이 학습자의 편독으로 직결된다는 사실이다. 따라서 지도교사는 객관적인 입장에서 학습자의 성향을 점검하고 지도할 글을 선정해야 하다. 선정한 글을 학습자가 읽게 되면, 해당 분야의 도형을 그려 넣거나 장르별로 미리 정한 색으로 색칠을 할 수도 있다. 이를 통해 월별 내지 주별로 학습자가 얼마만큼의 분량에 어떤 장르의 글을 읽었는지를 확인할 수 있으며 학습자 상호간의 그래프 비교를 통해 독서동기를 유발할 수 있다.

### (2) 경기장 모형

경기장 모형은 주별 단위로 독서동기를 유발하는 데 활용도가 높다. 학습자는 공격팀이 되고 지도교사는 수비팀이 된다. 경기에 임하기 전에 학습자를 고려한 독서교육의 목적에 따라, 가령 야구장 모형의 경우에 동화·우화는 1루타, 위인전은 2루타, 과학·수학동화는 3루타, 역사물은 홈런 등으로 미리 정한다. 그리고 수비팀은 공격팀 모르게 학습자가 즐겨 읽지만 지양해야 할 만화, 무협지, 탐정소설 등을 병살, 삼진, 아웃 등으로 정한다. 학습자가 글을 읽으면서 게임은 시작된다. 글의 종류에 따라 득점을 환산한다. 이 방법은 가정 내에서도 쉽게 활용할 수 있으므로 독서교육에 대한 부모의 인식 전환이나 관심이 필요하다.

[표 13] 야구장 모형의 사례

| ○월○주차 | 월요일 | 화요일 | 수요일 | 목요일 | 금요일 | 토요일 |
|---|---|---|---|---|---|---|
| 득점 사항 | | | | | | |

| 타순 | ○월 ○주차 선수 명단 | | | |
|---|---|---|---|---|
| | 선수 명단 | | | |
| | 선수(독서자료) | 지은이 | 출판사 | 도서장르 |
| 1번 | | | | |
| 2번 | | | | |
| 3번 | | | | |
| 4번 | | | | |
| 5번 | | | | |
| 6번 | | | | |

| ○월 ○주차 선수 명단 | | | | |
| --- | --- | --- | --- | --- |
| 타순 | 선수 명단 | | | |
| | 선수(독서자료) | 지은이 | 출판사 | 도서장르 |
| 7번 | | | | |
| 8번 | | | | |
| 9번 | | | | |

　경기장 모형은 야구장 모형뿐만 아니라 농구장 모형이라든가, 배구장 모형으로도 변형이 가능하다. 농구장 모형은 한 달이나 한 학기 단위로 활용할 수 있다. 농구장 모형을 벽면에 걸어 놓고 세 종류의 색종이를 준비한다. 학습자를 고려한 독서교육 목적에 따라 색종이에 읽어야 할 글의 제목을 적는다. 가령 동화·우화는 노란 색종이에, 과학·수학동화는 빨간 색종이에, 역사물·위인전은 파란 색종이에 제목을 적는다. 이후 노란 색종이에 적힌 글을 읽으면 2점슛, 파란 색종이에 적힌 글을 읽으면 3점슛 등으로 득점을 산출한다. 중학생의 경우에는 단편 1점, 중편 2점, 장편 3점 등으로 득점을 산출할 수 있다. 그러나 학습자가 높은 득점을 얻기 위해 특정 분야의 글만 읽는다면 주별 내지 월별로 점수를 바꾸어 나간다.

[경기장 모형-농구장 모형 사례]

## 2. 스키마 활성화 전략

### 1) 경험과 스키마 활성

스키마(Schema)란 한 개인이 어떤 것에 대해 알고 있는 정보, 즉 사전지식이나 경험의 추상적 조직체라고 할 수 있다. 사전지식이나 경험의 많고 적음이 글의 이해와 기억에 미치는 영향은 이미 많은 실험과 연구를 통해 밝혀졌다. 최근의 스키마 이론가들은 사전지식이 어떻게 구체적으로 표현되며 이해의 과정에서 어떻게 영향을 미치는지 연구하였다. 연구의 결론 다음과 같이 요약할 수 있다. 스키마는 ① 글의 내용을 사전지식에 동화시키고, ② 글의 내용에서 생략된 부분을 추리를 통해 채워서 문맥의 앞뒤를 연결시키고, ③ 글의 중요한 부분에 주의를 쏟게 하며, ④ 회상을 할 때 일정한 순서와 질서를 따라 기억해 내게 하고, ⑤ 글을 구조적으로 종합, 요약할 수 있게 한다.

스키마의 선행연구 결과를 토대로, 오늘날 독서교육에서는 읽기 전 활동으로 스키마 이론을 적극 활용하고 있다. 읽을 글의 내용에 대한 조직자(組織子 : 글의 내용을 조직하는 인자. 글의 중심 개념이나 핵심어 등)를 제공해 준다든지, 어휘의 사전적 의미에 대한 설명, 유관한 그림 제공 등이 스키마 이론과 관련한 일반적인 형태의 독서교육 방법이라고 할 수 있다. 이러한 지도 방법들은 선정한 글을 읽기 전에 사전지식을 활성화시킴으로써 글의 내용 이해를 높이기 위한 것이다. 예컨대 중학교 교과서나 교사용 지도서에는 학습자의 스키마를 활성화시킬 수 있는 지침이나 안내가 많이 제시되어 있다.

(1) 재미있는 옛날이야기를 듣거나 읽은 경험이 있는가? 친구들에게 내가 좋아하는 옛날 이야기 한 편을 다음과 같이 소개해 보자. (<국어> 1-1, '아버지의 유물')

(2) 다음 중에서 내가 실제로 겪었던 일이 있으면 말해 보자. 그리고 그 일을 겪고 나서 어떤 생각을 하게 되었는지도 함께 말해 보자. (<국어> 1-1, '어린날의 초상')
　① 혼자서 어린 동생을 데리고 먼 데까지 가 본 경험
　② 어른들 도움 없이 어린아이를 돌본 경험
　③ 형이나 동생과 심하게 다투었던 경험

(3) 나이 어린 동생이나 조카에게 백 원짜리 동전 두세 개를 주면서 오백 원짜리 동전 하나와 바꾸자고 해 본 경험이 있는가? 어린아이들은 돈의 가치를 잘 모르기 때문에 무조건 개수만 많으면 좋다고 생각하기 쉽다. 그렇다면 나는 어린 시절에 어떠했을까? 다음 사항에 대하여 부모님께 미리 여쭈어 보고, 수업 시간에 발표해 보자. (<국어> 1-1, '이해의 선물')
① 내가 어렸을 때 돈에 대해 잘 몰라서 벌어졌던 재미있는 이야기
② 내가 돈의 가치나 쓰임새에 대해 알게 된 때(나이)

(4) 다음과 같은 경험이 있으면 말해 보자. (<국어> 1-1, '마음으로 쓰는 편지')
① 다른 사람에게 나의 고민을 털어놓은 경험
② 다른 친구의 고민을 들어 준 경험

(5) 벽이나 교실 칠판, 혹은 화장실에서 다음 그림과 같은 낙서를 본 적이 있는가? 혹은 "○○은 ●●을 좋아한대요, 얼레리꼴레리 ……" 하는 식의 노래를 들어 보았거나 직접 부르고 다닌 적이 있는가? 그런 경험이 있다면 다음 내용을 중심으로 그 경험에 대해 이야기해 보자. (<국어> 2-1, '서동요')
① 낙서나 노래 속의 주인공은 누구였는가?
② 그때는 어떤 마음에서 그렇게 낙서를 하거나 노래를 불렀다고 생각하는가?
③ 혹시 내가 낙서나 노래 속의 주인공이 되었던 적은 없었는가? 만약 있었다면, 그런 낙서를 보거나 노래를 듣고서 기분이 어떠했는가?

읽기단원의 경우에 읽기 전 활동으로 학습자의 스키마를 활성화하는 것은 매우 효과적인 교수·학습전략이다. 이 경우 "~를 듣거나 읽은 경험이 있는가?", "~해본 경험이 있는가?", "~를 본 적이 있는가?"와 같이 주로 경험적 행위에 대한 질문으로 이루어져 있다. 학습자에게 스키마를 활성화시키면서 한편으로 학습자가 가지고 있지 않은 글 이해에 필요한 스키마를 보충하기 위한 매우 경제적이면서도 간단한 스키마 진단 방식을 취하고 있다.

이러한 질문은 학습자가 스키마를 그의 기억으로부터 회상하도록 요구한다. 질문은 학습자에게 어떤 대상이나 생각에 대해 처음으로 주의를 기울이고 인식하는 단계이다. 질문은 학습자에게 새로운 대상이나 정보 또는 개념을 사전지식이나 경험을 통해 상기하도록 한다. 그리고 사전지식이나 경험을 통해 학습자가 그것을 이야기하고 싶은 충동

이 생기도록 자극한다. 이때 질문의 내용을 누구나 경험했을 법한 일반적인 것으로 제기함으로써 학습자의 관심과 열의 또는 호기심을 유도한다. 만일 학습자에게 호응이 안 되는 질문이 제기되면 학습자의 관심과 열의 또는 호기심의 반응 정도가 낮으며 관여도도 약화된다.

(1)은 학습자에게 왜 옛날이야기를 좋아하는지에 대해 생각하게 해보는 질문이다. 학습자가 이제까지 듣거나, 전에 읽은 옛날이야기를 떠올려 보게 하고, 이를 자유롭게 이야기할 수 있도록 유도하는 질문이다. (2)는 실제로 겪은 일을 떠올려 보게 하여 사전 지식을 활성화시키고 집중해서 제재를 읽을 수 있도록 동기를 유발하는 질문이다. (3)은 돈의 가치를 잘 모르는 아이들의 행동을 이해하기 위해서 어린 아이의 순수성을 체험한 경험을 이끌어내고 있으며, (4)는 교과서 본문의 내용과 유사한 경험을 이야기하게 하여 작가의 경험에 쉽게 공감할 수 있는 계기를 제공한다. (5)는 고전문학 작품의 이해를 위해 요즈음 학습자의 경험 속에 내재된 정서와 유사성을 갖기 위한 동기유발의 장치이다.

이와 같은 질문으로 시작되었거나, "~경험이 있으면 말해보자.", "~한 경험을 이야기해보자."와 같이 제안이나 청유의 방식으로 경험의 발화를 요구하건 간에, 이 방법들은 학습자의 과거 경험적 사실에 대한 회상을 유도한다. 학습자로 하여금 경험적 사실을 이야기하게 함으로써 경험적 담화를 형성하도록 한다. 그러나 이 과정은 읽기 전 단계이므로 경험적 담화를 완성하거나 모든 학습자의 경험담을 요구하지 않는다. 질문의 목적이 읽기 전의 스키마 형성과 활성화에 있기 때문에 짧은 이야기거나 상상이라도 무방하다. 학습자가 경험에 대한 정서적 느낌을 갖거나 그 경험에 대한 인지적 사실을 확인하여 사고나 행동의 변화를 발생시키는 것이 스키마 활성이 갖는 의의이다.


## 2) 스키마 활성화 방법

학습자의 스키마를 활성화하기 위해서는 먼저 스키마 진단이 필요하다. 스키마 진단을 통해 학습자가 가지고 있는 스키마 및 필요하지만 학습자가 가지고 있지 않은 스키마를 확인할 수 있다. 학습자의 스키마 진단을 바탕으로 현존 스키마를 인출할 수 있으며, 스키마 인출을 바탕으로 스키마를 활성화시키는 동시에 없는 스키마를 보강할 수 있다. 그런데 스키마의 진단과 인출은 경계선을 긋기가 매우 어렵다. 학습자의 스키마를 진단하는 동안 학습자에게는 이미 스키마가 인출되었다고 볼 수 있기 때문이다. 또한 학습자마다 개인적인 차이로 어떤 학습자에게는 인출이 되는 단계임에도 불구하고 다른 학습자에게는 보강의 단계가 될 수도 있음에 유의해야 한다.

### (1) 스키마 진단 및 인출

학습자의 스키마를 활성화하기 위해서는 학습자가 무엇을 얼마만큼 알고 있는지에 대한 판단이 필요하다. 이러한 판단은 학습자의 학습준비 상황 및 과제의 수준과 양을 결정하는 데 기초가 된다. 스키마 진단은 스키마 인출과 직결된다. 스키마를 진단하는 과정에서 스키마가 인출될 가능성이 매우 높기 때문이다. 따라서 스키마의 진단과 인출을 한 단계로 볼 수 있다. 스키마 진단은 간단한 질문으로부터 시작한다. 예컨대 학습자가 글의 핵심 의미를 얼마만큼 알고 있는지에 대한 질문을 통해 스키마를 진단할 수 있다. 그러면서 동시에 학습자는 지도교사의 질문에 따라 생각하고 대답하면서 스키마를 인출한다.

### (2) 스키마 활성

#### ■■ 질문하기

질문은 지도교사가 묻고 학습자가 답하는 상호작용이다. 질문은 학습자가 학습해야 할 내용요소와 학습방향을 제시하는 교수의 단서가 된다. 그리고 질문을 받는 학습자의 입장에서, 질문은 특정 행위의 안내 내지 특정 방향으로 그의 사고나 행동을 인도하는 역할을 한다. 질문은 학습자의 흥미와 주의를 유도하고, 학습자의 참여나 기여를 자극하며, 비판적이거나 창의적 사고를 자극하는 매우 좋은 언어 장치이다.

#### ✔ 단순질문

단순질문은 학습자의 스키마를 진단하고, 학습자의 현존 스키마를 인출 또는 활성화하는 간단한 질문이다. 지도교사가 학습자에게 어떤 의미를 알고 있는지 묻는 방안으로서 "~을 알고 있는가?"라고 질문했을 때, 지도교사는 학습자의 반응을 통해 학습자의 스키마를 진단·인출할 수 있고, 학습자에게 더 구체적인 대답을 요구하면서 스키마를 활성화시킬 수 있다.

우선 제목이나 삽화를 중심으로 질문을 한다. 제목은 글에서 독자가 제일 먼저 접하게 되는 부분이므로 스키마를 활성화하는 중요한 단서가 된다. 삽화는 글의 세부적이고 부분적인 내용과 연결시킬 수 있는 독자와 글의 중간 매개체이다. 독자는 글의 내용과 연관된 삽화를 통해 먼저 글의 내용을 생각할 수 있다.

- 제목
  - <나쁜 어린이표>에서 '나쁜 어린이표'는 무슨 뜻일까?
  - <나쁜 어린이표>는 어떤 내용일까?
  - <나쁜 어린이표>에는 진짜 나쁜 어린이가 나올까?

- 삽화
  - 이 그림은 어떤 사건을 나타내는 것일까?
  - 이 그림 이후의 사건은 어떻게 전개될까?
  - 그림들을 차례로 훑어보며 이야기를 만들어 볼까?

### ✔ 유도질문

유도질문은 글의 내용과 주제를 바탕으로 대답하기 쉬운 것부터 순차적으로 질문하는 방법이다. 지도교사는 글의 내용에 맞도록, 그것이 동화나 소설일 경우에는 사건전개를 중심으로 5~6개의 질문을 위계적이며 순차적으로 제시한다. 학습자는 지도교사의 유도질문에 대답하면서 자신의 스키마를 인출 또는 활성화하며 나아가 자신이 가진 사전지식이나 경험을 무의식적으로 정리하게 된다.

- 선생님으로부터 칭찬을 받은 일이 있는가?
- 숙제를 안 했거나 친구들과 싸워 선생님에게 벌을 받은 일이 있는가?
- 벌을 받았다면 어떤 식으로 벌을 받았는가?
- 벌을 받으면서 잘못을 인정할 수 없었던 적이 있었는가?
- 혹여 그렇다면 어떻게 대처를 하였는가?
- 혹여 그렇게 된다면 어떻게 대처를 할 것인가?

✔ 상호질문

상호질문은 지도교사와 학습자가 대등한 위치에서 서로 질문하고 대답하는 방법이다. 먼저 지도교사가 학습자에게 질문을 한다. 지도교사의 질문에 대한 학습자의 대답이 끝나면 학습자의 질문이 시작되고 반면에 지도교사가 대답을 한다. 이때 그룹별 질문과 대답도 가능하다. 지도교사는 학습자의 질문에 대해 답변만이 아니라 질문 자체에 대해 평가를 함으로써 질문을 생성해 내는 방법까지 지도한다.

## 연상하기

연상은 하나의 관념이 다른 어떤 관념을 불러일으키는 심리작용이다. 지도교사는 학습자의 연상을 통해 학습자가 가지고 있는 스키마를 감지할 수 있다. 반면 학습자는 독서자료의 주변적인 의미를 불러일으켜 관련한 스키마를 활성화할 수 있다.

✔ 자유연상

자유연상은 학습자가 독서자료의 주제나 이미지 등에 대해 무작위로 연상되는 것을 자유롭게 표현하게 함으로써 스키마를 활성화하는 방법이다. 자유연상은 짧은 시간 내에 비교적 쉽고 간단하게 활용할 수 있기 때문에 교육현장에서 많이 활용되고 있다.

- <나쁜 어린이표>에서 나쁜 어린이는 왜 나쁜 어린이일까?
  - 거짓말을 했다.
  - 친구들과 싸웠다.
  - 부모님 말씀을 안 들었다.
  - 동생을 괴롭혔다.

✔ 연상단어 말하기

연상단어 말하기는 글의 제목이나 목차를 보고 연상되는 단어를 말하도록 유도하는 방법이다. 학습자가 잘 모르는 단어이지만 직감적으로 떠오르는 것이나 어렴풋이 알고 있는 것을 연상되는 대로 말하게 한다. 지도교사는 학습자가 말하는 단어를 기록한다.

- 지도교사는 글의 핵심어를 선정한다.
- 지도교사는 학습자에게 핵심어의 의미를 묻는다.
- 지도교사는 학습자가 핵심어의 의미를 어느 정도 알고 있는지 파악한다.
- 학습자가 연상되는 단어를 말하면 지도교사는 그것을 기록한다.
- 지도교사는 단어를 의미가 다른 것 내지 비슷한 것으로 분류하여 단어의 의미를 설명한다.

예컨대 '독선과 겸손'이라는 내용을 담은 글에서 학습자에게 '독선'하면 생각나는 단어를 말하도록 한다. 학습자는 잠시 생각한 후에 이것저것 생각나는 단어를 말한다. "이기주의, 자기중심적, 나쁜 것, 독재자, 독단, 겸손의 반대 ……." 지도교사는 이들 단어를 하나하나 기록한다. 학습자는 핵심 단어의 뜻을 모르더라도 감정적으로 "좋은 것이다, 나쁜 것이다"에서 출발하여 비슷한 주변적 의미의 단어를 연상하게 된다. 지도교사는 주변적 의미의 단어들과 핵심 단어를 비교하여 그 의미를 설명한다.

### ✔ 연상이유 말하기

연상이유 말하기는 학습자 스스로 연상한 것에 대한 이유를 찾으면서 좀 더 깊이 있는 사고를 조장하는 방법이다.

- 지도교사는 글의 내용에서 몇몇 개념이나 구절을 고른다.
- 개념이나 구절을 학습자에게 들려주고 마음에 떠오르는 것을 말하도록 한다.
- 학습자에게 "왜 이러한 생각을 했을까?"라는 질문을 스스로에게 하도록 한다.
- "왜 이러한 생각을 했을까?"라는 질문에 대한 답변을 기록 및 발표하게 한다.
- 학습자는 자신들이 말한 이유를 생각하며 다른 친구의 발표와 비교한다.

지도교사는 연상하기 과정을 통해 학습자가 이미 가지고 있는 스키마에 대한 정보를 얻을 수 있다. 또한 학습자의 발표나 표현을 통해 학습자의 어휘력과 지적능력을 파악할 수 있다. 물론 지도교사는 이를 통해 학습에 필요한 스키마를 보강해야 한다. 반면 학습자는 자신들이 연상한 것에 대해 다시 한 번 숙고할 기회를 갖는다. 이 과정에서 자신이 연상한 내용과 제시된 개념이나 구절의 관계를 생각하게 되며, 제시된 내용에 대해 더 많은 사고를 함으로써 기존의 스키마를 활성화한다.



제목 자체나 중요 단락을 선정하고 학습자에게 예측단락을 제시한다. 예측단락은 몇 문장을 빈칸으로 만들어 학습자가 예견한 내용을 자유롭게 메우는 형식을 취한다.

- 제목/문단으로부터 나는 이 글에 ~에 관한 이야기가 전개될 것이라고 예상한다.
- 이렇게 생각한 이유는 ~을 보고 ~(이)라고 생각했기 때문이다.
- 내가 만약 이 곳에 그림을 넣는다면 ~그림을 넣겠다.
- 이 글과 관련한 실제 사례로는 ~이 있다.

지도교사는 글의 구조나 단락을 중심으로 이후에 전개될 내용을 학습자가 예측하도록 과제를 제시한다. 예측하기는 학습자가 글을 일정한 방향으로 읽고 이해하는 데 도움이 되며, 스키마 활성화에 따른 부정적인 요소로서 인식의 분산을 해소할 수 있다. 또한 제시된 상황이나 배경이 학습자의 경험과 일치된 것이 있는지 확인할 수 있다.

## (3) 스키마 보강

지도교사는 글을 읽기 전에 읽기 제재에 적절한 사전지식을 학습자가 갖고 있는지 점검한다. 점검의 결과는 학습자가 사전지식을 갖고 있는 경우와 그렇지 않은 경우로 나누어진다. 만약 학습자가 사전지식을 갖고 있지 않으면, 지도교사는 학습자에게 글을 이해하는 데 필요한 사전지식을 제공해주어야 한다. 만약 학습자가 사전지식을 갖고 있는 경우에는, 글을 이해하는 데 필요한 사전지식을 더욱 활성화할 필요가 있다. 학습자가 사전지식을 갖고 있는 경우에도 글의 내용을 해석하고 종합하는 데 기존의 사전지식을 충분히 활용하지 못하는 경우가 많기 때문이다. 따라서 읽기 전에 스키마 활용에 주의를 환기시켜 사전지식을 충분히 활용할 수 있게 하거나 글의 내용에 적절한 사전지식을 활성화하도록 해야 한다. 이 단계는 대부분 새롭고 어려운 어휘를 설명하는 것으로 이루어진다.

- 새로운 어휘를 선정하여 미리 밑줄을 긋고 학습자가 사전을 찾도록 한다.
- 새로운 개념에 대하여 미리 설명해 준다.
- 예시가 있을 경우 그 예를 학습자가 스스로 찾도록 한다.
- 문학의 경우 배경과 관련한 역사적·사회적 지식 자료를 검색하게 한다.

**1**

# 도서명 : 아기여우와 털장갑

4 : 학년    이름 : 김나영

 **연상하기**

1. '여우'하면 떠오르는 것을 적어보세요.

얄밉다. 귀엽다. 해결사, 복덩어

**제목으로 글 느끼기**

1. '아기여우와 털장갑'이라는 책 제목을 보고 어떤 느낌이 드는지 적어보세요.

따뜻하다. 착하다,

2. 제목을 보고 궁금한 것들이 있으면 적어보세요. 이 이야기에서 여우의 이미지가

3. '아기여우와 털장갑'에는 어떤 내용이 어울릴지 간단하게 써보세요. 어떤지

아기여우가 불쌍해서, 어떤 아이가 털장갑을 주는 내용.

**그림으로 글 느끼기**

1. 아래 그림은 책 속 그림의 일부입니다. 그림을 보고 표를 완성해 보세요.

| 그림 | 느낌 | 궁금한 점 | 이야기 꾸미기 |
|---|---|---|---|
|  | 불쌍하다, | 여우가 왜 달려 가지? | 아기여우가 탈망 쓰고 있어요, |
|  | 숨차다, | 여기가 어디지? | 마침내, 집에 도착했어요, 엄마가 창문으로 나를 바라보고 계셨죠. |
|  | 따뜻하다. | 왜 엄마가 안 아듀지0 | 엄마가 잘 했다고 나를 꼭 껴 안아 주셨어요 |

 **예측하기**

1. 다음은 책속 이야기의 일부입니다. 아기여우에게 과연 어떤 일이 일어났을지 예측하여 써보세요.

> 아기여우는 엄마가 일러 주신대로 "똑똑-."하고 가게 문을 두드렸습니다. 그러자, 안에서 뭔가 덜그럭 덜그럭하는 소리가 나더니, 얼마 있지 않아서 문이 아주 조금 삐걱하고 열렸습니다. 문틈으로 새어 나온 불빛이 하얀 눈길 위로 길게 드리워졌습니다. 불빛이 너무 눈부셔서 당황한 아기여우는 엄마가 내밀어서는 안 된다고 그렇게도 당부한 여우의 손을 그만 문틈 사이로 내밀고 말았습니다……

마음씨가 따뜻한 주인이 돈에 장갑을 끼워주었다. 그래서 엄마한테 달려가, 거짓말을 쳐서 칭찬을 받았다, 하지만 곧 들통이나 많이 혼이 났다.

 **선생님의 질문으로 스키마 정리하기**

1. 엄마여우가 아기여우 혼자 사람들이 사는 마을로 내려 보낸 이유는 무엇일까요? 지금 너무 추워서 얼어죽기 직전인데, 아무것도 없었다, 그래서 몸집이 커서 들키기 어려운 아기여우에게 장갑을 훔쳐오라고 시켜서

2. 아기여우에게 필요한 물건은 과연 무엇일까요?
털장갑

3. 아기여우는 사람들에게서 무엇을 느끼고 돌아왔을까요?
사람들의 메몰찬 마음

4. 누군가가 착한지 아닌지는 어떻게 구분하면 좋을까요?
무엇을 나누어주는 친구, 무엇을 안 나누어주는 친구

2

## 도서명 : 짧은 귀 토끼

홍대 부속어린이집
6세

♠ 다음 물음에 상상해 보세요.

1. <짧은귀 토끼>는 어떤 내용일까?

짧은 귀 토끼와 친구들이 나올것 같다

2. 짧은 귀 토끼의 마음은 어떨까?

친구들이 많이 부럽다

3. 짧은 귀 토끼처럼 남과 다른 점이 있는가 혹은 그런 사람을 본 적이 있는가?

없다. 아프신 할머니를 본 적이 있다.

♠ <짧은 귀 토끼>의 삽화입니다. 이야기를 만들어 보세요.

동동이와 여자 친구가 이야기를 하고 있었어.

동동이는 귀게가 길어지게 할려고 빨래 집게든 빨래줄에

매달리요. 비도 많이 맛았어. 동동이들 요리를 하고 있어.

동동이 귀가 커져 독수리에게 잡혀 가는 말았데.

♠ 토끼 '________'하면 떠오르는 낱말을 써 보세요.

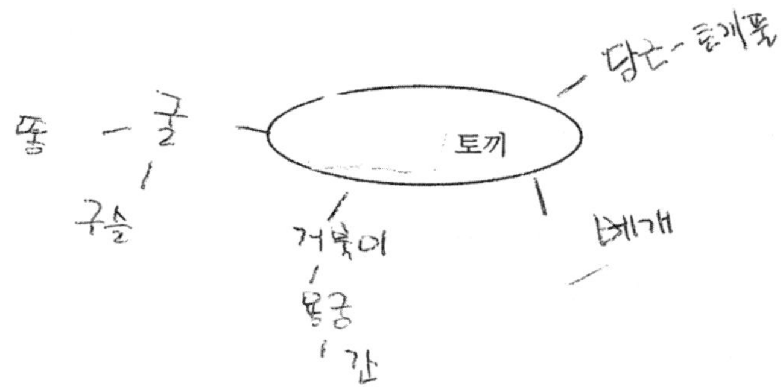


♠ 다음은 이야기의 일부입니다.

1. 그 후 어떤 일이 일어났을지 상상해 보세요.

> 동동이는 이제 짧은 귀를 볼때마다 너무너무 화가 났어요.
> 그래서 두껍고 커다란 모자로 귀를 가려 버렸지요. 날씨가 아무리 더워도 화장실에 갈 때도 밥을 먹을 때도 잠을 잘 때도 늘 모자를 쓰고 다녔어요.
> 그러던 어느 날, 심술쟁이 바람이 휙 불어 오더니 그만 동동이 모자를 하늘 높이 날려 버렸어요.
> 동동이의 짧은 귀를 본 동물 친구들은 깔깔대고 웃었어요.
> "야, 동동이 귀 좀 봐. 정말 짧다!."

동동이는 빨래 집게로 귀를 집어서 귀가 커

졌어요

2. 내가 동물 친구라면 어떻게 할 건가요?

동동이에게 메롱 안 하고

같이 놀거예요

3. 동동이와 같은 외모의 단점을 갖게 된다면 어떻게 할 건가요?

친구들한테 같이 놀자고 해요.

3

## 제목 : 나쁜 어린이 표

2학년 이현아

♣ 생각해 보기

1. 나쁜 어린이란 어떤 어린이를 말할까요?

친구를 때리는 어린이

♣ 책표지 보고 생각해 보기

1. 책 표지를 보고 무슨 생각을 했나요?

화난 남자아이가 돌맹이를 발로 차는 모습

2. 책 표지와 제목을 보고 무엇이 가장 궁금한가요?

남자아이는 왜 나쁜 어린이표를 받을까?

3. 이 책에는 어떤 이야기가 쓰여 있을까요?

남자아이가 선생님 말씀을 잘 듣지 않아서
나쁜 어린이표를 받는 이야기

♣ 이야기 만들어 보기

1. 아래 그림은 책 속 그림의 일부입니다. 무엇을 이야기 하고 있을까요?

| 그림 | 내가 만든 이야기 |
| --- | --- |
|  | 남자아이가 친구에게 욕을 해서 나쁜 어린이표 스티커를 붙이고 있어요 |
|  | 남자아이가 다른 일 때문에 화가 났는데, 여자 아이에게 화풀이를 하고 있다. |

<table>
<tr><td>남자어린이는 오늘 학교에 가는 날인<br>줄 알고 학교에 갔는데 문이<br>잠겨 있어서 쉬는 날인 줄 알았<br>고 화가 났다.</td></tr>
<tr><td>선생님께서 남자아이의 행동을<br>지켜보시다가 안 좋은 행동만<br>하니까 안 좋은 행동을 한 만큼<br>나쁜 어린이표를 더 주실려고 한다.</td></tr>
</table>

♣ 상상의 나래 펴기

1. 다음은 책 내용의 일부입니다. 이 이야기 다음에는 무슨 일이 일어났을까요?

> 벽에 걸린 스티커 판을 보니까 창기가 나쁜 어린이 표를 가장 많이 받았어요. 그 다음이 민철이, 정욱이, 그리고 나였어요. 내가 이렇게 속상한데 창기는 기분이 어떨까요. 그때 갑자기 선생님 책상에 있는 스티커 통이 눈에 들어왔어요. 나는 주위를 둘러본 다음에 얼른 그 통을 열어 보았어요. "맙소사! 나쁜 어린이 표가 이렇게 많아. 이걸 다 우리가 받겠지!" 나는 스티커 뭉치를 들고 부들부들 떨었어요. 누가 보기 전에 얼른 다시 넣어야 했지만 그럴 수가 없었어요. 이 많은 노란 스티커를 받을 애들은 고작해야 창기, 민철이, 정욱이, 나 그리고 몇 명뿐이거든요. 그 뭉치는 3학년이 끝나도록 받고도 남을 만큼 두툼했어요. 5시까지 남아서 독서 감상문 쓰기, 수학문제 30개 풀기, 화장실 청소를 해야 한다고 생각하니까 정말 학교가 싫어졌어요. 공부 끝나는 음악 소리가 나서 나는 몹시 당황했어요. "아, 이제 어떡해……."

나는 스티커뭉치를 쓰레기통에 버렸는데 선생님이

쓰레기를 버리려고 쓰레기통을 봤는데 거기에

스티커뭉치가 있는게 아니예요! 선생님은

누구가 버린거냐고 물어봤어요. 아무도 얘기 안

하자 반 아이들 모두에게 나쁜 어린이표를

한장씩 주었어요.

♣ 질문에 대답해 보세요

1. 나쁜 어린이 표는 어떤 아이가 받을까요?

선생님 말씀 안듣고, 친구를 괴롭히는 어린이

2. 선생님께서 나쁜 어린이 표를 왜 주었을까요?

잘못을 반성하라고

3. 주인공 건우는 나쁜 어린이 표를 받았을 때 기분이 어땠을까요?

착한 어린이가 되겠다고 생각했다.

4. 나쁜 어린이 표를 받지 않기 위해서는 어떻게 해야 할까요?

선생님 말씀 잘듣고, 친구들과 사이좋게 지낸다

♣ 독서 퀴즈 만들기

1.책을 읽고 난 후 내용과 관련된 독서 퀴즈를 만들어 볼까요?

| 퀴 즈 | 정 답 |
|---|---|
| 1. 제일 처음 나쁜 어린이표를 받은 아이는? | 건 우 |
| 2. 건우가 좋아하는 여자친구 이름은? | 은 지 |
| 3. 화장실에서요 울한 아이는? | 건 우 |
| 4. 건우가 선생님 몰래 무슨표를 만들었나요? | 나쁜 선생님표 |
| 5. 건우는 스티커뭉치를 어디에 버렸나요? | 화장실 변기 |

♣ 정리해 볼까요?

1.여러분이 '나쁜 어린이표' 를 읽기 전 느낌과 읽고 난 후 느낌이 어떻게 다른지 정리해 볼까요?

| 읽기 전 | 읽고 난 후 |
|---|---|
| 나쁜 어린이표를 누가 받는지 궁금했다 | 나쁜어린이표를 누가받는지 알게 됐고, 나는 친구들과 사이좋게 지내는 착한 어린이가 되겠다 |

4

도서명: 내 짝꿍 최영대

중안초등학교 3학년    이름: 사현영

♥다음 물음에 상상하여 보세요

①<내 짝꿍 최영대>라는 책 무슨 내용일까? 친구들고 잘 어울려 놀다가
싸울 것도 같고 친하게 지냈것 같다.

② 최영대라는 아이는 어떤 아이일까?
남자 아이에 성격이 착할 것 같고 축구를 좋아 할 것 같다.

③내 짝꿍에 대해 말해보세요
신희상. 약한 사람을 괴롭히고 놀리며 남자 아이들과 어울려 놀며 카드를 좋아한다.

♥<내 짝꿍 최영대>의 삽화입니다. 이야기를 꾸며 보세요

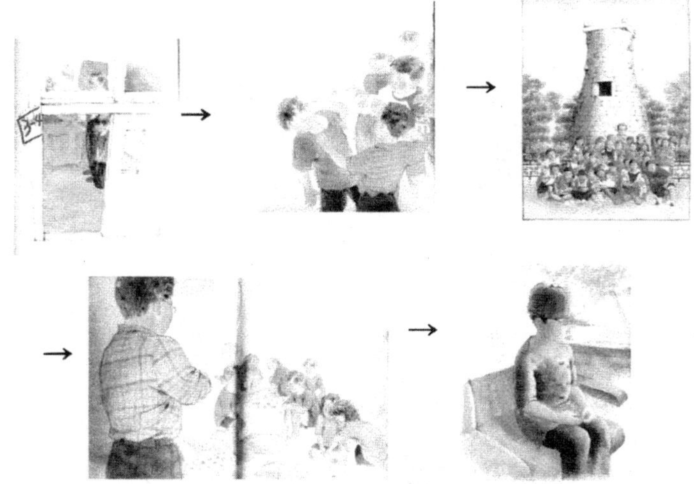

영대는 청록 초등학교에 전학을 왔습니다. 낯설어서 친구들과 잘 어울리
지 못해 놀림과 때리는 짓을 처음 받았습니다. 어느날 청록 초등학교
3학년들은 현장학습을 가게 되었습니다. 현장학습을 가서 첨성대
에서 사진을 찍었습니다. 영대는 아이들 사이에서 있으니 기분이 좋았
습니다. 그날 밤 친구들은 잠자리에서 선생님께 혼이 났습니다.
왜냐하면 온갖 놀이를 하며 시끄럽게 놀았기 때문입니다.
아침 일찍 일어난 영대는 눈을 비비며 땅에서나왔베아지 햇살
을 받으며 넷나는 신기한 돌이 많이 있었습니다. 영대는 그 돌을
많이 주위 방으로 가져가 일어난 친구들 에게 나눠 주었습니다.
버스를 타고 학교로 돌아갔습니다. 그동안 영대는 친구들과 잘 어
울렸습니다.

♥'친구'하면 떠오르는 낱말을 써 보세요

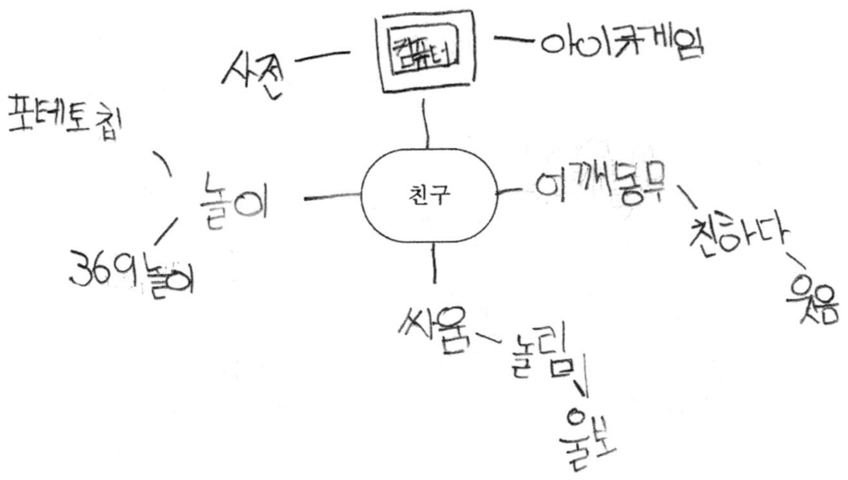


♥정리하기
다음 단어들에 대해 인터넷, 사전을 찾아 답하세요 (인터넷)
짝꿍: 짝을 이루는 동료
굼벵이: 매매의 애벌레. 누에와 비슷하게 생겼으나 몸의 길이가
　　　　　　　　　　　　　　짧고 뚱뚱하다
더벅머리:
　　　더부룩하게 난 머리털.
수학여행:
교육활동의 하나로서 교사의 인솔 아래 실시하는 여행.
학생들이 평상시에 대하지 못한 곳에서, 자연 및 문화를 실제로 보고
들으면 지식을 넓히기도 한다.

# 도서명 : 돼지책



7살 이름 : 이지예

 질문하기

'돼지'하면 떠오르는 것을 적어보세요

꿀꿀, 뚱뚱, 콧구멍, 꼬리, 더럽다

'돼지책'이라는 말의 뜻은 무엇일까요.

돼지가 나오는 책

'돼지책'에는 어떤 내용이 어울릴지 간단히 써보세요.

돼지가 결혼식을 해요

책표지의 그림을 보고 어떤 느낌이 드는지 적어보세요.

엄마가 아주 힘든 느낌, 다른 사람들은 아주 기쁘다.

 그림으로 글 느끼기

| 그림 | 느낌 | 궁금한점 | 이야기꾸미기 |
|---|---|---|---|
| | 아이들이 배고프다 | 신문뒤에는 누가 있을까 궁금해요. | 엄마는 요리를 한다. 아빠는 신문을 보고 아이들은 "엄마 빨리 밥주세요" 큰소리를 질러서 엄마에게 혼난다. |
| | 아이들이 돼지로 변한것 같다 | 1.누구손인지 궁금해요 2. 편지는 누가 썼는지 ? | 아이들이 돼지로 변해서 엄마가 아이들을 찾아 다녔어요. |
| | 이상해요. | 어떻게 돼지가 되었나? 너무 많이먹어서 변했나? | 돼지로 변한 아빠와 아이들은 먹기만 하고 옷도 안빨고 욕도 아무데나 벗어 던지고, 손도 씻지않고, 컴퓨터 게임만 했어요. |
| | 요리사 같아요 | 스프를 어떻게 만들었을까? | 아빠와 아이들이 엄마를 위로하려고 스프를 만들었어요. 갑자기 엄마의 기분이 좋아졌어요. |

 예측하기

다음은 책속 이야기의 일부입니다.

> 어느 날 저녁, 아이들이 학교에서 돌아와 보니 집에는 반겨 주는 사람이 아무도 없었습니다.
> "엄마는 어디 있니?" 피곳 씨가 회사에서 돌아와 물었습니다.
> 피곳 부인은 어디에도 없었습니다. 벽난로 선반 위에 봉투가 하나 있었습니다.
> 피곳씨는 그 봉투를 열어 보았습니다. 안에는 종이가 한 장 들어 있었습니다.
> "너희들은 돼지야"

1. 엄마는 왜 집을 나갔을까요?

   업어주는게 너무 힘들어서

2. 이제 아이들과 아빠에게 어떤일들이 일어날까요?

   엄마를 찾아 나섰는데, 엄마는 친구집에 있었다. 엄마는 다시 다른 친구집으로 가고, 또 찾으러 가고,

   엄마는 또 다른 친구집으로 갈것같다.

 책 읽고 질문하기

1. 우리집에서 아빠는 무엇을 하는 분일까요. 엄마는 무엇을 하는 분일까요.

   아빠는 회사다니며 돈을 번다.   엄마는 책만들기 하고, 요리한다.

2. 엄마가 집안에서 가장 많이 하시는 말씀은 무엇인가요? ~좀 해라  ~좀해라……

   책읽어라, 정리해라, 뒤꿈치 들고 살살걸어라.

3. 집안일에 지친 엄마가 집을나가버리지요. 피곳씨댁의 문제점은 무엇이있을까요.

   엄마만 일하고, 아빠와 아이들은 놀기만해요

   엄마에게는 문제가 없었을까요.

   아이들을 떼어놓고 나간건 잘못이다.

4. 지예가 만일 엄마라면 무엇이 가장 힘들까요?

   요리. 정리

   지예가 만일 아빠라면 무엇이 가장 힘들까요?

   회사다니는 것, 공부하는 것

5. 지예는 어떨때가 가장 힘든가요?

   상엽이가 내가 가지고 노는것은 뭐든지 빼앗으려고 할때

6. 우리집에서 지예가 할수 있는 일은 어떤게 있을까요?

   공부하기, 책읽기

정리하기

1. 여러분이 책을 읽기 전에 상상한 '돼지책'과 책을 읽고 난 후의 내용이 어떻게

   다른지 느낌을 정리해 보세요

| 읽기 전 느낌 | 읽은 후 느낌 |
| --- | --- |
| 엄마가 힘들어 보이고,<br>어떻게 엄마가 아빠를 업을수 있는지 모르겠다. | 재미있고,<br>집이 지저분하다.<br>엄마가 어떻게 차수리를 할 수 있는지 궁금하다. |

# 3. 텍스트 이해 전략

## 1) 플롯의 이해

플롯은 작가가 의식적으로 골라 배열해놓은 서로 연관된 사건들의 구조라는 점에서 스토리와 구분된다. 즉 스토리는 단순히 사건의 선후관계를 의미하지만, 플롯은 사건의 인과관계를 의미한다. 아무리 숱한 사건이 나열된다고 하더라도, 사건들이 인과관계로 묶이지 못하면 글의 긴밀성은 떨어진다. '우연'이 남발되는 소설이나 영화에서 대중이 홍미를 느끼지 못하는 것도 사건의 인과관계에서 감지할 수 있는 긴장감을 얻을 수 없기 때문이다.

플롯의 이해는 서사 양식으로서 소설[동화 포함]에 초점이 맞추어져 있다. 소설은 사건과 사건의 전개에 의해 진행되는 하나의 이야기 세계라고 할 수 있다. 그러나 각각의 사건들은 실제로 일어난 시간적·순차적 순서에 의해 나타나는 것이 아니라, 주제적 혹은 미학적 효과를 높이기 위해 의도적으로 재배치되곤 한다. 예들 들어 '왕이 죽었다.'라는 사건과 '왕비도 죽었다.'라는 사건을 인과관계에 의해 엮음으로써 '왕이 죽자 슬픔을 못 이겨 왕비도 죽었다.'와 같이 만들어 놓았을 때, 이와 같은 이야기의 구성을 플롯이라고 말하는 것이다.

### (1) 도표의 활용

학습자는 도표를 그린다거나 그래프를 작성하거나 하는 활동을 통해 작품을 보다 심층적으로 이해할 수 있다. 작품에 대한 이해를 구조적으로 시각화하기 때문이다. 도표의 활용은 작품의 내용과 자신이 갖고 있는 사전지식이나 경험을 브레인스토밍(Brain Storming)하여 작품의 정보를 활성화, 조직화, 구조화하는 활동이라고 할 수 있다.

#### ▪▪ 의미지도

지도의 사전적 의미는 "약속된 기호로 지구의 표면 상태를 일정한 비율로 줄여 평면에 나타낸 그림"이다. 지도의 사전적 의미를 끌어들여 작품의 의미지도를 작성할 수 있다. 즉 '지구 표면의 상태'에 해당하는 것을 '작품의 내용'으로, '약속된 기호로서 평면에 나타낸 그림'에 해당하는 것을 '작품의 재배열'로 환원시킬 수 있다. 사건의 인과관계를 재배열함으로써 학습자의 작품에 대한 이해를 돕고, 지도교사는 학습자의 이해 정도를 평가 또는 확인할 수 있다. 활동 방법으로 마인드맵(Mind Map), 열거구조, 인과관계구조 등이 있다.

마인드맵은 작품의 핵심이 되는 어떤 소재를 중심으로 그것과 관련하여 연상할 수 있는 모든 내용을 사선으로 연결하는 활동이다. 마인드맵은 학습자의 작품에 대한 생각을 지도 그리듯이 이미지로 처리해서 사고력·창의력·기억력 등을 높이는 두뇌개발 기법으로 널리 활용되고 있다.

열거구조는 화소를 중심으로 사건전개를 기차 모형이나 우주선 모형으로 나열하는 활동이다. 학습자가 기차나 우주선보다 동물이나 식물에 관심이 있다면, 해당 동물이나 식물을 나열해도 무방하다. 중요한 것은 작품의 사건전개를 학습자가 얼마만큼 정확하게 파악하고 있느냐는 것이다.

인과관계구조는 사건의 원인과 결과를 밝히는 활동이다. 일반적으로 유아나 초등용 작품은 하나의 결과에 하나의 원인이 존재한다. 그러나 하나의 결과에 여러 원인이 존재할 수 있으며, 여러 결과에 하나의 원인이 존재할 수도 있다. 미리 약정한 기호로서 예컨대 원인은 동그라미로, 결과는 네모로 표현하여, 사건전개에 따른 원인과 결과를 해명한다.

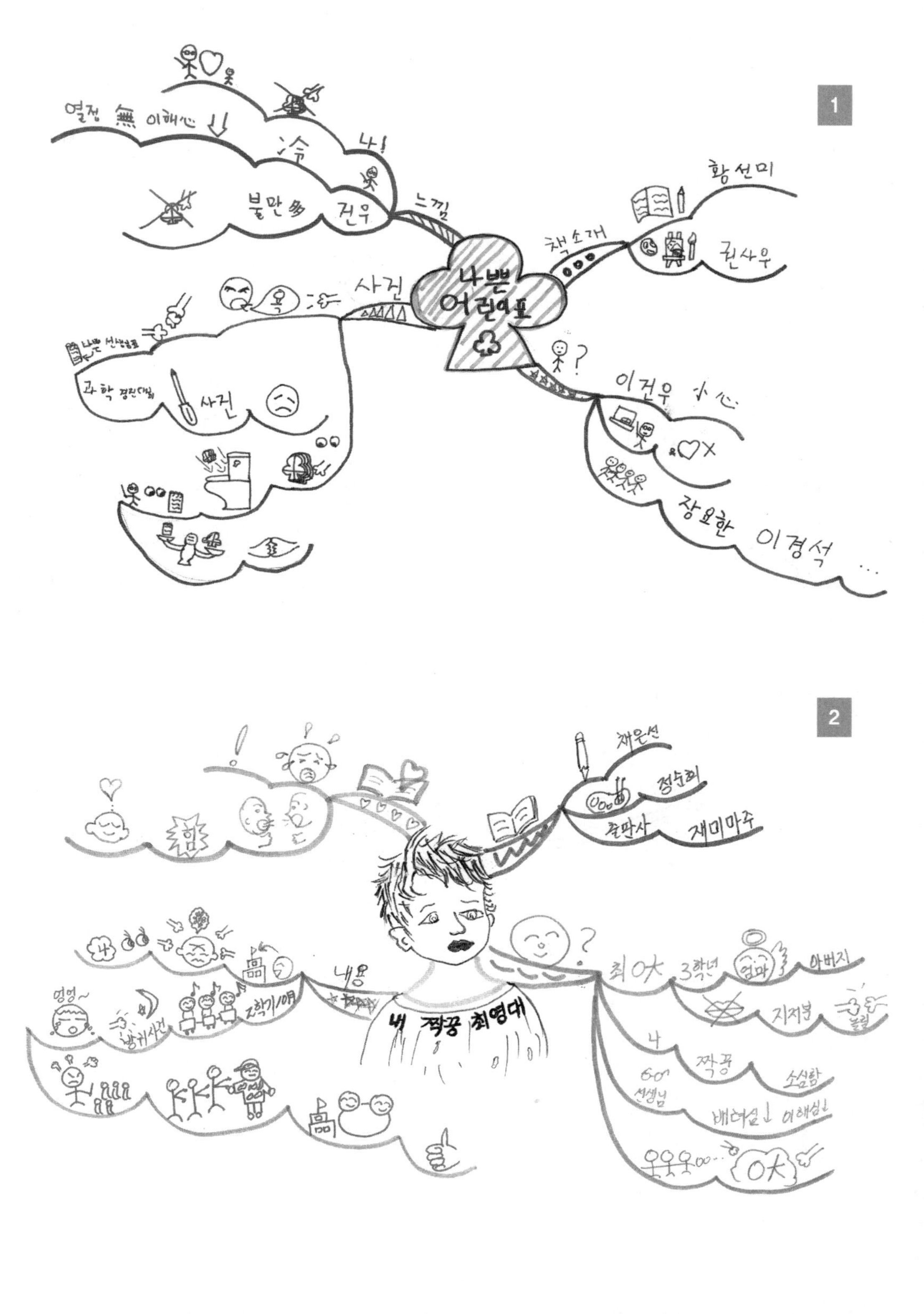
1
열정 無 이해心
冷
나!
불만多 건우
느낌
나쁜 어린이표
사건
황선미
책소개
권사우
이건우 ㅅ心
♡×
중요한 이경석 …
나쁜 선생님표
과학 경진대회
사건
2
채운선
정수희
출판사 재미마주
내 짝꿍 최영대
내용
2학기/아명
최악 3학년 엄마 아버지
지저분
나
60 선생님
짝꿍 소심함
배려심↓ 이해심↑
우우우우… OK

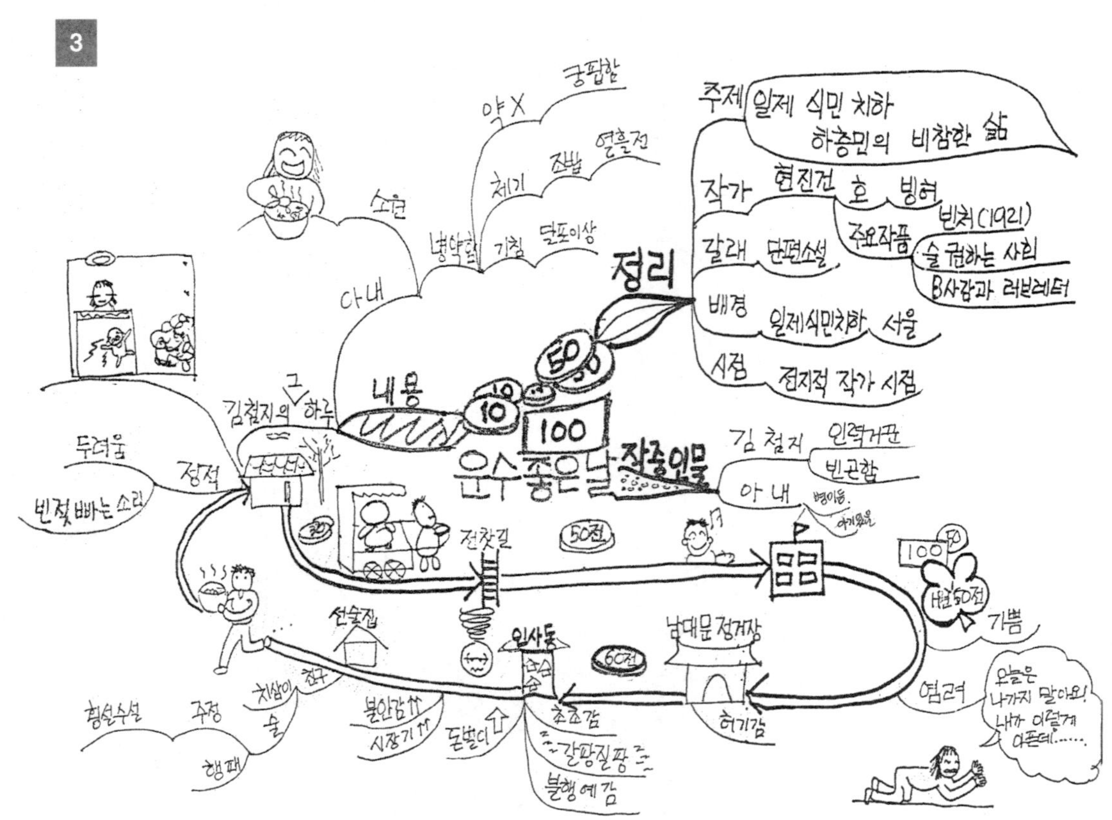
주제 일제 식민 치하 하층민의 비참한 삶
작가 현진건 호 빙허
빈처 (1921)
갈래 단편소설 주요작품 술 권하는 사회
배경 일제식민치하 서울 B사감과 러브레터
시점 전지적 작가 시점
정리
내용
운수좋은 날
작중인물
김 첨지 인력거꾼 빈곤함
아 내 병이듦, 아게워요
약 X 궁팝함
체기 조밥 연흘전
소현 냉약톄 기침 단포이상
아내
그 하루
김첨지의 하루
두려움 정적
빈젓 빠는 소리
전찻길 50전
남대문 정거장
선술집 인사동 60전
100 60전 가쁨
오늘은 나가지 말아요! 내가 이럴게 아픈데……
힘선수설 주정 치삼이 친구 불안감 돈벌이 초조감 허기감 염려
행패 시장기 갈팡질팡 불행 예감

책이름:우리들의 일그러진 영웅
지은이:이문열
읽은사람:이정훈
아버지의 좌천으로 시골학교로 전학. 절대권력을 지닌 엄석대 만남.
엄석대 체제에 저항하다가 소외 당한다.
절대권력의 체제에 더 이상 저항할 의사가 없음을 보이고 순응한다.
민주적의식을 가진 새담임의 계획 의지로 엄석대 체제의 몰락.
사회인으로 성장한후 또다른 현실의부조리함을 느끼던중 잡혀가는 엄석대를 보게된다.

도서명 : 줄무늬가 생겼어요
7세 이 름 : 김경환

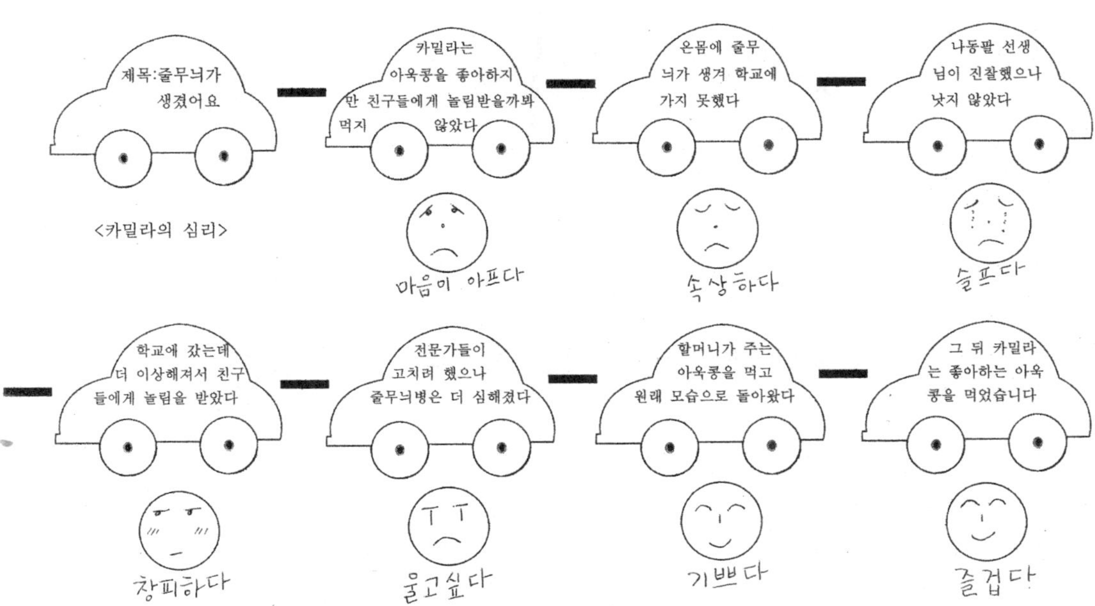
제목:줄무늬가 생겼어요
<카밀라의 심리>
카밀라는 아욱콩을 좋아하지만 친구들에게 놀림받을까봐 먹지 않았다
마음이 아프다
온몸에 줄무늬가 생겨 학교에 가지 못했다
속상하다
나동팔 선생님이 진찰했으나 낫지 않았다
슬프다
학교에 갔는데 더 이상해져서 친구들에게 놀림을 받았다
창피하다
전문가들이 고치려 했으나 줄무늬병은 더 심해졌다
울고싶다
할머니가 주는 아욱콩을 먹고 원래 모습으로 돌아왔다
기쁘다
그 뒤 카밀라는 좋아하는 아욱콩을 먹었습니다
즐겁다

3(일과표 모형)

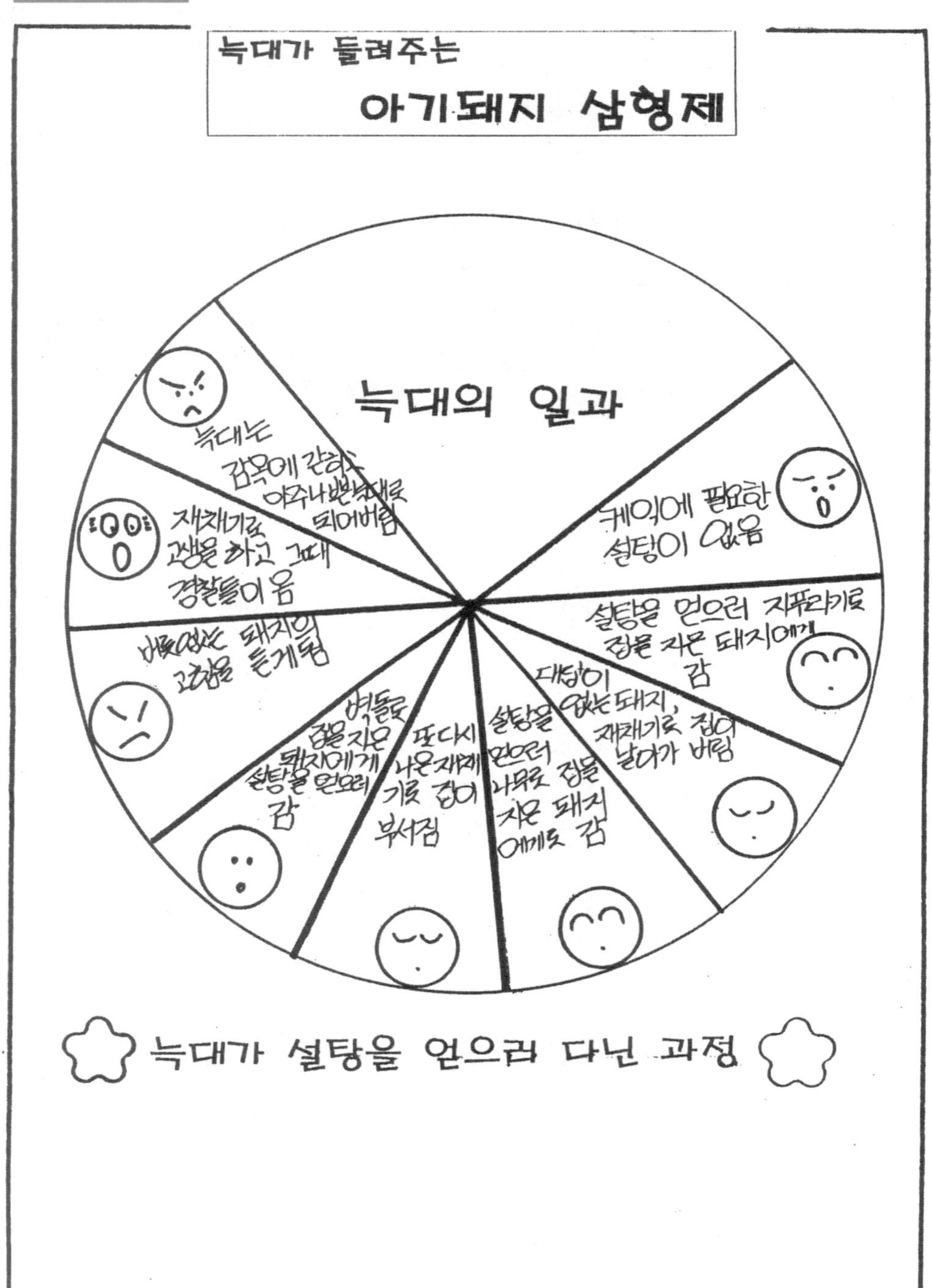

늑대가 들려주는
아기돼지 삼형제
늑대의 일과
늑대는 감옥에 갇히고 아주 나쁜 재료로 되어버림
재채기로 고생을 하고 그때 경찰들이 옴
케익에 필요한 설탕이 없음
설탕을 얻으러 지푸라기로 집을 지은 돼지에게 감
바보 같은 돼지의 고함을 듣게 됨
재채기로 집이 날아가 버림
벽돌로 집을 지은 돼지에게 설탕을 얻으러 감
또 다시 나온 재채기로 집이 부서짐
설탕을 얻으러 나무로 집을 지은 돼지에게도 감
대답이 없는 돼지,
늑대가 설탕을 얻으러 다닌 과정

제목 : 책먹는 여우
서경초1학년 우한비
1

『책먹는 여우』에 나타난 인과관계 (○안은 원인 □안은 결과)

책벌레 여우 아저씨

책을 아주 좋아해 읽고 나면 소금, 후추를 뿌려서 먹음

책값이 비싸 가구들을 몽땅 전당포에 맡김

길모퉁이 서점에 감

너무 책이 먹고 싶었다.

털모자를 쓰고 책을 훔침

도서관 나들이

여러 가지 책을 맛보았다

책이 침에 젖거나 냄새가 나며 통째로 없어짐

감옥에 갇힘

물과 빵밖에 못 먹음

밤낮없이 종이에 글을 씀

소화불량

도서관에서 쫓겨났다

먹을 책이 없어 신문이나 헌 종이를 먹음

작가가 된 여우 아저씨

빛나리씨의 도움으로 책을 출판

베스트셀러, 영화로도 상영

2

『나쁜 어린이표』에 나타난 인과관계 (○안은 원인 □안은 결과)

① 건우가 반장선거에서 떨어져 기분이 상해 있음

건우가 청소시간에 누군가에게 밀려서 난 화분을 깨뜨림

건우가 반에서 첫 번째로 선생님께 나쁜 어린이표를 한 장 받음

④ 과학 경진대회날 건우는 아빠가 주신 드라이버를 가지고 학교에 감

경식이가 드라이버를 빌려 달라고 했는데 빌려주지 않고 서로 다툼

건우와 경식이는 선생님께 나쁜 어린이표를 한 장씩 받고 건우 드라이버도 선생님께 빼앗김

② 건우가 화장실에서 친구에게 욕을 함

선생님께 노란색 스티커 한 장 받음

선생님께 불만을 품은 건우는 선생님 몰래 수첩에 나쁜 선생님표 적음

⑤ 비오는 날 건우와 경식이가 비 맞으며 다툼

건우는 나쁜 어린이표를 처음 받은 경식이 기분을 이해함

건우가 비를 맞아서 열이 나서 체육시간에 운동장에 나가지 않음

③ 건우가 실수로 은지 필통을 바닥에 떨어뜨림

건우와 은지가 싸우다가 은지가 엉덩방아 찧고 울게 됨

건우만 선생님께 나쁜 어린이표 한 장 받음

⑥ 건우가 선생님 책상에 있는 스티커 뭉치를 변기에 버림

나쁜 선생님표를 적어놓은 수첩이 선생님께 들통남

건우랑 선생님 둘만의 비밀이 생기고 처음으로 선생님께 고마움을 느낌

기상도는 작품의 줄거리나 사건전개, 인물의 심리변화 등을 일기예보 방식을 빌어 표현하는 활동이다. 기상도 자체가 날씨의 변화나 일기의 전개 양상에 초점을 맞추고 있고, 또한 일기 변화는 원인과 결과로 이루어지므로 글의 줄거리나 사건전개에 따른 인물의 심리변화 등을 포착하는 데 아주 적합하다. 즉 "무슨 무슨 기압골 때문에 비가 내리겠다거나, 무슨 현상으로 인해 돌풍이 예상된다."는 일기예보의 방식처럼 "어느 인물의 어떤 행동으로 갈등이 예상된다거나, 무슨 사건으로 인해 태풍이 오겠다."는 등으로 변형이 가능하다.

활동 방법으로 작품의 인물, 사건, 배경 등의 변화에 유의해서 4~6문장 내외로 요약한다. 이때 플롯 전개상 중요한 요소가 되는 사건을 중점적으로 간추린다. 플롯의 전개에 따른 각각의 인물, 즉 주동인물과 반동인물의 심리변화를 세분하여 작성한다. 그리고 방송매체의 일기예보에서 즐겨 사용하는 용어들과 자연 및 과학시간에 학습한 관련 내용을 재확인한다. 예컨대 고기압, 저기압, 한랭, 온난전선 등의 사전적 의미나 쓰임을 재확인한다. 일련의 사전 활동이 끝나면 사건의 진행에 따라 기상도를 작성하며, 왜 이러한 기상도를 작성하게 되었는지 설명을 덧붙인다.

**1**

# [무지개 물고기]의 주간 날씨

| 요일 | 날씨 | 내용 | 기상정보 |
|---|---|---|---|
| 월 | | 무지개 물고기의 등장 | 화창한 날씨. 지나가는 뭇 여성에게 매료되기 쉬움. 남편 관리해야 할 듯~~특히 알록달록한 옷을 입은 여인네를 조심할 것!! |
| 화 | | 친구들의 칭찬을 외면해 버리는 무지개 물고기 | 점점 구름이 낄듯하여 우울모드로 빠지기 쉬우니 옆자리에 앉은 사람과의 따뜻한 차 한잔.. 어떨까요? |
| 수 | | 파란 꼬마 물고기의 비늘 하나만 떼어 달라는 부탁을 거절 | 비,바람이 불기 시작하니 바깥 출입은 자제할 것, 이런 날은 김치부침개가 제격임. 혼자보다는 이웃아줌마들과의 수다를 양념으로 한다면 금상첨화!! |
| 목 | | 문어 할머니의 충고를 들음 | 하늘이 개일 기미가 보이나 조심할 것! 집안어른들께 안부전화 한 통 해 보시기를 권함~~ |
| 금 | | 비늘을 하나씩 떼서 나누어주라는 말에 계속 갈등하고 있는 무지개 물고기 | 태풍이 심하니 바깥출입은 자제하시기 바람. 이런 날은 명상을 통해 마음속의 태풍을 잘 다스려보는 것도 스스로의 발전을 위한 방법일 듯싶어요. |
| 토 | | 파란 꼬마물고기의 부탁을 받고 비늘을 하나 떼어주기로 결정함 | 백화점쇼핑보다는 태풍피해를 입은 이웃들을 먼저 생각해보세요. 옷가지들을 챙겨 들고 피해현장으로 가서 하나만 먼저 나누어줘보세요~~기분이 기분이 좋아져요~~ |
| 일 | | 바다 속 친구들에게 비늘을 하나씩 나누어주고 행복함을 느끼는 결말 | 구름이 걷힌 하늘을 보세요. 알록달록 무지개를 볼 행운이 생길거예요~~누구를 만나던지 먼저 인사 한 마디!! 행복해 질 거예요~~ |

2

<줄무늬가 생겼어요>의 주간날씨

교대부설 초등학교
2학년 2반 9살

이름 김가연

| 요일 | 날씨 | 내용 | 기상 캐스터 |
|---|---|---|---|
| 월 | | 아욱콩을 먹지 못해서 줄무늬가 생겼다. | 오늘은 카밀라가 아욱콩을 먹지 못해서 줄무늬가 생겨서 비가 내리 겠습니다. |
| 화 | | 의사선생님도 못꼈 병이 났다. | 의사선생님도 못고쳐서 먹구름이 좀 끼겠니다. 그리고 비가 좀 올거 같습니다. |
| 수 | | 학교에서 친구들이 놀렸다. | 카밀라가 친구들에게 놀림을 받아서 먹구름이 많이 있다가 비가 내려 오겠습니다. 우산을 가지고 다니시면 좋겠습니다. |
| 목 | | 의사선생님들이 알약을 주어서 먹었는데 지음털 카밀러의 몸이 알약으로 변했다. | 카밀라가 좀 놀랐지만 실짝 안정되어서 맑았다가 알약으로 변해서 구름이 많이 끼겠습니다. |
| 금 | | 환경 치료사가 와서 카밀라를 보고 병과 함께 리고 했다. | 병가 합쳐진 카밀라가 너무 놀라서 비, 먹구름, 번개, 천둥이 다 치겠습니다. 오늘은 집에 계시는게 좋을 것 같습니다. |
| 토 | | 할머니가 와서 아욱콩을 주었더니 다 나았다. | 카밀라가 병이 다 나아서 구름이 사라지고 해가 뜨겠습니다. |
| 일 | | 카밀라는 친구들이 이상하다고 했지만 신경 쓰지 않았다. | 카밀라는 친구들이 이상하다고 했는데도 기분이 좋아서 실씨는 오늘 처음으로 굉장히 맑을 것입니다. |

등장인물의 심리  날씨로 보는 " 사랑손님과 어머니 " 조요섭

송 지연

| 날씨 | 큰 외삼촌이 사랑방에 계실 친구를 데리고 옴 | 사랑방 손님이 반친중에 달걀을 제일 좋아한다고 말함 | 옥회가 아저씨에게 "우리 아버얘문 좋겠다"라고 말하자 아저씨가 화냄 | 옥회가 어머니에게 아저씨가 꽃을 주라고 했다며 거짓 말함 | 사랑방 손님이 봉투속에 돈과 같이 편지를 보냄 | 어머니가 편지가 든 아저씨 손수건을 옥희를 통해 보냄 | 사랑방 손님은 옥희에게 인형을 주고 영영 집을 떠남 | 어머니는 마른꽃을 내다버리고 달걀 사는 것을 관둠 |
|---|---|---|---|---|---|---|---|---|
| 옥희 | 너무신남, 즐거움 | 즐거움, 행복함 | 서운함, 화남 | 두려움, 미안함 | 호기심, 궁금함 | 궁금함 | 서운함, 슬픔 | 화가 남 |
| 어머니 | 소극적임 | 마음이 끌림 | 궁금함 | 부끄러움, 당황함 | 당황함 | 마음을 정리 안타까움, 서운함 | 슬픔 | 마음을 정리함 |
| 사랑방 손님 | 소극적임 | 적극적인 관심표현 | 마음을 들킨듯 부끄러움 | 그 사실을 모름 하지만 관심 증폭 | 적극적 관심 표현 | 마음이 아픔 | 너무 슬픔 | 마음이 아픔 |

등장인물의 심리  날씨로 본 '소나기'



| 날씨 | 개울가에서 소년과 소녀가 만남 | 소녀가 소년에게 조약돌을 던짐 | 소녀와 함께 산너머로 놀러감 | 소녀가 다치자 소년이 치료해 줌 | 소나기를 만나 소녀를 업고 도랑을 건념 | 소녀가 이사간다는 말을 듣다 | 소녀의 죽음 |
|---|---|---|---|---|---|---|---|
| 소년 | 당황함·소극적임 | 당황함·얼떨떨함 | 즐거움 | 안타까움 | 자랑스러움 | 안타까움·서운함 | 마음이 아픔 |
| 소녀 | 호기심·친해지고 싶음 | 야속함·서운함 | 즐거움 | 고마움·미안함 | 고마움·부끄러움 | 마음이아픔·서운함 | z |

**1**

# ⟨일 기 도⟩ ☀ 책 읽기 좋아하는 할머니 의 일과

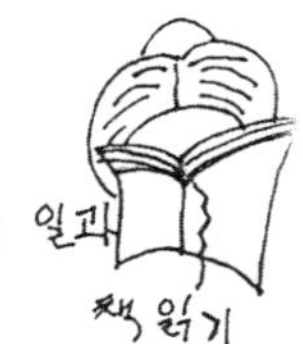

⟨ 기압골이 우리 나라의 남과 북은 2/4고 고기압의
이동 속도도 느리기 때문에 비교적 맑은 날씨 ⟩

봄에는 씨뿌리고 돌보줄 새끼양이 태어났고, 여름이 되자
과일을 따고 잼을 만드느라 할머니는 책읽을 시간이 없었어요

⟨ 여름철 - 북태평양고기압형 ⟩


⟨ 남동 계절풍 때문에 북태평양에서 불어오는
따뜻하고 습한 기류로 인하여 무더운 날이 계속 ⟩

그 해 여름은 몹시 더웠고, 아주 많이 가물었어요.

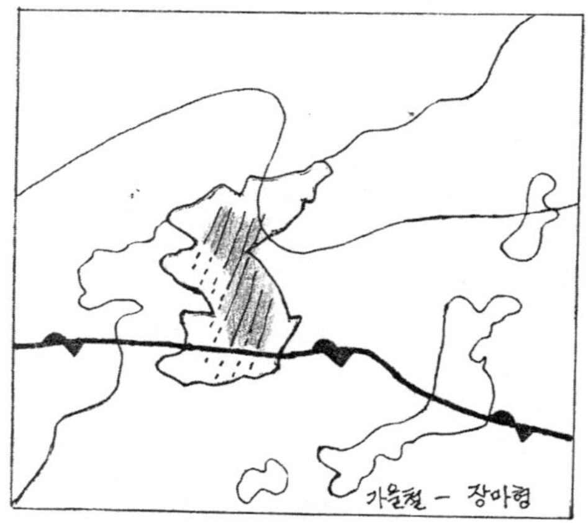


⟨ 북태평양에는 온난다습한 북태평양 기단이
있고 북쪽에는 한랭다습한 오호츠크 기단의 배치로
장마전선이 형성 되어 흐리고 비가오는 날씨 계속 ⟩

' 가을에는 책을 읽어야지 ! ', 할머니는 생각했지만 장마철이
너무 일찍 찾아 왔어요.



⟨ 날씨는 좋으나 북서계절풍이 강하게 불고
기압이 갑자기 내려가서 눈이 오기도 한다 ⟩

겨울이 깊어지자 할머니는 모든 일들을 마치고 마음껏
책을 읽을수 있게 되었습니다.

# 일 기 예 보

**- 대왕15년 7월 -**

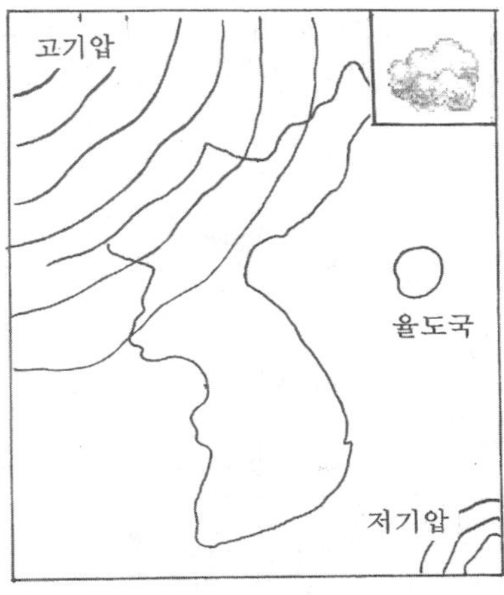


∘ 탐관오리 등의 횡포로 백성들의
　분노가 높아짐

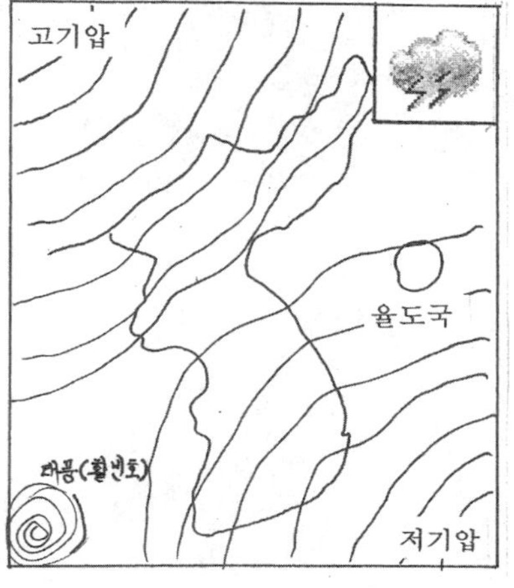


∘ 사회신분제로 인한 길동의 좌절과 분노
∘ 홍판서 첩(초랑)과의 갈등으로 인한
　태풍생성

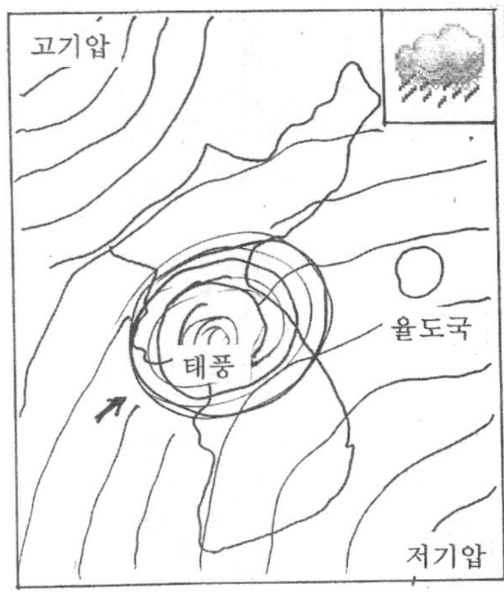


∘ 탐관오리 징벌 등 활빈당의 활동으로
　전국 태풍권에 듬

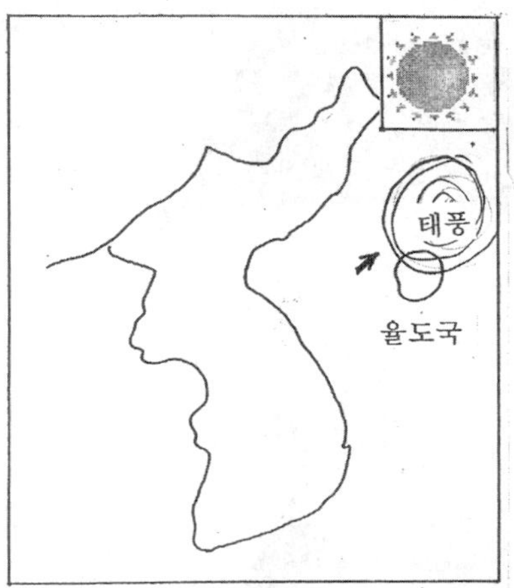


∘ 나라안에서의 활동을 정리하고 율도국으로
　떠남으로 태풍도 율도국으로 빠져나가고
　전국 맑아짐

**3**

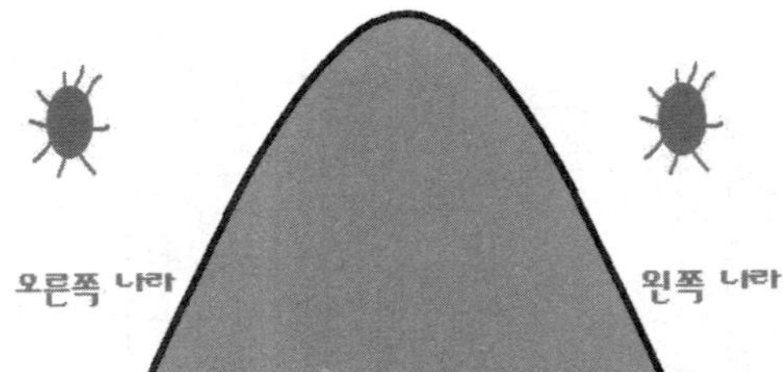


두 나라는 아주 작아서 골치 앓을 일이 별로 없습니다.

오른쪽 나라는 공주를 왼쪽 나라는 왕자를 낳았습니다.
세례식을 위해 친척들에게 초대장을 보냈습니다.

## 냄비와 국자 전쟁  - 미하엘 엔데 동화-

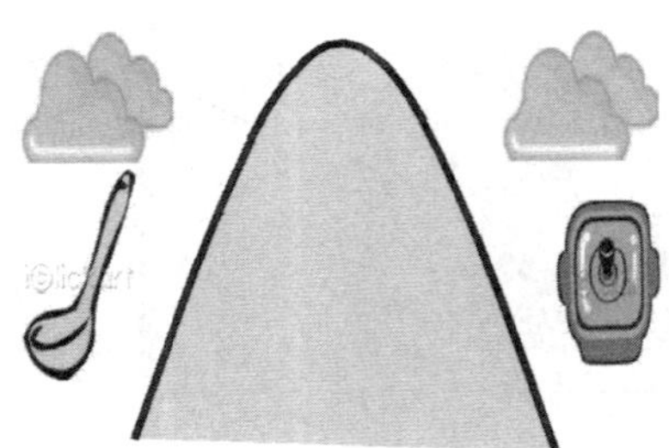

어쩌죠? 고모뻘 되는 13촌 친척에게 초대장 보내는 것을

잊었어요. 그녀는 성격이 유난히 괴팍한 마녀였거든요
(양쪽나라의 친척인데, 양쪽나라 모두 잊었어요)
파티에 초대 받지 못해 기분이 상해서 오른쪽나라(도자기냄비)와
왼쪽나라(도자기국자)에게 선물을 주고 갔어요.
★ 도자기냄비와 국자가 서로 만나면 배고픈 사람을 모두
불러다 배불리 먹을 수 있는 양의 맛있는 수프가 만들어진데요★
온 나라 안에 있는 냄비란 냄비를(오른쪽나라) 국자란 국자(왼쪽나라)
모두 끌어모아 저어 보았지만, 스프는 한 방울도 나오지 않았습니다.

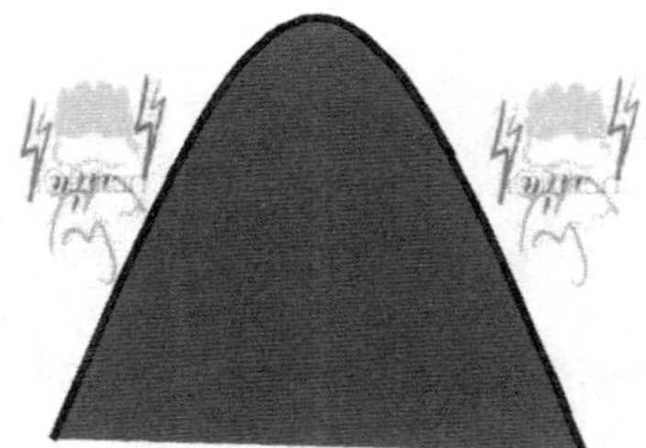

양쪽나라는 도자기 냄비와 국자를 차지하기 위해서 전쟁을
시작했습니다.
왼쪽나라를 쳐부수자!      오른쪽나라를 쳐부수자!
양쪽나라 모두 잿더미가 되어버렸어요.
아이가 사라졌어요(전쟁을 하던 날 왕자와 공주는 냄비와
국자를 가지고 산꼭대기에서 만나기로 했죠)
식량창고도 불타 먹을게 하나도 없네요

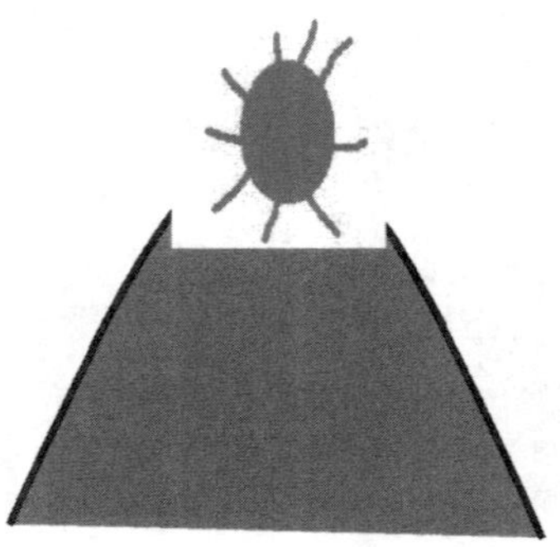

두 나라 모두 배가 고파 이성이 마비되어 가고 있었습니다.

두 나라가 산꼭대기에 모여서 앞날을 의논하기로 했어요
숨어있던 왕자와 공주가 맛있는 수프가 가득한 냄비를 가지고
와서 모두 배부르게 먹었습니다.
냄비와 국자를 어느 나라에서 가질지? 어른들은 또 다투기 시작했어요.
이때 왕자와 공주가 서로 결혼하고 싶다고 했죠.
냄비와 국자를 결혼선물로 받았으면 해요.
산꼭대기에 새 왕궁을 세웠습니다. 공동의 왕궁을 말입니다.

태양계로 풀어본 "우리들의 일그러진 영웅" - 이문열 -

(참고: 전학온 한수에서 일어나는 석대의
비행을 폭로하고자 하나 결국 석대의
그늘에 안주하고 만다)

★ 명태..
내 비록 늦게 나타났지만 석대의
비행을 폭로하고야 말겠다!
( ~ 마음만 )

왜 하필 온 자우린 태양간에_
우거워 좋잖네 _
(대양간 을 하는 이유는 엿으로 바꿘
철옷을 석대에게 가림)

심정을 드러내는 아름으로
연필깎기를 석대에게 드내라
(참고: 연필 깎기여. 신나아 따위는
석대에게 빼앗겼다고 김밥)

내 변 종자 땅콩 이라도 가져가야
험한 곳 안 크겠지?
(참고: 고자아 여 땅콩을 먹거나도 제승하라는
석대의 압력을 받음)

(참고: 겉으로 보여는
학급의 평화이
만족해 하며 석대에게
신전을 넘긴다 )

어름 _! 내가 힘임 이 옷사다.

열 건 땅아래 안 붙어가는 대러서럽지 옰다.
(참고: 석대의 계산 아래 순정하게 옰녀가여 석대의
대러서험을 처 준다)

명소.. 아빠 된다 석대가 훨 ~ 우서위
(참고: 아녀기 에게 못 난것을 앙연서도 석대에게 가쭝한 뒤러빗을 넘겨준다)

"칫 나는 산주 시렁지 ,, 작은 성의로 안고 ..
(참고: 자선의 시렁지여 석대의 어듬을 젖으연서도 항연한 것 온 안다)
형다 .. I'm 제임소 연
(참고: 명태가 영영에게 석대의 잘옷을 이야기
한것을 석대에게 일러가친다. )

임 . 석 . 대 .

♪ 그 누구도 칫어났 순 옰어! 옰어~ ♬
참고: 절대적 존재
금장으로 영임을 능가하는 권력을
가지지만 새 영임으로 무러
시작되도 혁영에 겨주 퇴호당한다)

　‘오늘의 운세’는 스포츠신문에 연재되고 있는 점복신앙(占卜信仰)의 일종이다. 일별로 특정 연령의 운세를 예견하고 있는데, 하루의 운세뿐만 아니라 길한 방향, 숫자, 색깔까지 포함하고 있다. 문장 자체가 고전적이며 지시적이기 때문에 독자는 은연중에 어떤 암시를 받게 된다. 따라서 일별로 변화하는 특정 연령의 운세를 사건의 변화에 따른 특정 인물의 상황 변화로 환원시키는 활동을 통해 학습자가 플롯을 감지할 수 있다. ‘오늘의 운세’는 사건전개에 따른 인물의 성격과 행동 변화에 따른 결과의 변화에 초점을 두어야 하기 때문에 플롯은 물론 인물의 성격까지 조망할 수 있는 장점이 있다.

　활동 방법으로 ‘오늘의 운세’가 무엇이며, 어떻게 표현되고 있는지 실체를 확인하는 동시에 고전문학 작품이나 방송매체 역사극의 문체와 말투를 상기한다. 이를 토대로 ‘오늘의 운세’의 일별과 사건이 전개되어 나가는 일별을 연계시킨다. 그리고 사건전개의 일별에 따라 인물의 상황, 즉 운세가 좋고 나쁘고 또는 누구를 꺼려야 하고 어디를 가야 하는지 등을 ‘오늘의 운세’의 문체로 작성한다. 이 활동은 ‘오늘의 운세’에서 하나의 일별에 여러 연령층의 운세를 설명하고 있듯이, 한 사건의 일별에 여러 인물의 운세를 함께 설명함으로써 사건의 전개는 물론 사건의 전개에 따른 여러 인물들의 상황 변화를 한꺼번에 정리할 수 있는 장점이 있다.

# <아버지의 유물>을 읽고

종안초 5학년 3반
박혜리

| | |
|---|---|
| 아버지 | 꼭 필요한 외출이 아니라면 외출을 삼가하여야 할 듯, 찬 음식은 되도록 이면 피하고, 건강식을 먹을 것<br>행운의 숫자: 2,9 。 행운의 물건: 이불, 베개 |
| 첫째아들 | 아버지가 남겨 주신 유품으로 인하여 재물이 많이 들어 올 듯, 다른 사람에게 도움을 받거나 줄 듯.<br>행운의 숫자: 1,7 。 행운의 물건: 맷돌 |
| 둘째 아들 | 귀신을 만나 횡재를 한다 활력이 넘치고 금전운이 좋아질 듯.<br>행운의 숫자: 3,6 。 행운의 물건: 표주박, 대나무지팡이 |
| 셋째 아들 | 호랑이를 만나 횡재를 한다. 신분이 높은 사람을 만나 큰 돈을 벌게 될 듯.<br>행운의 숫자: 10 。 행운의 물건: 장구 |
| 부자집 딸 | 죽을 뻔했던 목숨을 다시 되찾고, 듬직한 남편감도 얻을 듯.<br>행운의 숫자: 4,8 。 행운의 물건: 댕기, 저고리 |
| 호랑이 | 신분이 높은 사람에게 팔려 굉장한 대접을 받을 듯<br>행운의 숫자: 5 。 경계해야 할 물건: 곶감 |

2

# '사금파리 한 조각'

(충북여고 황지은)

| | | |
|---|---|---|
| | 목이 | 열심히 노력하면 목적 달성하거나 이익 생길수도. 고민거리 해결되고 좋은 소식. |
| | 두루미아저씨 | 건강에 빨간불. 외출 자제. 무리하게 일은 하지 말 것. |
| | 민영감 | 도전정신 필요. 자신감을 갖고 도전. 사람이 재산이다. 아랫사람아 도움을 줄 듯. |
| | 강영감 | 좋은 소식이 있을 듯. 자신감은 좋지만 자만하지는 말 것. |
| | 왕실감도관 | 사람을 잘 파악할 것. 위안을 지나칠까 염려됨. |

# 내 짝꿍 최영대를 읽고...

증안초 5학년 고강현

| | |
|---|---|
| 나 | 친구관계가 좋아질 듯 가까이 있는 사람들과 잘 지낼 것.<br><br>재물:보통 건강:튼튼 사랑:베풂 |
| 최영대 | 성적이 오를 듯. 친구관계가 점점 좋아짐. 사회생활에 적응이 잘 될 듯.<br><br>재물:좋음 건강:주의 사랑:맑음 |
| 선생님 | 아이들과 관계가 좋아짐. 반아이들이 성실하게 될 듯. 진급할 듯.<br><br>재물:좋음 건강:보통 사랑:보통 |
| 친구들 | 벼려심 부족. 외출할 때는 흰색 계열 의상이 길. 시비가 붙을 수 있음. 남쪽이 길<br>재물:부족 건강:조심 사랑:흐림 |
| 버스기사 | 좋은 손님을 태우면 기분이 좋아질 듯. 가까이 있는 사람들과 친하게 지내면 행복할 듯. 동쪽이 길<br><br>재물:보통 건강:보통 사랑:♡ |

4

줄무늬가 생겼어요

7살 김은수

| | |
|---|---|
| 카밀라 | 오늘 기분이 조금 나쁠 것이니 사람들을 조심해라. 행운의숫자:(17) 행운의색:남색 |
| 엄마 아빠 | 딸이 걱정될 것이니 환경치료사를 조심해라. 행운의숫자:15 행운의색: 파랑색 |
| 나둘팔 선생님 | 환자는 병을 못고쳐도 조금만 참고 조금만 기다리고 과학자들을 조심해라. 행운의숫자:10 행운의색:파랑색 |
| 과학자들 | 소녀의 병을 못고쳐 사망신을 당할 것같고 나둘팔의사 선생님을 조심해라. 행운의 숫자:7 행운의 색:검은색 |
| 친구들 | 친구들은 웃겨도 참고 웃지마라. 그리고 카밀라의 엄마 아빠를 조심해라. 행운의 숫자:6 행운의색:보라색 |
| 오둥퉁한 할머니 | 소녀는 야욱콩을 먹지 않지만 그래도 끝가지 먹여라 그러면 병이나올 것이다. 그리고 나둘팔의사를 조심해라. 행운의 숫자:2 행운의색:초록색 |

문학그래프는 작품의 내용 이해를 바탕으로 사건의 전개와 인물의 심리변화를 그래프로 표현하는 활동이다. 문학그래프는 인물의 감정과 심리를 이해하는 데 도움이 될 뿐만 아니라, 인물의 행동이 나오게 된 계기가 무엇인지, 그 행동은 사건전개에 어떤 의미를 갖는지 등 작품의 핵심적인 내용을 파악하는 데 매우 용이하다. 문학그래프를 작성하는 과정에서 플롯을 체계적으로 파악할 수 있으며 중요한 내용과 중요하지 않은 내용을 구별할 수 있다.

일반적으로 X축과 Y축의 그래프를 활용한다. X축의 기준을 사건의 전개로, Y축의 기준을 인물의 심리변화로 설정한다. X축의 사건 진행에 따라 Y축의 인물의 심리가 어떻게 변화하는지를 그래프로 나타낸다. 나아가 주동인물과 반동인물의 감정과 심리를 비교하기 위해 두 개의 곡선으로 나타낸 후 사건이 지니는 의미와 인물 사이의 갈등 양상, 감정의 전개와 변화 등을 각 구간별로 분석해서 해설을 덧붙인다. 또한 인물의 심리를 기쁨, 슬픔, 분노 등 몇 개의 감정으로 분류한 후 사건의 진행과 전개 상황에 따라 각각의 감정들이 어떻게 변화되는지를 비교하여 막대그래프로 나타낸다.

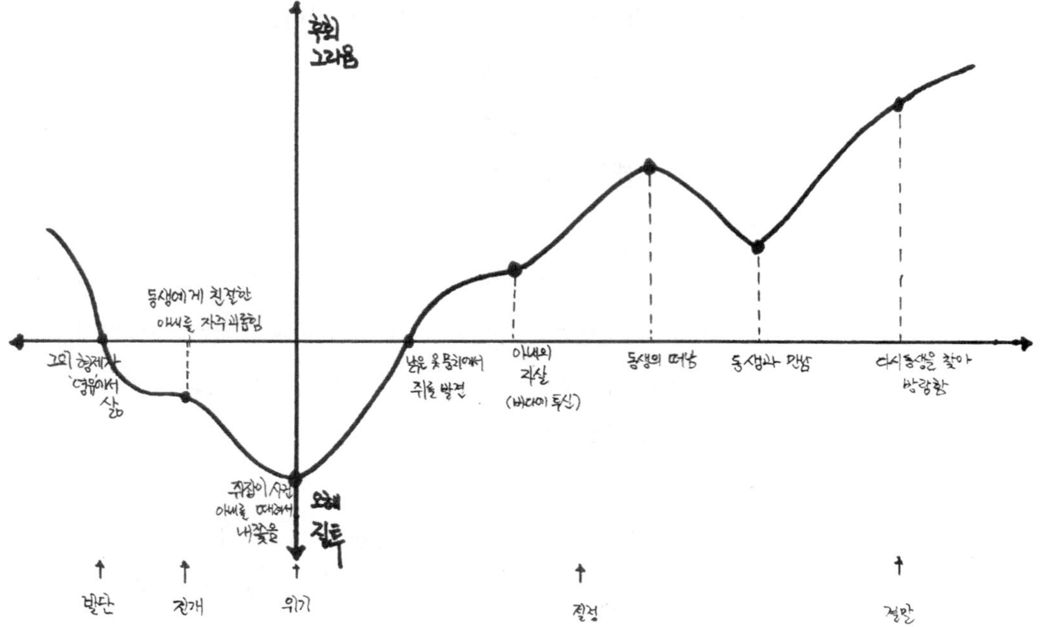


1(단선)
〈 그래프로 본 "배따라기"의 뱃사람 '그'의 심리 변화 〉
후회
그리움
동생에게 친절한
아씨를 자극시킴힘
그의 형제가
영유에서
삶
냉유 옷 몰래에서
쥐를 발견
아내의
자살
(바다에 투신)
동생의 떠남
동생과 만남
다시 동생을 찾아
방랑함
쥐잡이 사건
아씨를 때려서
내쫓음
오해
질투
발단
전개
위기
절정
결말


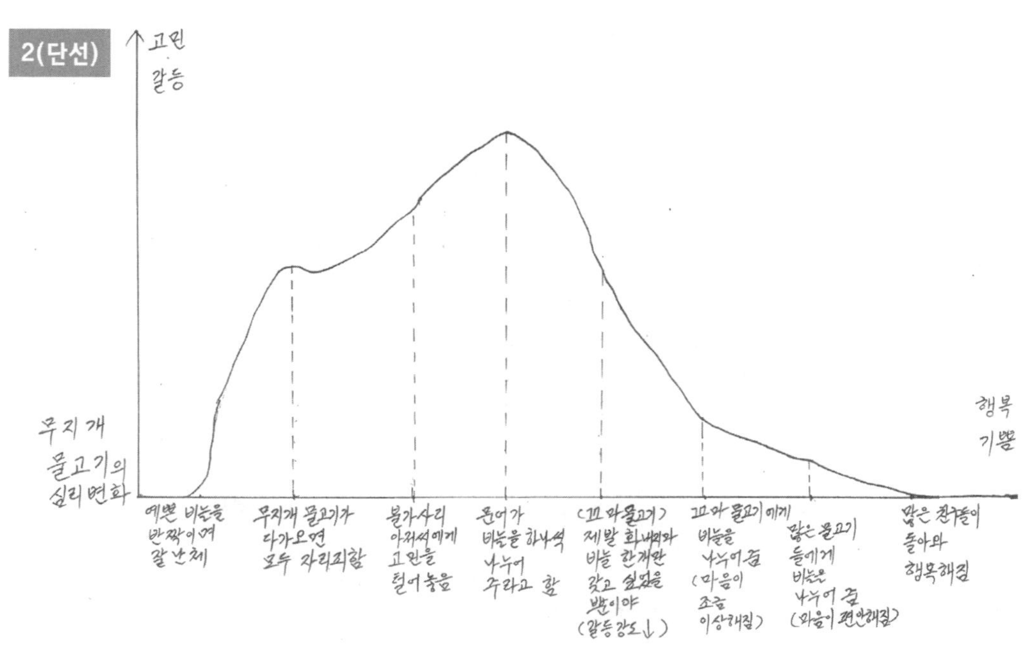


2(단선)
고민
갈등
무지개
물고기의
심리 변화
행복
기쁨
예쁜 비늘을
반짝이며
잘 난 체
무지개 물고기가
다가오면
모두 자리피함
물가사리
아저씨에게
고민을
털어놓음
온어가
비늘을 하나씩
나누어
주라고 함
(고마 물고기)
제발 화내며와
비늘 한개만
갖고 설움을
받이야
(갈등강오↓)
고마 물고기에게
비늘을
나누어줌
(마음이
조금
이상해짐)
많은 물고기
들에게
비늘을
나누어 줌
(마음이 편안해짐)
많은 친구들이
돌아와
행복해짐

# 그래프로 본 빌리의 심리변화

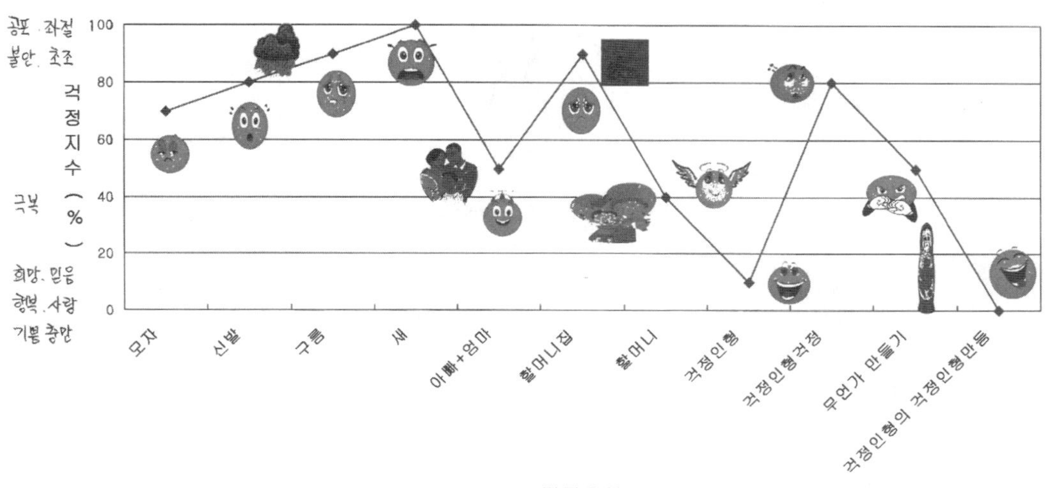




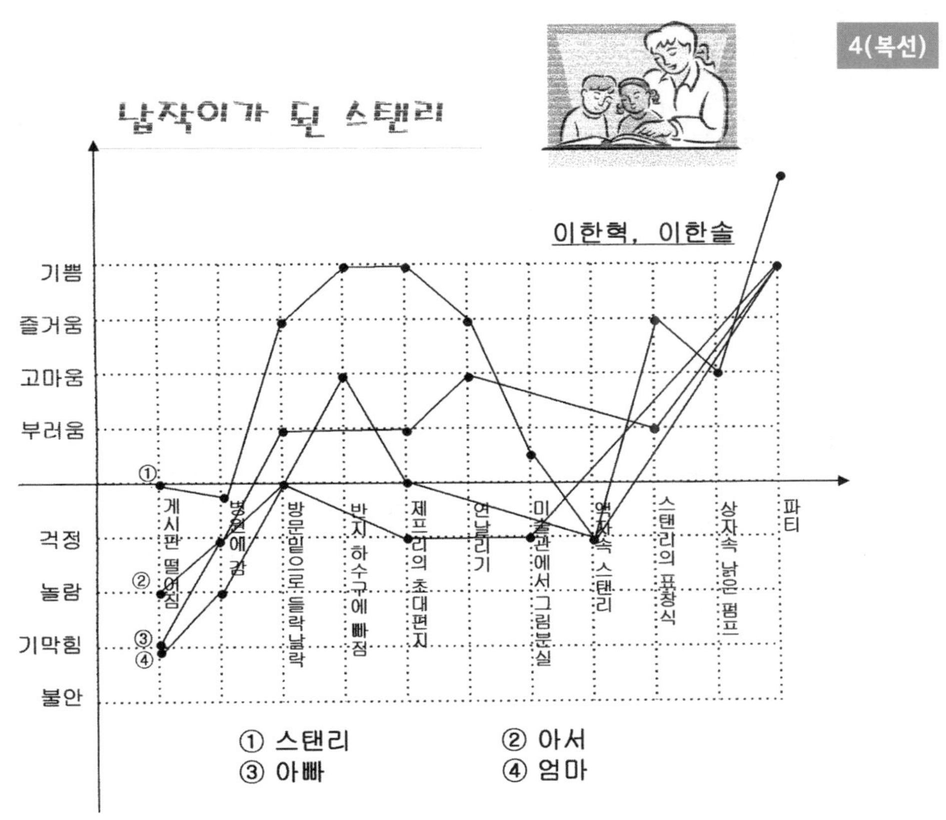

본 등장인물의 심리 " 무지개 물고기 "

2. 무지개 물고기는 아끼는
것이라며 주지 않아서
친구들이 다 피해 버렸다.

3. 문어 할머니가 친구들에게
반짝이를 나누어 주라고
알려 주었다.

4. 무지개 물고기는
친구들에게 반짝이를
나누어 주었다.

5. 무지개 물고기와 친구들은
사이좋게 지내 행복했다.

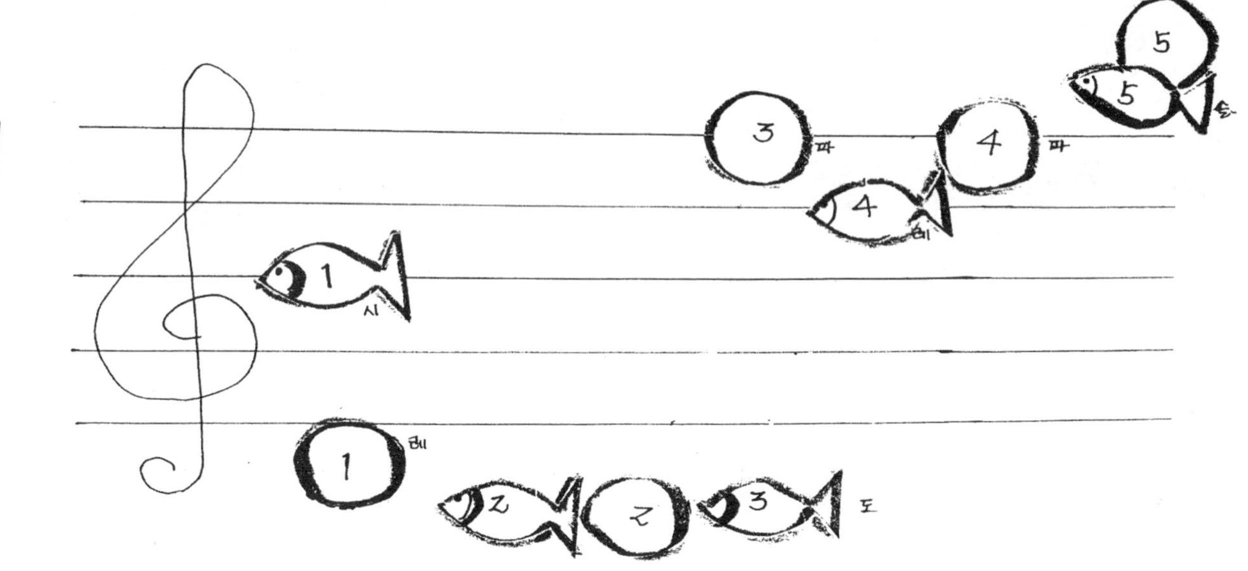

(2) 그림의 활용

　학습자는 작품을 읽으면서 또는 읽은 후 인물, 사건, 배경 등을 그림으로 표현함으로써 작품의 의미를 보다 깊이 이해할 수 있다. 통합 독서교육콘텐츠 5단계인 '텍스트 변화'에서 작품의 전체적인 인상이나 감상을 그림으로 표현하는 '독서감상화'와 분명하게 차이가 있다. 작품의 해석과 상상의 내용을 그림으로 표현함으로써 학습자가 작품의 의미를 재확인하고 음미하게 된다. 활동의 초점은 작품의 이해와 감상을 위해 그림을 이용하는 것이므로 그림 자체의 완성도는 중요하지 않다. 다만 그림의 내용과 감상의 관계를 잘 파악하여 학습자의 수용 내지 인지의 정도를 살펴보는 데 초점을 두어야 한다.

　활동 방법으로 외양묘사로 처리된 부분을 포착하여 등장인물의 모습 그리기, 작품의 배경이나 공간을 상상해서 그리기, 중요한 사건이나 장면 그리기, 신문이나 잡지 또는 드라마에서 인물과 닮은꼴 찾기, 작품의 내용이나 인물, 사건 등에 어울리는 그림, 사진 등을 콜라주하기 등이 있다. 특히 그림책이나 동화의 경우에는 사건의 전개와 관련하여 인물의 외양이나 표정이 왜곡 처리되어 있는 부분이 많다. 이러한 부분을 꼼꼼하게 되짚어 인물의 외양이나 표정을 달리 그려봄으로써 작품에 대한 학습자의 집중력을 증폭시킬 수 있다.

**1**

# 등 장 인 물

## 메 리 레 녹 스

10살이 될 때까지
제멋대로 구는 버릇없는 아이였으나,
부모님이 돌아가시고
고모부 댁으로 온 후로 명랑하고 착한 아이가 된다.
디콘과 비밀의 화원을 몰래 가꾸고
허약한 콜린를 건강한 아이가 되도록 도와 준다.

## 크 레 이 븐 씨

메리의 고모부.
어려서 등뼈가 휘는 곱사병에 걸려
굉장히 고집스럽고 까다롭다.
죽은 부인을 그리워하며 10년 동안
집을 떠나 여행만 다닌다.
뜻밖에 건강해진 아들을 보곤 활기를 되찾는다.

## 콜 린 크 레 이 븐

크레이븐 씨의 아들.
몸이 허약해
신경질적이며,
고집이 세다.
메리와 디콘 덕분에
건강해진다.

## 디 콘

동물들이 잘 따르고
자연을 사랑하는 착한 아이.
메리와 함께 비밀의 화원을
가꾸며 콜린이 건강을
되찾는 데 도움을 준다.

## 마 사

크레이븐 씨 댁의 하녀로 디콘의 누나다.
싹싹사근하며 착하지만
하녀임에도 불구하고 메리에게
할말이 있으면 거리낌없이 한다.

## 벤 웨 더 스 태 프

저택의 화원을 가꾸는 할아버지.
무뚝뚝하지만 충직하다.

## 메 들 록 부 인

크레이븐 씨의 가정부.
수다 떨기를 좋아하며
귀찮은 걸 싫어한다.

멍멍 의사 선생님
등장 인물 소개
피터: 저런 편도선에 염증이 생겼군요
커트: "콜록콜록" 담배는 몸에 해로워요
피오나: 귀가 아파서 어지러워요
할아버지: 맥주 땅콩많이 먹어서 배속에 가스가 가득 찼어요
빨려 타서 고쳐달래고 전보했잖아 아빠
멍멍 의사 선생님
정말 야단났네요 어리다 큰일 나겠어요
펌내까 설 와라고 했지 엄마
케브 머리에 벌레(이)가 생겼어요
학배: 배속에 가생충이 생겼어요
멍멍 의사 선생님

★ 떡보 ★ (금종원)
"처음 많아 보는겨. 머리가 어질어질한게 꿈떡 같기도 하고 ...."
< 도랑집 아주머니 >
"시퍼렇게 안 익어서 그런겨."
간장독, 된장독, 김치독 영 맛이 안 나네~
"익을라문, 푹 삶아야 되는겨."
★ 구구장 할아버지 ★
"바나나래유."
★ 때보 ★ (금 떡순)
"너, 목욕 언제 했냐?"
★ 기땡이 ★
기대야, 기때야, 하다 보닝께 나중에 '기땡아'가 된겨
"바나나가 뭐예유?"

**4**

°도서명 - B사랑사 러브레터.

점순네 닭 홍만이 KI 진출!
KI
이 안에 너 있다...
점순네 닭 홍만이 조유피
대일밴드
점순이
동백꽃
< 동백꽃 >



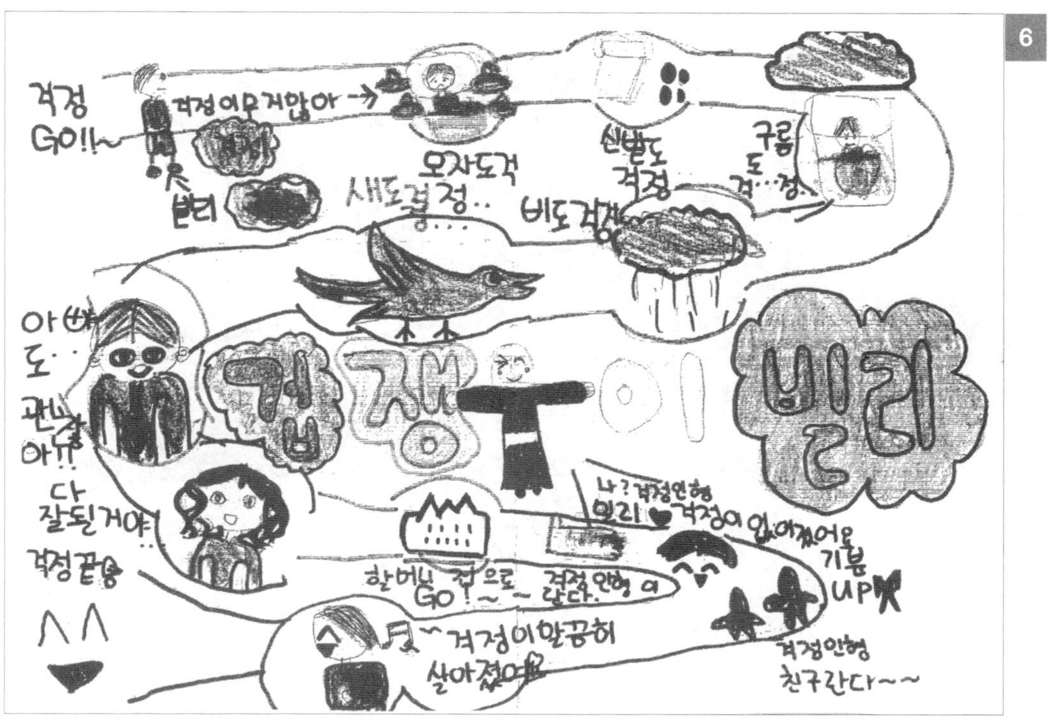
걱정 GO!!~
걱정이요 걱정말아 →
모자도걱
신발도 걱정
구름도 걱...정...
변터
새도걱정...
비도걱정
아빠도... 괜찮아!!
다 잘될거야
걱정끝용
^^
걱정이
걱정인형
나? 걱정인형 이리
걱정이 없어졌어요 기분 UP
할머님 집으로 걱정 안녕 걱정인형 친구란다~~
GO!~ 같다.
걱정이 말끔히 살아졌어요

7

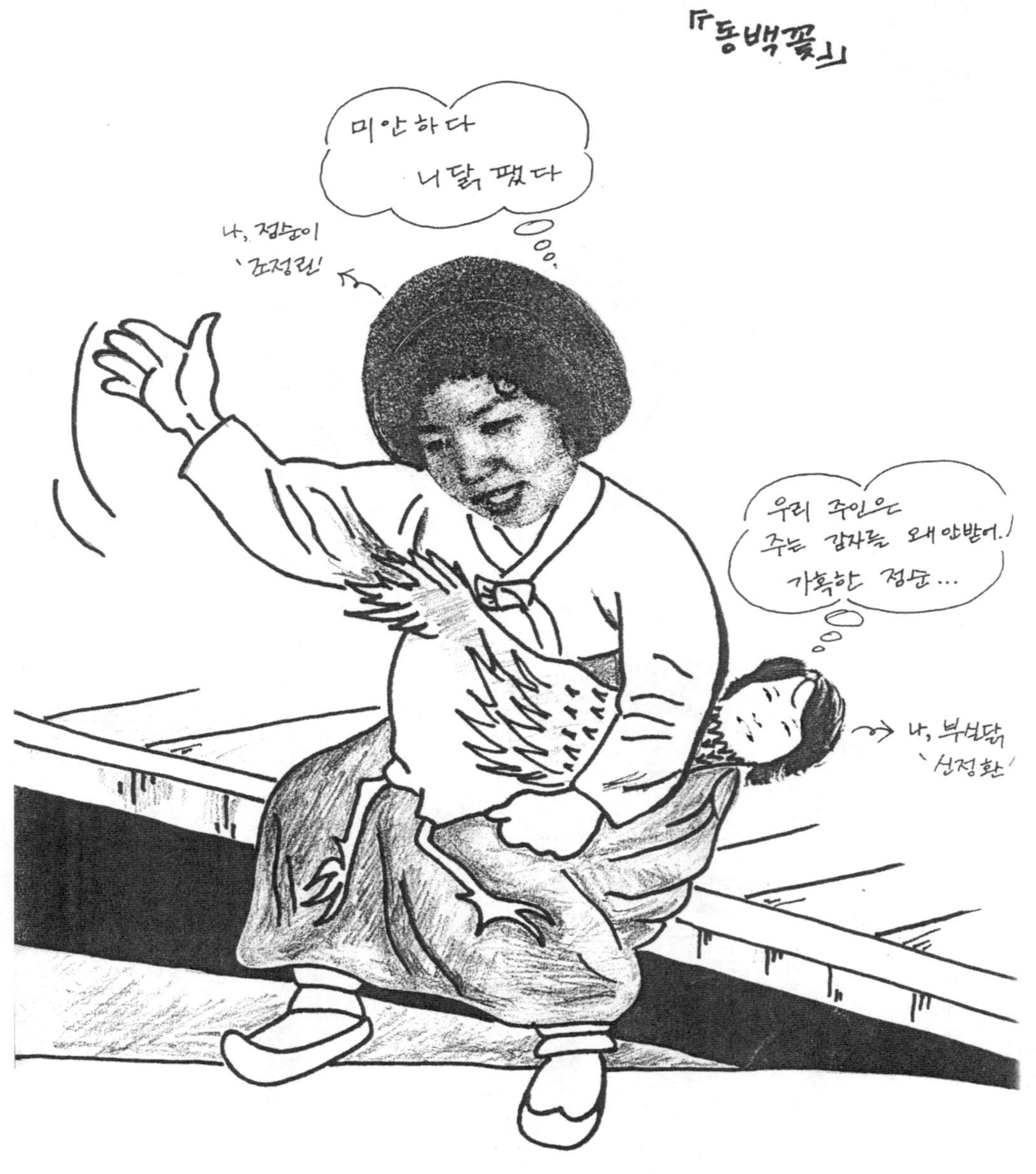

## (3) 신문의 활용

신문의 활용은 작품의 사건을 현실 세계의 사건과 통합하는 활동이다. 작품의 중요한 핵이 되는 사건을 현실 세계의 사건과 연결시킴으로써 독서감상의 폭을 넓힐 수 있다. 독자는 작품의 내용을 그의 의식 속에서 자신의 사전지식이나 경험과 대응시키며 이해를 조직해 나간다. 따라서 작품을 현실과 동떨어진 단독의 구조물로 받아들여서는 곤란하다. 신문은 현실 세계의 축소판이자 온갖 삶의 모습과 다양한 사건을 보여준다는 점에서 독서교육에서도 여전히 의미를 갖는다. 신문을 통해 작품의 사건과 닮은 기사를 찾는 활동은 작품과 세계에 대한 올바른 인식을 도울 뿐만 아니라, 작품 이해의 지평을 넓힌다는 점에서 의의를 찾을 수 있다.

활동 방법으로 작품의 전체적인 내용을 화소별로 정리한다. 문학적인 글은 인물이나 사건 중심으로, 비문학적인 글은 화제나 주제 중심으로 요약한다. 요약한 내용과 관련이 있거나 닮은 점이 있는 기사를 찾아 스크랩한다. 어떤 신문사든 인터넷으로 주제별 조회가 가능하기 때문에 관련기사를 쉽게 스크랩할 수 있다. 스크랩한 기사를 요약하고 작품과 어떤 관련이 있는지 구체적으로 정리한다. 그리고 작품 속의 사건이나 인물의 성향과 현실 세계의 사건이나 실제인물의 성향을 비교·대조한다. 이 활동은 꼭 닮은 기사만 찾는 것이 아니라 작품의 인물 및 행동과 반대되거나 대조적인 기사를 찾아보는 활동으로 응용할 수 있다.

**1**



## 아동학대 친부모 '80%' 계부모 '10%미만'

### "사회낙오자, 자녀에게 스트레스 폭발 추세"

아동학대 통계는 상식과 선입견을 무너뜨린다. 보건복지부가 전국 17개 시·도 아동학대예방센터와 신고전화 '1391'을 통해 접수한 아동학대 사례는 모두 4111건이며, 이 중 2478건이 실제 아동학대로 판정됐다.

작년에 나온 보건복지부 아동학대 현황 보고서는 "가해자 대다수가 주부·무직자·일용직노동자 등 소득 수준이 낮거나, 집에 있는 시간이 긴 사람들이었다"고 분석하고 있다. 이에 대해 전문가들은 "카드빚 등 가정 경제의 파탄은 가정 파괴와 맞물려 가면서, 아동학대를 증가시키는 주요 원인"이라고 말했다. 한국수양부모협회 박영숙(朴英淑) 회장은 "장화·홍련이나 콩쥐·팥쥐처럼 계부·모가 의붓자식을 구박하는 것이 아동학대의 주종을 이루던 시대는 지나갔으며 "사회·경제적으로 낙오했거나 인

간관계의 파탄을 겪은 친부모가 스트레스를 자녀에게 폭발시키는 것이 주된 흐름"이라고 지적했다. '방임'이 아이들을 내팽개쳐두는 '방임'이 구타·폭력·성폭행 등을 누르고 전체 사례 가운데 가장 많은 유형을 차지한 것도 미국·영국·일본 등 선진국과 공통된 현상이다.

실제로 복지부에 신고된 학대 사례들도 사망 등 극한 상황으로 가는 특수한 경우가 아니라, 자기 집에서 특수한 경우가 아니라, 자기 집에서 친부모에게 거의 매일 학대를 당한 사례가 주종을 이뤘다. 가해자의 80%는 친부모이며, 계부·모와 양부모는 각각 10% 미만이었다. 아동학대가 일어나는 장소도 80%가 자기 집이었고, 길거리·학교·유치원·친척 집 등은 나머지 20%를 차지했다. 피해 어린이 가운데 71.3%가 매일 혹은 1주일에 한 번 이상 학대를 당하고 있었다.

몰인정한 부모를 신고한 사람들의 절반 정도(45.8%)가 아이들의 곤경을 보다못한 이웃과 친구였다. 피해 어린이들의 48%는 그럼에도 불구하고 아무 조치됐다. 전문가들은 "범적고 귀가 조치됐다. 전문가들은 "법적 제도만 선진국 수준으로 자꾸 정비할 게 아니라, 제도를 실천할 인력과 기관을 확충해야 한다"고 말했다.

/金秀憲기자



## "안그러면 우리가 죽을 것 같았죠" '때리는 아버지' 4母女가 살해

### 술취해 폭행하자 질식시켜… 모두 令狀

만취한 상태에서 상습적으로 가족들에게 행패를 부리던 50대 가장이 부인과 딸들에 의해 살해당했다. 서울 남부경찰서는 21일 관악구 신림동 자신의 집에서 남편 조모(56·운동기구배달원)씨를 살해한 혐의로 부인 정모(50·식당 종업원)씨와 이를

도운 조씨의 세 딸 등 4명에 대해 구속영장을 신청했다.

경찰에 따르면 조씨는 지난 20일 밤 10시쯤 만취한 상태로 서울시 관악구 신림동 자신의 집으로 귀가한 후 부인과 딸들에게 재떨이를 던지고 자신의 머리를 벽에 부딪쳐 자해

했다. 두려움에 떠는 가족들에게 조씨가 '다 죽여버리겠다'고 위협하자 딸 3명이 조씨 팔·다리를 잡아 움직이지 못하게 하고 부인 정씨가 이불을 조씨 머리에 덮어 질식사시킨 혐의를 받고 있다.

정씨와 딸들은 경찰조사에서 "그렇게 하지 않으면 우리가 죽을 것 같았다"고 말했다.

/金南仁기자 artemis@chosun.com

< 성격이 비뚤어진 용 >

# "이젠 피부 검다고 울지 않을래요"

### 워드와의 만남에 부푼 국내 혼혈아들

일곱 살 꼬마는 지금 기대에 부풀어 있다. 왕방울만한 눈동자를 굴리며 "엄마, 오늘이야?" "아저씨 오늘 와?" 하고 질문을 해댄다. 흑인계 혼혈아 안아름(7)양. 곱슬머리에 까만 얼굴의 아이는 8일 하인스 워드 아저씨를 만난다.

"만나면 '안녕하세요' 라고 할 거야. 맛있는 거 사달라고 해야지. 아몰라몰라… 놀이동산에도 같이 가고 싶은데…." 조잘대는 아이에게 "하인스 워드가 누군데?"라고 묻자, "훌륭한 사람"이라는 답이 돌아왔다. 엄마 안진희(30)씨가 옆에서 차근차근

한국에 오면 우리들의 친구가 되어주세요. 기회가 있으면 저도 미국에 꼭 가보고 싶어요. 저도 아저씨처럼 훌륭한 사람이 되고 싶어요."

고작 일곱 살이지만, 피부색이 다른 딸에게 현실은 냉혹하다. 또래 친구들이 "넌 왜 머리에 폭탄을 맞았냐"며 놀리고 "영어 해봐"라고 괴롭힐 때마다 기가 확 죽는다. "엄마, 다른 친구들은 피부색이 다 노란색인데, 나는 왜 검은색이야?" 하고 물어올 때마다 엄마는 아이 몰래 눈물을 훔친다. 2개월 전에는 집 앞 체육관에 등록하러 갔다가 "외국인은 안 된다"는 얘기도 들었다. "우리 애가 꼬마인데도 이런 취급을 받는데. 앞으

< 나의 생각 >

이 신문기사를 고른 이유는 외모 부터 풍겨 나오는 이미지 때문에 여러 불이익을 당하는 경우가 제가 선정한 책인 '성격이 비뚤어진 용'과 근본적인 문제에서 비슷하다고 생각했기) 때문입니다.

이왕이면 다홍치마'라는 말처럼 요즘은 외모 지상주의가 한층더 한층더를 부르짖고 있는 것 같아서 많은 아쉬움이 생기는데, 상대방을 자세히 알기 전가지는 겉으로 보는 모습으로 어느정도 판단하고 예측하고 생각하는 것이 일반적이라는 데에는 굳이 반박하고 싶진 않다. —물론 나도 아니라고는 말할수 없으니까 —

하지만 겉모습으로 판단되어지는 상대방은(혹은 나 자신은) 이건 아니다라고 생각하게 되는건 당연한 일이다. 험상 궂은 외모에 부드럽고 상냥하고 따뜻한 마음을 가진 사람은 어디에나 있는데, 그걸 찾아 내기가 쉽지 않은것은 먼저 다가가질 못하기 때문은 아닐까 생각해 본다.

## 3

# 가방을 들어주는 아이

속 보

**"장애인 친구들과 즐거운 학교생활을 …."**
교육 인적 자원부는 장애 이해 사이트(http://edu.kise.go.kr)에 DVD로 제작 영상물을 올리기로 했다
장애인으로 전학, 입학 거부 강요를 받는 학생들과 함께하는 사회를 만들기 위해 영상물을 제작했다.

▶ 나의 생각
가방을 들어주는 아이에서는 친구들이 오히려 가방을 들어주는 석우를 놀렸는데 아직까지도 우리 사회가 열린
사고를 갖고 있진 않은 것을 볼수 있게 됩니다. 그래도 이런 문제성을 고발하는 영상물은 조금이나마 인식변화
에 도움을 줄 수 있는 첫 걸음이라 생각됩니다. 이 첫걸음으로 인해 앞으로 장애인 친구들과 즐거운 학교생활이
되기를 기대해 봅니다.

속 보

**"장애인 입학거부, 전학강요 여전"**
지체 2급 장애 아동은 학군 내 한 초등학교에 입학하려고 했으나 학교에서 입학을 거부하며 다른 학군의 특수
학급이 설치된 초등학교 입학을 강요했다. 결국 버스로 1시간 이상 걸리는 곳에 있는 특수학교에 다니고 있다.

▶ 나의 생각
'가방을 들어주는 아이'에서는 입학거부를 하는 모습은 못 보았던 것 같습니다. 영택이가 일반학교에 왔으니 말
입니다. 장애를 갖고 있는 것만으로도 속상하고 마음 아플텐데 입학 거부 및 전학을 강요했다는 것은  부모들에
게 마음에 못을 박는 것 외에 그 당사자들은 어떻겠습니까?…. 아직까지도 우리 사회는 냉냉함으로 뒤쳐져 있는
나라임을 보게 되어 씁쓸하게 되었습니다.

정 치

**"<말아톤> 대사가 모든 장애아 엄마의 마음"**
나경원 한나라당' 의원은 다운증후군 딸 아이를 둔 엄마로 국회의원이 되자 마자 국회 내에 '장애인 특위'를
만드는 것이었다  '장애아이.we can'을 만들었고 지난 1년동안 '장애체험 대회 및 장애학생 작은 음악회 자
선 바자회 등의 여러 행사를 열음. 여러 장애아를 위해 몸소 뛰는 모습이 보인다 <말아톤>의 주인공 초원의 어
머니가 " 내 소원은 초원이 보다 하루 늦게 죽는 것"이라고 한 말은 장애아를 둔 부모의 마음이라며 앞으로도
계속적으로 장애아를 위한 인권 법안을 위해 뛸 것이다라고 밝혔다.

▶나의 생각
가방을 들어주는 아이에서도 "엄마, 나는 왜 장애인으로 태어난 거야? 왜, 왜!"라는 영택이의 울음에 그 엄마

또한 초원이의 엄마와 같은 마음일 것이다라는 생각이 든다. 또한 내가 장애인이 아님에 감사를 잊지 아니하며 주위에 장애아를 둔 부모나 당사자들에게 조금이나마 따뜻하게 대할 수 있는 것이 있다면 한가지라도 실천해야 함을 느끼게 된다. 또한 동병상련 이라하였는가? 그 처지에 있어본 엄마이기에 더 발 벗고 그들의 아픔을 덜어 줄 수 있으리라 믿습니다. 좀 더 많은 일들로 장애인들에게 혜택이 되기를 기대해봅니다.

연 예

### '말아톤'의 수상과 강원래 복귀

영화 '말아톤'에게 상을 준 것은 하나의 속죄의식이다 말아톤 흥행에 성공한 이후 방송에 장애인들이 부쩍 등장 KBS 폭소클럽 '바퀴달린 사나이' 에서는 두 다리를 못 쓰는 박대윤 씨의 개그가 선보여 눈길을 끌어 왔다

▶ 나의 생각

연예인은 요즘 젊은 학생들에게 많은 선풍적인 인기 직업이다. 그중에서도 많이 알려진 폭소클럽에서 박대윤씨의 개그로 연예인은 모든 것을 다 갖춘이들만의 직업이 아니라는 것을 장애인에게도 기회가 주어질 수 있음을 보여주는 좋은 이미지를 주는 프로그램이다.

### 엄마에게 2년간 감금당한 형제, 도대체 왜?

SBS '긴급출동! SOS24' 에서는 11일 엄마에 의해 2년간 단 한번도 집 밖으로 나오지 못했던 형제를 소개했다. 온 몸은 새카맣게 때가 뒤덮여 손으로 긁으면 나올 정도인데다 하루 세끼를 거의 라면으로 때우는 등 비정상적인 식사로 인한 소아 비만 때문에 두 형제 모두 90kg 에 육박하는 안쓰러운 상태였다

'왜 아이들을 밖에 내보내지 않느냐'고 묻자 어머니는 "아이들이 원치 않기 때문"이라며 " 내 자식이니 내가 알아서 키운다"고 당당하게 맞섰다.

▶ 나의 생각

이 기사를 보고 차마 입을 다물수가 없었습니다. 또한 영택이 엄마는 그동안 매일같이 학교에 오갔던 모습이나 돌봄 자체만으로 얼마나 감사한건지.... 아니 자식을 위해 당연한 건데....

어찌 자식을 그리 방치해둘 수 있을까?에 혀를 찰수 밖에 없는 모습에 씁쓸한 웃음만 나오게 됩니다.

4

산성 초등학교 4 학년 5 반 이름 한다허

★ 초정리 편지를 읽고 주요 사건과 닮은 신문기사 찾기

1. 한글

전의면은 고려정리 티우고개 산 속의 우물에서 나오는 탄산수가 세종대왕의 눈병을 고쳐준 신비의 약수라 하여 2000년부터 '왕의물 축제'를 열고 있다.

초정리 편지 본문 중에서... 윤초식대 머님과 장운의 대화
"나라님이 새로 글자를 만들어 반포하셨는데, 바로 이 것과 같으니라."
"에고 그럼 이것이 나라님께서 새로 만드신 글자입니까?"
"그렇다나 어쩌면 그분이 나라님하고 가까운 어른일 지도 모르구나."

2. 초정리 약수

초정리 광천수의 효과 : 소화를 돕고 위를 깨끗하게 한다. 알코올 성분을 빨리 분해하여 숙취 해소에도 좋다, 6가 고리 형태의 육각수여서 흡수력이 뛰어나고 공복에 마시면 더욱 좋다. 우리탄산이 많이 녹아있어 혈관의 노폐물을 걸러 주려테 도움을 준다.

초정리 편지 본문중에서.. 토끼눈 할아버지와 장운의 대화.
"허허, 토끼눈? 그래, 내가 눈병이 났구나, 이권처 약수가 좋다 하여 쉬러 왔느니라".
"아, 저쪽 산 너머 마을에 효험좋은 물이 있다던데, 거기 물 눈병이 바나 까고 맛이 써 어지하고 독 쓴다면..."

## (4) 검색자료의 활용

검색자료의 활용은 작품의 이해를 돕기 위해 활용할 수 있는 모든 자료를 탐색하는 활동이다. 작품의 내용과 관련한 자료를 다양하게 탐색함으로써 관련지식을 넓히고 작품을 바르게 이해하며 교양과 상식을 기를 수 있다. 아울러 정보와 지식을 탐색하고 활용할 수 있는 능력을 기를 수 있다. 해설이 담긴 참고도서, 각종 도표나 지도, 사전, 그림, 영상 등을 탐색하여 작품에 접근하는 시각을 넓힌다. 자료를 탐색하고 정보를 얻기 위해서 도서관 이용과 인터넷을 권장한다.

활동 방법으로 작품의 배경이 되고 있는 시대적·역사적 배경을 탐색하여 작품이 생성된 문학적 배경을 이해하며, 작품의 내용과 관련한 당대 내지 현재의 문화적 환경을 탐색하여 작품의 의미를 보다 구체적으로 이해한다. 또한 비슷한 주제의 다른 작품이 존재하는지에 대해서도 살펴볼 수 있다. 무엇보다 역사나 기행 또는 예술과 관련한 작품을 이해할 때 시각적인 자료를 통해 작품을 보다 효과적으로 이해할 수 있다. 예컨대 초등학교 4학년 국어교재, '한국의 신화편'에서 소개하고 있는 <다자구 할머니>를 기반으로, 죽령산신당(竹嶺山神堂)의 실제 모습을 인터넷 자료로 살펴본다거나, 건국신화나 무속신화에 등장하는 다른 여신의 존재에 대해 살펴본다거나 하는 활동을 통해 '다자구할머니'에 대한 역사·문화적 의미를 더욱 구체적으로 이해할 수 있다.

# "그것이 알고 싶다"

『동백꽃』

## 1. `나'가 점순이에게 열등의식을 갖는 이유는?

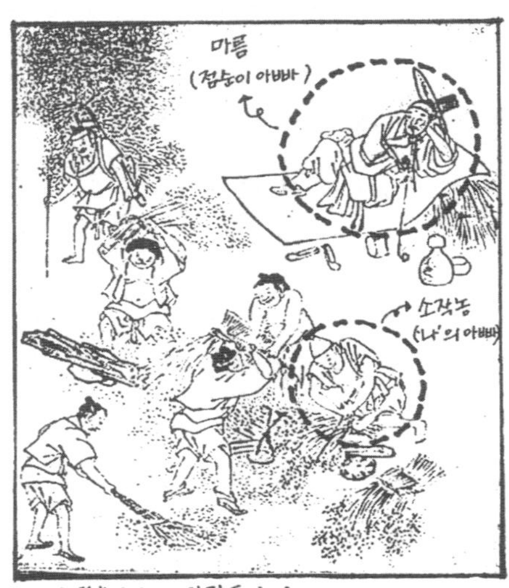

(김홍도의 타작도) ↑

<마름과 소작농의 계층 탐구>

`마름'이란 순수한 우리말로, 지주로부터 소작지의 관리를 위임받아 일하는 사람을 말한다. 마름은 지주의 토지가 있는 곳에 상주하면서 소수기의 작황을 조사하고 직접 소작인들로부터 소작료를 징수하여 일괄해서 지주에게 상납하는 것을 주된 직무로 하고 있다. 그러한 직무를 맡고 있기 때문에 자연히 마름은 지주의 입장에 서서 소작인들을 독려하게 마련이고, 소작인들은 피해 의식을 느끼며 싫든 좋든 간에 그의 요구와 지시를 따르지 않으면 안된다. 그러므로 소작농인 `나'의 집안과 마름의 점순네는 서로 도와주는 사이이지만, 경제적인 측면에서는 주종 관계와 유사한 형편이다. 이러한 두 집안의 모습은 `나'가 점순이에게 열등 의식을 갖게 되는 요인이 된다.

## 2. 동백꽃의 기능은?

<동백꽃과 생강나무의 꽃 탐구>

이 작품에 나오는 `동백꽃'은 흔히 붉은 빛이나 흰 빛의 화려한 색깔로 피어나는 동백 나무의 꽃이 아니다. 이것은 강원도 방언으로 `동박꽃(개동백)'이라고 하는 것으로 표준말로는 `생강나무'라고 부르는 나무의 꽃이다. 붉고 크면서 하나씩 따로 피어나는 동백꽃과는 달리 생강나무는 노랗고 작은 꽃을 무더기로 피운다. 따라서 이 대목에서 흐드러지게 핀 `동백꽃'은 향토적 소재로 작품의 서정성을 더욱 짙게 하며, 그 노란 색채가 밝고 따뜻한 낭만적 분위기를 연출하면서, 자칫 진부해지기 쉬운 남녀의 애정문제를 토속적 배경과 조화시켜 아름답게 승화시키는 기능을 하고 있다.

(일반적인 동백꽃) ↑

(생강나무의 꽃) ↑

# 사랑손님과 어머니



## 사건과 닮은 신문기사 찾기

> " 옥희가 아버지를 새로 또 가지면 세상이 욕을 한단다. 사람들이 욕을해,옥희 어머니는 화냥년이라구. 옥희 아버지는 죽었는데 옥희 아버지가 새로 생겼대. 참 망측도 하지,
> 옥희는 커도 시집도 훌륭한 데 못가구, 옥희가 공부를 해서 훌륭하게 되두 에 그까짓 화냥년의 딸 이러구."

## 1.옥희 엄마가 사랑 손님과 재혼을 할수 없었던 시대적 배경.

이 소설은 1930년대로 한일합방 시대이며, 조선시대부터 내려오는 유교사상에 바탕을 둔 '신하는 두 임금을 섬기면 안되고, 부인은 두 남편을 섬기면 안된다.'는 것이 철칙으로 강조되어 여자의 외출금지, 남자와의 교제 제한하였으며, 재혼한 여자의 자손을 벼슬에도 나가지 못하게 하는 악법이 제정되어, 재혼자체를 죄악으로 여겼음.

20. 비슷한 신문기사.
( 현대 이슬람 국가의 여성의 위치 및 여권신장)

[13억 이슬람과의 대화(22)]"차도르 밖…" 여권 신장 바람

## 1. 명예 살인 : 부정을 저지른 여성을 '가문의 수치'라며 가족이 살해하는 것

이슬람 국가에서 행해져온 '명예살인'도 국제 인권단체의 거센 항의와 교육 수준 향상으로 점차 사라지고 있다. 명예살인이란 부정을 저지른 여성을 가문의 수치라며 가족이 살해해도 처벌을 하지 않는 구시대의 관습. 지난해 요르단에서는 25건, 이집트에서는 50건, 예멘에서는 400건 정도가 발생한 것으로 알려졌다. 지난해 말 요르단 수도 암만의 국회의사당 앞에서는 명예살인에 반대하는 대규모 시위가 발생했다. 어린 여학생들까지 참가한 시위대는 "여성 없이 남성 없다. 명예살인 타파하라"는 구호를 외쳐댔다. 시위에 참석한 한 택시 운전사는 "명예살인을 저지른 범인에게 6개월에서 1년형 정도의 가벼운 선고가 내려진다"면서 "여성의 희생을 조장하는 악법은 철폐돼야 한다"고 말했다.

## 2. 이란 여성의 차도르

이란 여성들의 생활  이란 여성들은 대부분 집 안에서 아이들을 기르고 가족을 돌보며 집안 살림을 한다. 하지만 요즘에는 사회 여러 분야에서 활동하는 여성이 점차 많아지고 있다.

《이란 남부 페르시아만과 북부 카스피해 연안의 휴양지 해수욕장에는 여성 전용 구역이 있다.

여성이 남편이나 아들, 오빠 등 가족 구성원이 아닌 외간 남성과 마주치는 일을 금기시하는 이슬람 전통 때문이다.

여성 전용 구역에서도 비키니 형태의 수영복은 착용할 수 없으며 차도르 형태의 수영복을 입어야 한다.

이런 차림으로 수영을 즐기기는 힘든데다 몸매를 뽐낼 대상도 없어 여성 전용 해수욕장은 거의 언제나 비어 있다시피 한다.》

이슬람교는 '여성의 신체를 신성시하기 때문에' 여성은 얼굴 외에는 신체를 드러내지 못하도록 하고 있다. 특히 이란 사우디아라비아 아프가니스탄 등 3개국은 8세 이상의 여성에게 차도르 착용을 의무화하고 있다

여성에게만 굳이 이처럼 복장을 제한하는 것은 분명 남녀차별은 물론 인권 침해 요소가 있다. 테헤란에서 만난 한 여성 공무원(23)은 "차도르 착용을 강요하는 것은 각자가 가진 표현의 자유를 침해하는 것"이라며 강하게 불만을 털어놓았다. 그러나 이슬람권 국가의 공식적인 해석은 "차도르 착용은 문화적 관습에 따른 것일 뿐 여성 인권 탄압과는 다르다"는 것이다. 여성의 취업과 교육 등 사회 활동을 촉진하기 위해 만들어진 이란의 대통령 직속기구, 여성참여센터의 고위 관계자들은 이 같은 견해를 보였다. 이란의 중장년층 여성도 대부분 "신성한 여체를 드러내지 않는 것은 지극히 당연한 일"이라며 차도르 착용의 정당성을 옹호했다.

# 줄무늬가 생겼어요에 대한 관련자료  3

✈ 아욱콩에 대해서 알아보아요.

리마콩이라고도 한다. 열대아메리카 및 과테말라 원산이다. 온대에서는 겨울에 말라 죽는다.

덩굴이 없는 품종도 있다. 여름에 나비 모양의 흰색꽃을 달고 초승달 모양의 꼬투리가 여문다. 콩은 한 개의 꼬투리에 3~4알이 들어 있고 지름 1.5~2cm로 편평하다. 흰색 ·검은색 ·붉은색 외에 얼룩무늬도 있다.

어린 꼬투리를 삶으면 달고 향미가 있어 두협류(荳莢類) 중에서 가장 맛이 있다고 하여 슈가빈(sugar bean)이라는 이름이 붙었다. 콩에는 파세올라틴이나 시안산을 함유하고 있어 중독되기도 하므로 콩삶은 물은 버린다.

아욱콩 생김새

✈ 곰팡이에 대해서 알아보아요.

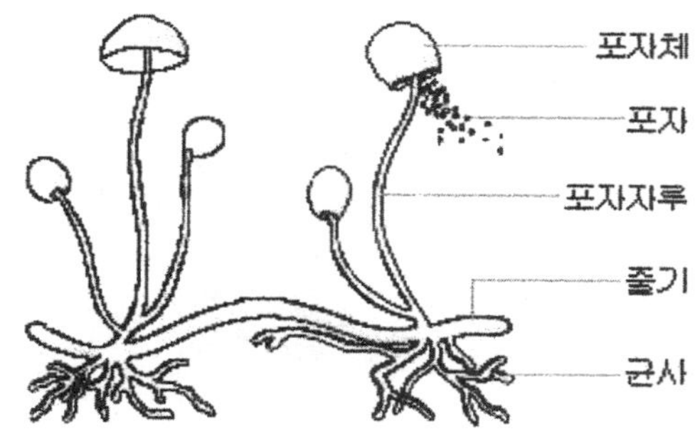


오랫동안 미지근한 곳에 놓아 둔 축축한 물건이나 음식물에 자라면서 퀴퀴한 냄새를 내는 미생물.

곰 팡 이

✈ 바이러스에 대해서 알아보아요.

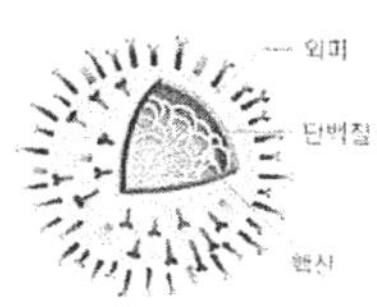


①생명체에 붙어서 살고 유행성 감기, 소아 마비등의 병원체가 되며, 똑수한 현미경으로나 볼 수 있는 아주 작은 미생물
②(컴퓨터에서) 다른 프로그램을 망가뜨리거나 입력된 정보를 지우는 해로운 프로그램

바이러스

**4** 《겁쟁이 빌리》 관련 자료의 활용

불안과 공포에 대해 알아보고 아이들이 무서워하면서도 재미있어하는 귀신이야기를 전설 중에서 알아보았습니다.
1. Anxiety (불안) : 내적인 조절능력의 상실로 인해 마음속으로부터 일어나는 임박한 위협에 대한 모호하고 막연한 두려움.
   * 불안의 원인 : Sullivan — 자기에게 의미 있는 사람에게 인정받지 못할 때 생긴다.
                    S. Freud — 성적불만족, 무의식적 갈등.
                    Otto. Rank — 분리불안
2. Phobia (공포) : 외적인 위험에 대해서 두려워하는 것. 신체적 감각이 동반되는 경우가 많다.

웅진주니어
이주홍 할아버지가 들려주는 팔도 옛이야기

1. 경상도
〈호랑이는 호랑이〉
경남 합천의 백련암 이란 절에 환적스님과 어린동자가 있었는데 어느 날 호랑이가 찾아와 불자가 되기를 청해 같이 지내게 되었다.
 스님이 큰절에 볼일을 보러 간 사이 동자가 저녁을 짓다가 칼에 손을 베어 흐르는 피를 아까워 호랑이에게 먹였더니, 오랜만에 본 피 맛에 그동안 살생을 않던 호랑이가 동자의 손가락을 끊어 먹고 끝내는 동자까지 잡아먹고 말았다.
나중에 이 사실을 알게 된 환적 스님이 크게 화를 내어 도끼로 호랑이의 앞발을 몽땅 끊어 내쫓았다.
그 뒤부터 호랑이들은 지금까지도 깊은 산중으로만 피해 다니게 됐다.

2.  전라도
〈마귀동생〉

옛날 전남 함평 고을에 함씨라는 큰 부자가 살고 있었는데 아들 삼 형제가 있었지만 딸이 하나도 없는 걸 늘 아쉬워하며 삼신할머니를 원망하고 있었다. 이에 삼신할머니가 화를 내며 '아들을 삼형제나 점지해 줬으면 그만이지 무슨 욕심으로 또 딸까지 욕심을 낸단 말이야' 하고는 함 부자 집에 딸을 점지해주었다.

공주같이 예쁜 딸이 여섯 살이 되던 해부터 그 집에 이상한 일이 일어나기 시작했다. 아침마다 소가 한 마리씩 매일 죽어 있는 것이었다.

이상하게 여긴 아들들이 차례로 밤마다 망을 보았는데 누이동생이 밤마다 나와서 소의 간을 꺼내 먹고 들어가는 것이었다. 큰아들과 둘째아들은 사실대로 아버지께 말하였다가 누이동생을 모함한다고 집에서 쫓겨났다.

쫓겨난 두 아들은 산에서 도사를 만나 수행을 하고 가시병, 불병, 바다병을 받아 집으로 돌아왔다.

집은 이미 사람이 살지 않는 폐허가 되어 있었고 혼자 집을 지키던 누이동생은 부모님과 셋째아들은 모두 죽었다고 하며 두 오빠들도 잡아먹으려고 기회를 엿보고 있었다.

누이동생이 마귀임을 알고 가시병, 불병을 던지고 바다병을 던져 바다에 빠져 죽게 하였다.

3.  경기도
〈달걀귀신〉

경기도 파주군 조리면에 있는 탑삭골 이란 마을은 옛날에 도깨비 마을 이란 이름이 붙을 만큼 밤길을 걷기가 무서운 곳이었다. 어느 날부터 그곳에 달걀귀신이 나타났는데 민둥민둥한 달걀형체의 흰 얼굴 뿐으로서 그 얼굴 안에는 눈도 없고, 코도 없고, 입도 없고, 키도 없는 괴상한 모양으로 하얀 베옷에 하얀 머리털, 얼굴도 손도 흰 괴물로 이 달걀귀신을 본 사람은 그 찰나부터 혼을 빼앗겨 결국은 죽고 만다.

(5) 퀴즈, 퍼즐, 게임의 활용

　퀴즈, 퍼즐, 게임의 활용은 학습자의 작품에 대한 인지적 이해를 돕는 동시에 이해 정도를 평가하는 활동이다. 작품에 나타난 정보를 제대로 이해했는지, 핵심 내용과 부가적인 내용을 구분했는지, 정보간의 관련성을 제대로 파악했는지 등 인지적 측면에서 정보의 이해와 활용 정도를 평가하는 데 도움이 된다. 예컨대 한국의 역사와 관련한 정보 중심의 글일 경우, 읽으면서 퀴즈 문제를 학습자가 직접 만들게 하거나, 지도교사가 문제를 만들어 학습자에게 풀어 보게 하는 활동을 통해 학습자의 주의를 환기시킬 수 있다.

　활동 방법으로 Yes or No, O/X퀴즈, 길찾기 퀴즈, 릴레이퀴즈, 스피드퀴즈 등이 있으며, 퍼즐은 십자말(가로 열쇠, 세로 열쇠) 문제를 만들어 작품과 관련한 문제를 풀게 할 수 있다. 이밖에 빙고게임이 있으며, 스무고개 형식을 통한 문제 풀이가 있다. 이 활동은 지도교사의 주도보다 학습자의 주체적 활동을 권장해야 한다. 전 단계 '관련자료의 활용'에서 검색한 자료를 바탕으로 퀴즈나 퍼즐 문제를 직접 출제해 봄으로써 작품 이해의 지평을 넓히는 기회가 될 수 있다. 퀴즈나 퍼즐의 문제 출제와 해결은 개인 대 개인의 개별적 활동으로 이루어지는 방법과 모둠별 활동으로 이루어지는 방법이 있다.

　퀴즈, 퍼즐, 게임의 활용은 인지 단계에서뿐만 아니라 동기유발 단계에서도 활동이 가능하다. 제목이나 인물 알아 맞추기, 내용 짐작하기 퀴즈 등을 통해 독서경험이 있는 학습자에게는 독해력을 측정하는 기회로 삼을 수 있으며, 독서경험이 없는 학습자에게는 독서동기를 유발하여 독서동기를 자극하는 계기가 될 수 있다. 이때에도 물론 지도교사의 각별한 주의가 필요하다. 퀴즈나 퍼즐 활동은 작품의 인지적 이해를 위한 차원에서 학습자의 독서동기를 유발하고 보다 효율적으로 작품 이해의 초점을 잡기 위한 활동이다. 그저 퀴즈나 퍼즐을 풀기 위한 활동으로 전락하지 않도록 작품의 이해와 관련한 핵심적 내용으로 문제를 선별할 필요가 있다.

# Yes! No! 선 따라가기

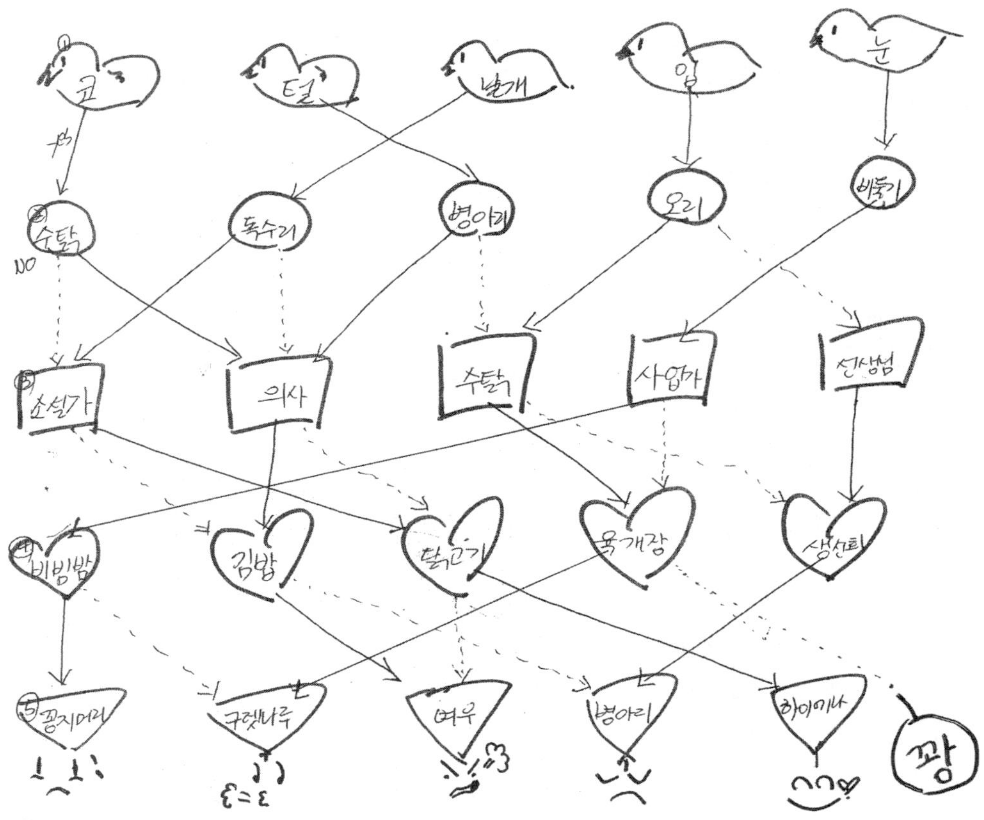


[문제]

① 개비가 기분을 나타내는 또 다른 얼굴이라고 할 수 있는 신체적 부분은?

② 정희의 아빠가 개비를 겁줄려고 보여준 동물의 이름은?

③ 아빠의 꿈은 무엇이 길래 컴퓨터가 고장 났을 때 화를 유독 내셨을까요?

④ 아빠가 개비이게 무슨 음식을 먹고나면 하루에 양치질을 열번 한다고 약속 했나요.

⑤ 버려진 헌 물건을 보면 그냥 지나치지 못해 생긴 아웃 아줌머니의 별명은?

# <하늘로 올라간 달빛 물고기> O / X 퀴즈

1.책에 나오는 정원사 이름은 베르사유다.

( O / X )

2. 베르사유는 정원에 물을 쉽게 주기 위해 물뿌리개를 만들었다.
( O / X )

3. 웅덩이에서 만난 친구는 진짜 물고기였다.
( O / X )
→ 믿어버린

4. 베르사유는 물고기 친구를 하늘에서 찾았다.

( O / X )

5. 야윈 물고기 친구 때문에 베르사유는 너무 속이 상했다.
( O / X )

6. 하늘에 있는 친구한테 먹을것을 풍선에 달아 올려 보내줬다.
( O / X )

7. 다음 그림을 보고 베르사유의 마음을 알맞게 선으로 연결 해 보세요.

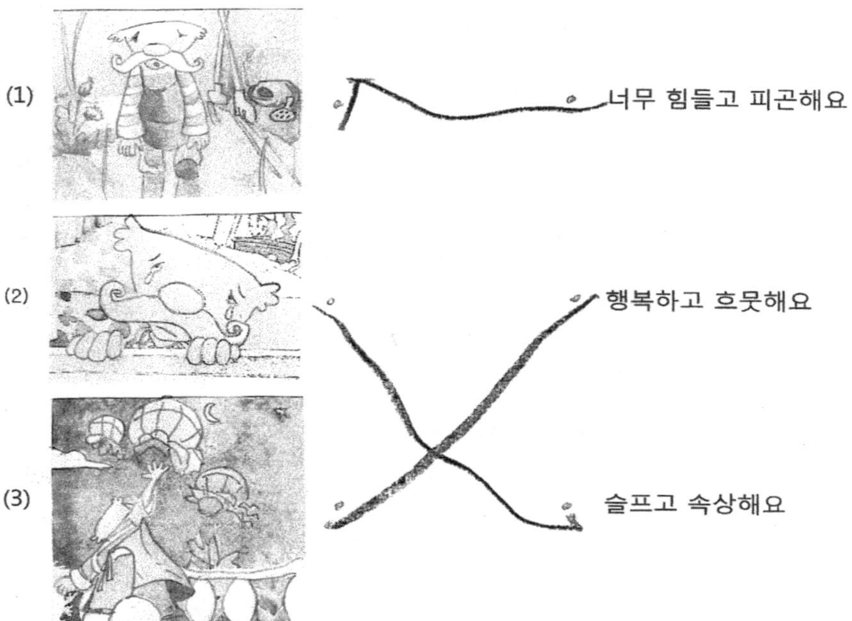

## "나쁜 어린이표"를 읽고 퍼즐 맞추기

| | | | | | | | | |
|---|---|---|---|---|---|---|---|---|
| 1.나 | 쁜 | 어 | 린 | 2.이 | 표 | | 4.나 | |
| | | | | 건 | | | 쁜 | |
| | | 2.권 | 사 | 우 | 3.반 | 장 | 선 | 거 |
| 4.초 | 록 | 색 | 5.스 | 티 | 커 | | 생 | |
| | | | 티 | | | | 님 | |
| | | | 커 | | | | 표 | |
| | | | 뭉 | | | 3.불 | | |
| | | | 치 | | | 덩 | | |
| | | | | 5.드 | 라 | 이 | 버 | |

<가로 열쇠>

1. 건우가 실수해서 선생님께 받는 표는?
2. 이 책의 그림을 그린 사람은?
3. 새학기가 된 며칠 후에 학교 교실에서 하는 선거는 어떤 선거인가?
4. 착한일을 했을때 받는 스티커는?
5. 건우는 이것으로 친구들의 물건을 고쳐주었는데, 이것은 무엇일까?

<세로 열쇠>

2. "나쁜어린이표" 책의 주인공 이름은?
3. 과학 경진 대회가 끝나고 비가와서 건우는 비를 맞고 집에 가면서 감기에 걸렸는데, 감기 때문에 몸이 불처럼 뜨거워 지는 것을 무엇이라 하는가
4. 건우가 나쁜 어린이표를 받을 때마다 수첩에 써 놓은 것은 무엇인가?
5. 스티커가 모아져 있는 것은?

# '행복한 청소부' 독서퀴즈(빙고게임)

## 질문내용

1. 청소부 아저씨는 무엇을 청소합니까? < (거리의) 표지판 >
2. 아저씨는 몇 시쯤 청소국에 도착하나요? < 8시쯤 >
3. 청소할 때 아저씨의 작업복은 무슨 색 일까요? < 파란색 >
4. 표지판 청소부들은 청소하는 곳으로 무엇을 타고 이동하나요? < 자전거 >
5. 청소부 아저씨가 청소하는 곳은 어디입니까? < 작가와 음악가들의 거리 >
6. 한 아이가 '글루크'와 착각한 작곡가는 누구입니까? < 글뤼크 >
7. 독일어로 '글루크'란 무슨 뜻일까요? < 행복 >
8. 청소부 아저씨가 동전을 공중에다 던져 그림이 나오면 어떤 공부를 하기로 결심했나요? < 음악가 >
9. 아저씨의 퇴근 시간은 몇 시 입니까? < 5시 >
10. 아저씨는 음악회와 오페라 공연에 관한 정보를 어디에서 모았나요? < 신문 >
11. 아저씨는 작가들이 쓴 책을 어디에서 빌렸나요? < 도서관 >
12. 길거리에서 아저씨가 강연을 한 이유는 오로지 자신의 무엇 때문이었나요?
    < 즐거움 >

## 빙고판(가로, 세로, 대각선 2줄 빙고)

♠ 표지판, 8시쯤, 파란색, 자전거, 작가와 음악가들의 거리, 글뤼크, 행복, 음악가, 5시, 신문, 도서관, 즐거움

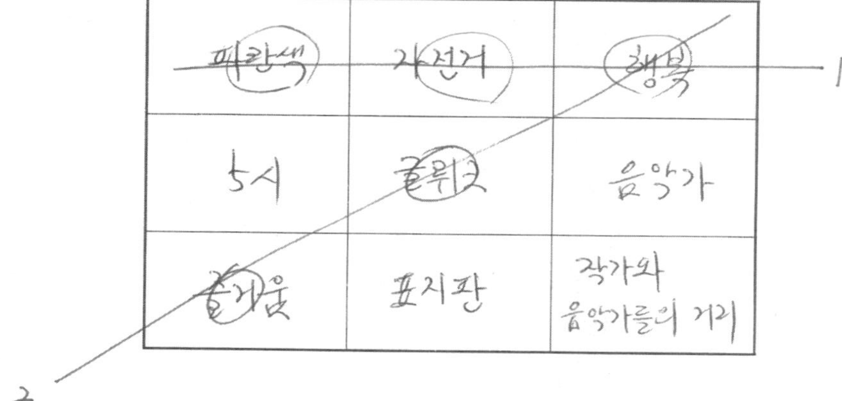

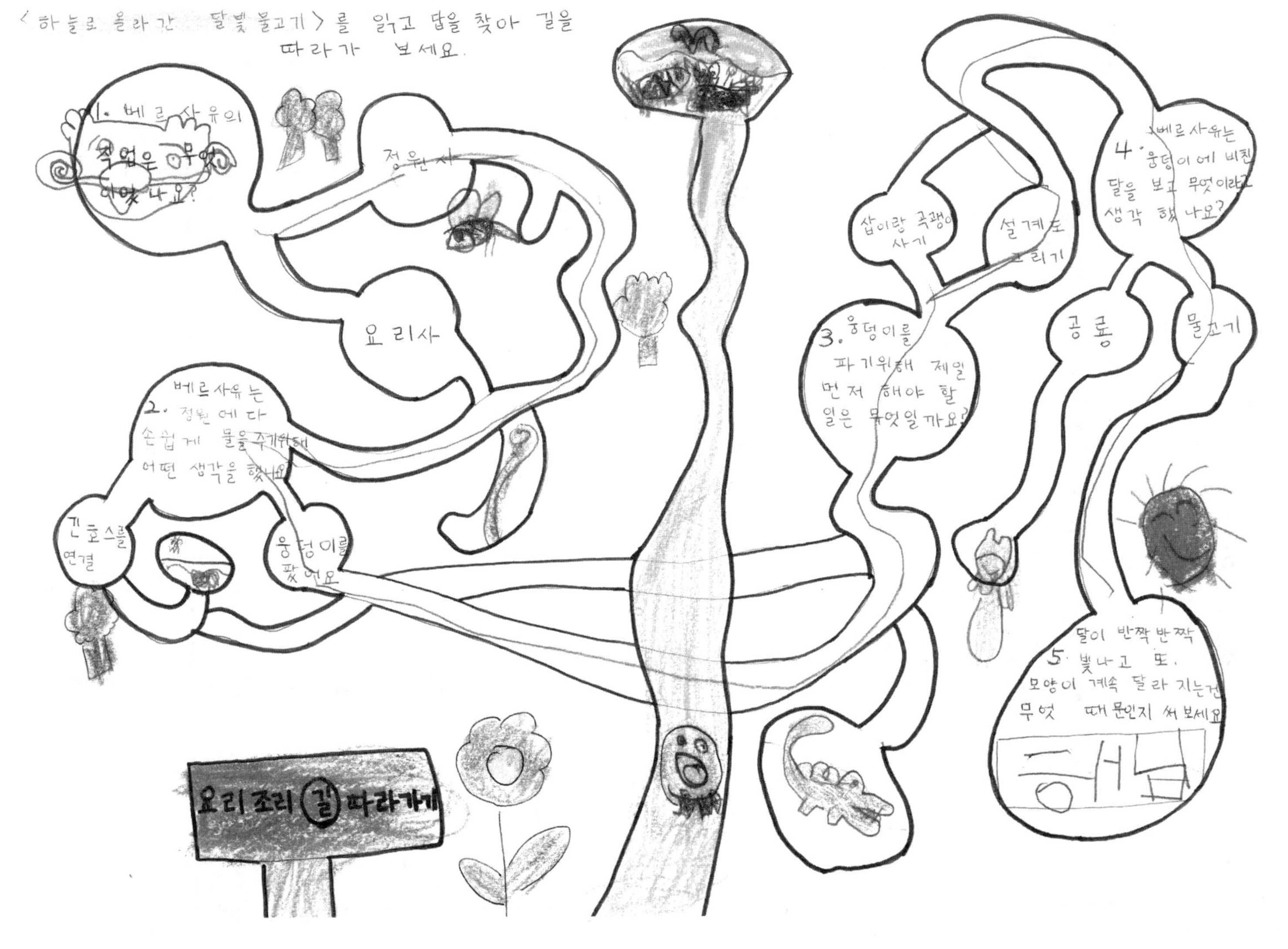

〈하늘로 올라간 달빛 물고기〉를 읽고 답을 찾아 길을 따라가 보세요.
1. 베르사유의 직업은 무엇이 나요?
정원사
요리사
2. 베르사유는 정원에다 손쉽게 물을 주기위해 어떤 생각을 했나요
스프링클러 연결
웅덩이를 팠어요
3. 웅덩이를 파기위해 제일 먼저 해야 할 일은 무엇일까요?
삽이랑 곡괭이 사기
설계도 그리기
4. 베르사유는 웅덩이에 비친 달을 보고 무엇이라고 생각 했나요?
공룡
물고기
5. 달이 반짝 반짝 빛나고 또, 모양이 계속 달라지는건 무엇 때문인지 써 보세요
해님
요리 조리 길 따라가게

아장아장 다섯 고개

이름 김가연

내가 읽은 책의 주인공이나 내용을 다섯 고개 정도로 맞출 수 있게 만들어요.

1. 카멜라의 병을 못고쳤어요

2. 여러 의사 선생님들을 소개 했어요.

3. 성격이 차분하지 않다,

4. 이름이 아주 웃겨요.

5. 과학자도 데려 왔어요.

답! 나블팔 의사 선생님

## (6) 발문의 활용

지도교사가 무엇을 질문하느냐, 어떻게 질문하느냐에 따라 학습자의 반응은 달라진다. 질문을 통한 학습자의 반응은 글의 이해 정도와 밀접한 관련이 있다. 지도교사가 무엇을 어떻게 질문하느냐에 따라 학습자의 글에 대한 인지과정에 커다란 차이가 발생한다. 흔히 '무엇을, 어떻게 질문하느냐' 하는 질문 내용과 방법을 묶어서 '질문제시 기법'이라고 하며, 문장으로 기술된 질문을 '발문'이라고 한다. 발문은 그 목적에 따라 ① 작품의 내용을 잘 이해하였는가?, ② 창의력과 상상력을 발휘하면서 읽었는가?, ③ 작품을 읽고 배운 점이 있다면 무엇인가?, ④ 작품을 읽고 새롭게 알게 된 사실은 무엇인가? 또는 작품을 읽기 위해 무엇을 더 알아야 하는가?, ⑤ 어휘력과 문장력은 높아졌는가?, ⑥ '나'와 관련하여 읽었는가? 등으로 유형 분류할 수 있다. 플롯을 이해하는 차원에서 독서교육은 ①, ②, ⑥의 발문 유형을 활용할 수 있다.

발문의 활용에 대한 이해를 돕기 위해 존 버닝햄의 『지각대장 존』을 기본 텍스트로 삼아 발문의 사례를 들어보이도록 하겠다.

존 패트릭 노먼 맥헤너시는 학교에 가려고 집을 나섰습니다. 한참을 가는데 하수구에서 악어 한 마리가 불쑥 나와 책가방을 덥석 물었습니다. 존은 책가방을 있는 힘껏 잡아당겼지만 악어는 놓아 주지 않았습니다. 존은 할 수 없이 장갑 하나를 획 던졌습니다. 악어는 책가방을 놓고 장갑을 물었습니다.

존 패드릭 노먼 맥헤너시는 허겁지겁 학교로 달려갔습니다. 하지만 악어 때문에 늦고 말았지요. "존 패드릭 노먼 맥헤너시, 지각이로군. 그리고 장갑 하나는 어디다 두고 왔지?" "학교에 오는데 하수구에서 악어 한 마리가 나와서 제 책가방을 물었어요. 제가 장갑을 던져 주니까 그제서야 놓아 주었어요. 장갑은 악어가 먹어 버렸고요. 그래서 지각했어요, 선생님."

"이 동네 하수구엔 악어 따윈 살지 않아! 넌 나중에 학교에 남아서 '악어가 나온다는 거짓말을 하지 않겠습니다. 또 다시는 장갑을 잃어버리지 않겠습니다.'를 300번 써야 한다. 알겠지?" 그래서 존은 늦게까지 학교에 남아서 300번 썼습니다. "악어가 나온다는 거짓말을 하지 않겠습니다. 또, 다시는 장갑을 잃어버리지 않겠습니다."

존 패드릭 노먼 맥헤너시는 서둘러 학교에 갔습니다. 그런데 덤불에서 사자 한 마리가 나오더니 바지를 물어뜯었습니다. 존은 간신히 나무 위로 기어 올라갔습니다. 존은 사자가 심드렁해져서 돌아갈 때까지 나무 위에서 기다렸습니다.

존 패드릭 노먼 맥헤너시는 허겁지겁 학교로 달려갔습니다. 하지만 사자 때문에 지각하고 말았지요. "넌 또 지각이야, 존 패드릭 노먼 맥헤너시. 게다가 바지까지 찢었군!" "학교에 오는데 덤불에서 사자가 튀어 나와 제 바지를 물어뜯었어요. 나무 위로 올라가 사자가 갈 때까지 한참 기다렸어요. 그래서 지각했어요, 선생님."

"뭐라고? 이 동네 덤불에는 사지 따위는 살지 않아! 저 구석에 돌아서서 큰 소리로 400번 외쳐라. '다시는 사자가 나온다는 거짓말을 하지 않겠습니다. 그리고, 다시는 바지를 찢지 않겠습니다.' 알았냐?" 존은 구석에 돌아서서 400번 외쳤습니다. "다시는 사자가 나온다는 거짓말을 하지 않겠습니다. 그리고, 다시는 바지를 찢지 않겠습니다."

존 패드릭 노먼 맥헤너시는 서둘러 학교에 갔습니다. 다리를 건너는데, 갑자기 커다란 파도가 밀려와 존을 덮쳤습니다. 존은 파도가 가라앉고 물이 빠질 때까지 난간을 꼭 붙잡고 매달려 있었습니다.

존 패드릭 노먼 맥헤너시는 허겁지겁 학교로 달려갔습니다. 하지만 어머어마한 파도 때문에 또 늦고 말았지요. 그리고 "넌 또 지각이야, 존 패드릭 노먼 맥헤너시. 게다가 옷까지 흠뻑 젖었군!" "학교 오는 길에 다리를 건너는데, 산더미 같은 파도가 덮치는 거에요. 흠뻑 젖었어요. 그리고 물이 빠져 나갈 때까지 난간에 간신히 매달려 있었어요. 그래서 지각했어요, 선생님."

"내 살다살다 별소리를 다 듣겠다. 이 동네 강에서 산더미 같은 파도가 사람을 덮치다니……. 말도 안 되는 소리! 갇혀 봐야 정신을 차리겠군. 이 안에서 꼼짝 말고 이렇게 500번 써라. '다시는 강에서 파도가 덮쳤다는 거짓말을 하지 않겠습니다. 그리고 다시는 옷을 적시지도 않겠습니다.' 한 번만 더 거짓말을 하고 지각을 했다간, 이 회초리로 때려 줄 테다. 알겠냐?" 그래서 존은 교실 안에 갇혀서 이렇게 500번 썼습니다. "다시는 강에서 파도가 덮쳤다는 거짓말을 하지 않겠습니다. 그리고, 다시는 옷을 적시지도 않겠습니다."

존 패드릭 노먼 맥헤너시는 서둘러 학교에 갔습니다. 가는 길에 아무 일도 일어나지 않았습니다. 그래서 존은 제 시간에 학교에 갈 수 있었지요

"존 패드릭 노먼 맥헤너시, 난 지금 커다란 털북숭이 고릴라한테 붙들려 천장에 매달려 있다. 빨리 날 좀 내려다오." "이 동네 천장에 커다란 털북숭이 고릴라 따위는 살지 않아요, 선생님."

다음 날에도 존 패드릭 노먼 맥헤너시는 학교에 가려고 길을 나섰습니다.
— 존 버닝햄 글·그림 / 박상희 옮김, 『지각대장 존』, 비룡소, 1996

### ■■ 내용 이해 측면

지교교사는 다양한 질문을 통해 학습자가 작품의 내용을 잘 이해하였는지, 작품에서 얼마만큼의 정보를 파악하였는지 확인해야 한다. 그러나 '내용 이해'라는 것이 객관적인 내용이나 정보를 파악하는 것에서 끝나서는 안 된다. 작품은 머리로 읽기도 하지만, 마음으로 읽기도 한다. 따라서 내용 이해의 측면에서 질문을 하더라도 객관적인 사실이나 정보 이외의 질문으로 시작하는 것이 좋다.

- '존 패드릭 노먼 맥헤너시'와 '선생님'에 대한 느낌은?
- 악어가 가방을 물었을 때 존은 어떻게 대처했나?
- 사자가 바지를 물어뜯었을 때 존은 어떻게 대처했나?
- 다리에 파도가 밀려왔을 때 존은 어떻게 대처했나?
- 존은 선생님으로부터 어떤 벌을 받았는가? 첫째. 둘째, 셋째.
- 이 글에서 가장 기억에 남는 사건은 무엇인가?

### ■■ 창의력과 상상력 측면

창의력과 상상력은 실제 삶과 밀접한 관련을 맺고 있어야 한다. 실제 삶에서 벗어난 창의력과 상상력은 공상이나 망상에 불과하다. 독서교육을 통한 창의력과 상상력 지도는 작품의 내용에서 벗어나지 않아야 하며, 작품의 내용을 학습자의 실제 삶과 연결시켜야 한다. 창의성과 상상력을 향상시키기 위해서는 무엇보다 창의성과 상상력을 발휘하기에 알맞은 작품을 선정해야 한다. 가령 <고양이 목에 방울 달기>나 <여우와 포도> 같이 해결해야 할 문제를 남긴 채 종결되는 작품이라든지, 현명한 판결이나 독특한 생각을 담고 있는 전래동화를 선전하는 것이 좋다.

- 악어는 존의 가방을 왜 물었을까?
- 사자는 존의 바지를 왜 물어뜯었을까?
- 악어가 실제로 가방을 문다면 어떻게 대처해야 할까?
- 사자가 실제로 바지를 물어뜯는다면 어떻게 대처해야 할까?
- 털북숭이 고릴라에게 잡힌 선생님을 구출한다면 어떻게 구출해야 할까?
- 다음 날 존에게는 어떤 또 다른 일이 벌어질까?

## ▦ 도덕성 측면

작품을 읽고 나서 '그것을 통해 어떠한 교훈을 얻었는가?'라는 질문은 고전이라고 할 만큼 아주 오래 전부터 사용되어 왔다. 이러한 질문은 오늘날 독서교육에서도 여전히 유효하다. 독서교육을 통해 인간사회의 기본적인 질서와 덕목을 배양하는 것은 과거나 지금이나 중요한 일이다.

- 진실이 거짓으로 왜곡된다면 어떻게 해야 할까?
- 나를 인정하지 않은 사람이 위험에 처했을 때 어떻게 해야 할까?
- 거짓말은 필요한 것인가? 그렇다면 어느 때 필요할까?
- 나에게 이익이 되는 일이 양심에 꺼려지는 일이라면 어떻게 할까?

1

# 박쥐와 족제비

4 : 학년    이름 : 김은진

다음 이야기를 읽고 물음에 답하세요.

---

**(박쥐와 족제비)**

박쥐 한 마리가 족제비한테 붙잡혔습니다. 족제비가 잡아먹으려 하자, 박쥐는 제발 살려 달라고 빌었습니다. 족제비는,

"원래 나는 모든 새들의 천적이므로 새인 박쥐를 살려줄 수 없다."고 말하였습니다.

그러나 박쥐는 말하기를,

"아~ 그래요? 그런데 저는 절대로 새가 아닙니다. 이것 보세요. 꼬리가 달려 있지 않습니까? 저는 쥐입니다."
"그래? 어디 보자. 그렇군. 너는 쥐로구나."

족제비는 박쥐가 쥐라는 것을 확인하고 살려 주었습니다. 얼마 후에 박쥐는 다른 족제비한테 또 잡혔습니다. 박쥐는 지난번처럼 살려 달라고 빌었습니다. 그러나 족제비는 단호하게 말했습니다.

"안 돼! 나는 쥐란 놈은 절대로 살려 보내지 않아!"

이번에는 박쥐가 이렇게 말하는 것이었습니다.

"그래요? 그런데 저는 쥐가 아닙니다. 이것 보세요. 날개가 달려 있지 않습니까? 저는 새입니다."
"그래? 정말 그렇구나!"

족제비는 박쥐가 새라는 것을 확인하고는 살려 주었습니다.

---

내용 이해

1. '박쥐'라는 동물에 대한 느낌은? 박쥐는 무섭다. 왜냐하면 여러 사람들을 다치게 하기 때문이다.

2. 이야기 속에서 가장 흥미로운 장면은? 또는 이해가 안 되는 부분은?
박쥐가 족제비에게 꾀는 부리는 장면이 가장 흥미롭다.

3. 족제비가 박쥐에게 속은 이유를 무엇이라고 생각하는가?
족제비가 속는 것이 약해서 족제비가 박쥐에게 속는 것 같다.

4. 족제비가 박쥐의 거짓말을 진짜로 몰랐던 것일까?
족제비가 박쥐에게 너무 믿어서 몰랐던 것 같다.

5. 족제비가 알고도 모른 척 했다면 그 이유는 무엇일까?
박쥐가 속이는 것을 알고 나중에 잡아 먹으려고 그런것 같다.

6. 박쥐를 살려 준 족제비에 대해 어떻게 생각하는가?
박쥐에 마음 믿어 족제비가 바보같다.

7. 이야기 속에서 가장 기억에 남는 부분은 무엇인가?
족제비가 박쥐에 꾀에 넘어간 뿐

8. 이야기를 읽고 난 느낌은?
족제비가 박쥐에 마음 믿어 바보같여만 족제비가 알고 그래다면 족제비의 마음이 착한 것 같다.

창의력과 상상력

1. 박쥐가 "살려 달라"고 애원한 대목이 있었는데, 다른 방법이 없었을까?
1년 동안 신하가 되어주는 대신 나는 풀어닫라고 한 것 이다.

2. 만약 족제비가 박쥐의 꼬리와 날개 부분을 동시에 보았다면?
족제비가 생각이 깊어서 다른 동물 있지 않고 신기해 할 것 같다.

3. 족제비가 새도 쥐도 다 잡아먹는다고 했다면 박쥐는 어떻게 했을까?

저는 너무 말라서 먹는것도 없도 맛없어요.
배 좀 보세요. 넘무 말랐죠.

4. 만약 박쥐가 또 잡혔다면 어떤 꾀로 살아날까?

하늘 좀 보세요. 통통한 철새들이 V자로 날고 있어요. 라고 하고
도망갔다.

5. 박쥐는 자신의 신체적 특성을 또 어떤 상황에 이용했을까?

사냥꾼이 왔을때 날개를 이용해서 나뭇잎모양으로
변한다.

6. 내가 이야기 속의 박쥐라면 어떻게 했을까?

위험에 처했으면 날개를 이용해서
나뭇잎모양으로 변한다.


도덕성

1. 박쥐처럼 눈앞의 이익에만 매달려야 하는가?

이익에 매달리면 안 좋다. 왜냐하면 친구들과의 관계가
나빠지기 때문에.

2. 거짓말이 필요하다고 생각하는가? 어느 때 필요할까?

거짓말이 필요하다. 위험에 처했을 때.

3. 나에게 이익이 되는 일이 양심에 꺼려지는 일이라면 어떻게 할까?

양심이 먼저다. 왜냐하면 왕따가 되고 혼나기 때문에.

4. 양심은 꼭 지켜야 할까? 아니라면 그 경우를 말해 보자.

양심은 꼭 지켜야 한다. 왜냐하면 사람들이 뒤에 욕하기 때문에.

5. 살아남기 위해서 한 거짓말은 용서될 수 있다고 생각하는가?

용서 할 수 있다. 생명이 있기 때문에.

**2** 박쥐와 족제비

3 : 학년   이름 : 김정민

다음 이야기를 읽고 물음에 답하세요.

---

**(박쥐와 족제비)**

 박쥐 한 마리가 족제비한테 붙잡혔습니다. 족제비가 잡아먹으려 하자, 박쥐는 제발 살려 달라고 빌었습니다. 족제비는,

 "원래 나는 모든 새들의 천적이므로 새인 박쥐를 살려줄 수 없다."고 말하였습니다.

 그러나 박쥐는 말하기를,

 "아~ 그래요? 그런데 저는 절대로 새가 아닙니다. 이것 보세요. 꼬리가 달려 있지 않습니까? 저는 쥐입니다."
 "그래? 어디 보자. 그렇군. 너는 쥐로구나."

 족제비는 박쥐가 쥐라는 것을 확인하고 살려 주었습니다. 얼마 후에 박쥐는 다른 족제비한테 또 잡혔습니다. 박쥐는 지난번처럼 살려 달라고 빌었습니다. 그러나 족제비는 단호하게 말했습니다.

 "안 돼! 나는 쥐란 놈은 절대로 살려 보내지 않아!"

 이번에는 박쥐가 이렇게 말하는 것이었습니다.

 "그래요? 그런데 저는 쥐가 아닙니다. 이것 보세요. 날개가 달려 있지 않습니까? 저는 새입니다."
 "그래? 정말 그렇구나!"

 족제비는 박쥐가 새라는 것을 확인하고는 살려 주었습니다.

---

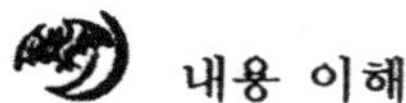 내용 이해

1. '박쥐'라는 동물에 대한 느낌은?

박쥐.뱀 파이어다
왜야하면 밤에 돌아다니니까

2. 이야기 속에서 가장 흥미로운 장면은? 또는 이해가 안 되는 부분은?

꾀를 부리는 장면

3. 족제비가 박쥐에게 속은 이유를 무엇이라고 생각하는가?

훼이큐 이어라서 잘 속는다

4. 족제비가 박쥐의 거짓말을 진짜로 몰랐던 것일까?

아

5. 족제비가 알고도 모른 척 했다면 그 이유는 무엇일까?

나중에 잡아 먹을라고

6. 박쥐를 살려 준 족제비에 대해 어떻게 생각하는가?

멍청이 나 중에 못잡을수있는데

7. 이야기 속에서 가장 기억에 남는 부분은 무엇인가?

족자비가 속어녀며가는장면

8. 이야기를 읽고 난 느낌은?

박쥐다시봐스 ㄴㅋㅋㅋ

창의력과 상상력

1. 박쥐가 "살려 달라"고 애원한 대목이 있었는데, 다른 방법이 없었을까?

가위 바위 보를 진잔다

2. 만약 족제비가 박쥐의 꼬리와 날개 부분을 동시에 보았다면?

속지않고 구어 억었을것이다

3. 족제비가 새도 쥐도 다 잡아먹는다고 했다면 박쥐는 어떻게 했을까?

이빨로 손을 깨물고 도망간다

4. 만약 박쥐가 또 잡혔다면 어떤 꾀로 살아날까?

나는 원래 박씨 부인이라고

5. 박쥐는 자신의 신체적 특성을 또 어떤 상황에 이용했을까?

나는 이빨이 쪼족 하니까 악어 라고고

6. 내가 이야기 속의 박쥐라면 어떻게 했을까?

앞을 잘 보고 다닐거다


도덕성

1. 박쥐처럼 눈앞의 이익에만 매달려야 하는가?

친구들 한테 매달리지 않는게 좋다 왜냐 하면 왕따당하니까

2. 거짓말이 필요하다고 생각하는가? 어느 때 필요할까?

필요하다 애들한 한나기전에 거짓 말하다

3. 나에게 이익이 되는 일이 양심에 꺼려지는 일이라면 어떻게 할까?

양심이 중요하다 왜야하면 나중에 큰일이오니까

4. 양심은 꼭 지켜야 할까? 아니라면 그 경우를 말해 보자.

양심을 지켜야 한다 왜야 하면
나중에 좋은일이 생기니까

5. 살아남기 위해서 한 거짓말은 용서될 수 있다고 생각하는가?

용서할 수있다 나도 생명이 있으니까

## 나쁜 어린이 표

3

2 학년    이름 : 이현아

「나쁜 어린이 표」를 읽고 물음에 답하시오.

* 내용이해

1. 위 책을 읽고 무엇을 느꼈나요?

건우는 나쁜 어린이가 아니다.

2. 선생님께서 언제 나쁜 어린이 표를 주셨나요? 욕을 할때, 준비물 못챙겨 왔을 때

친구 때렸을 때

3. 반에서 첫 번째로 나쁜 어린이 표를 받은 사람은 누구이고, 왜 받았나요? 건우이고

자기 잘못을 남에게 떠넘겨서

4. 나쁜 어린이 표를 받지 않은 학생들은 어떤 학생들인가요?

반 장이나 발표 잘하는 학생

5. 건우가 과학경진대회에 참가하기위해 엄마께 과학 상자를 사달라고 했을 때, 엄마는 어떻게 하셨나요?

비 싸서 안된다고 하셨다

6. 선생님은 과학경진대회에 왜 드라이버를 가지고 가지 못하게 하셨나요?

과학 상자에 있는 것만 사용해야 되어서

7. 건우는 체육시간에 왜 운동장에 나가지 않았나요?

열이 나고, 많이 아파서

8. 스티커 뭉치를 버린 건우에게 선생님은 어떻게 하셨나요?

남의건 손대지 않는 게 좋다고하시고

건우가 스티커뭉치를 버린거랑 선생님이 건우에게

나쁜 선생님표를 받은 것을건우랑 선생님 이랑 비밀로

하기로 했다

* 창의력과 상상력

1. 청소시간에 건우의 등을 민 사람은 과연 누구였을까요? 경식이

2. 선생님은 왜 나쁜 어린이 표를 만들었을까요? 매를 안드는 대신

3. 내가 건우라면 책상 위에 있는 스티커 뭉치를 보고 무슨 생각을 했을까요?
앞으로 착한 일을 많이 해야지

4. 건우가 스티커 뭉치를 버리지 않았다면 선생님과의 관계는 어떻게 되었을까요?
더 사이가 안 좋아질 꺼다

5. 2학기 때 건우가 반장이 되었을까요?
네

6. 내가 선생님께 공평하지 않게 나쁜 어린이 표를 받았다면 어떻게 했을까요?
선생님께 "너무 불공평해요" 라고 말한다

7. 건우가 반장선거에서 떨어지지 않았다면 나쁜 어린이 표를 받았을까요?
아니요

8. 내가 만약 선생님이라면 어떤 아이에게 나쁜 어린이 표를 줄까요?
욕을 하는 아이, 친구를 때리는 아이

9. 건우는 진짜 나쁜 어린이라고 생각하나요? 그렇게 생각하는 이유는?
아니요. 친구가 먼저 시비 걸었는데 건우만 받았기때

10. 체육시간에 건우가 교실에 남지 않고 운동장에 나갔다면 어떻게 되었을까요?
건우가 스티커 뭉치를 버리지않고, 나쁜 어린이표를
더 받았을 것이다

* 도덕성

1. 반장선거에 나온 후보가 자신에게 투표하는 것에 대해 어떻게 생각하나요?

불공평하다. 후보는 자기를 찍는것이 아님

2. 은지와 건우가 싸워서 건우만 나쁜 어린이표를 받았는데, 누구의 잘못이
더 크다고 생각하나요?

은지, 욕을 해서

3. 나쁜 어린이 표 스티커 뭉치를 버린 건우의 행동은 옳다고 생각하나요?

아니요. 남의물건을 함부로 만지면 안됨

4. 나쁜 어린이 표를 받은 어린이는 정말로 나쁜 어린이인가요?

아니요 남이먼저 시비걸었는데 자기만 받은것도있음

5. 잘못을 했을 때 매와 나쁜 어린이 표 중 어느 것이 더 낫다고 생각하나요?
그 외에 다른 방법은 없을까요?

있습니다. 무릎꿇고 손들기 (ㅋㅋㅋ)

6. 내가 다른 사람에게 줄 수 있는 나쁜 어린이 표가 한 장 있다면, 누구에게 주고
싶나요?    그 이유는?

욕하는사람. 욕은 나쁘기 때문이다 (고운말을 써야 한다)

## 2) 인물의 이해

인물은 사건을 만들고 갈등을 일으키며, 그것을 해결하는 사건의 주체이다. 학습자는 소설이든, 드라마든, 영화든 특정 인물에 거리를 두기도 하고, 특정 인물에 매료당하기도 한다. 인물에게 자신을 투영하여 때로는 낭만적인 사랑의 주체가 되기도 하고, 때로는 정의로운 혁명가가 되기도 하며, 때로는 실의에 빠진 패배자가 되기도 한다. 어떤 점에서 글의 일차적인 성공은 인물의 성공적인 창조에 달려 있다고 할 만큼 인물이 차지하는 비중은 매우 크다.

인물을 집중적으로 파악하여 그의 고민과 갈등을 이해하는 활동을 통해 작품에 대한 이해를 높일 수 있으며, 나아가 인물을 통해 자신을 성찰할 수 있다. 학습자에게 인물에 대해 추상적인 언어로 일반화시켜 정리한 내용을 암기시키기보다 직접 인물과 공감하는 실제적인 과정을 경험하게 하는 것이 훨씬 효과적인 방법이다. 인물탐구 및 대화 나누기의 과정을 통해 실제적이고 구체적으로 캐릭터에 접근할 수 있다.

### (1) 인물탐구

**인물탐구표**

작품을 올바르게 이해하기 위해서는 인물의 대화, 행동, 생각 등을 근거로 직접 묘사되지 않은 성격까지 개발해야 한다. 인물의 숨겨진 모습까지 탐구하는 것을 '인물개발'이라고 할 수 있다. 이때 보다 적극적으로 인물개발을 유도하기 위해서 이러한 인물을 현실에서 찾는다면 어떻게 찾을 수 있겠는지 구체적인 내용을 작성하도록 유도한다. 즉 이산가족찾기, 인터넷이나 오락프로그램의 스승찾기나 동창찾기를 예로 들며 실제 자신이 어떤 인물을 현실에서 찾아야 한다고 가정한다면 그 인물을 어떻게 표현할 것인가를 생각해 보게 한다. 그리고 탐구 대상으로 선정한 이유, 인물의 성격을 알 수 있는 부분, 인물의 성격과 특징, 인물의 모습, 인물에 대한 평가 등을 덧붙여 인물을 구체화시킨다.

1

# 엄석대 알아보기

6학년 이름: 김윤아

| 도서명 | 우리들의 일그러진 영웅 | 지은이 | 이문열 |
|---|---|---|---|
| 등장인물 | 엄석대,한병태,친구들,선생님,부모님,경찰 | | |
| 탐구인물 | 엄석대 | | |
| 왜 탐구하지? | 엄석대가 어떻게 폭력적이게 되었는지 궁금해서 | | |
| 인물의 성격을 알 수 있는 부분(외양, 심리묘사, 대화나 행동) | 친구들의 시험지를 갈취한다 물건을 빼앗고 선생님께는 거짓말을 한다. 자기 말을 듣지 않으면 왕따시킨다. | | |
| 인물의 성격과 특징 | 독재적이다.남을 생각 할줄 모른다.싸움을 잘한다. 폭력적이다. 친구들을 인형처럼 생각한다. 자신을 왕이라고 생각한다. 어른을 잘 속인다. 거짓말을 입에 달고 산다. | | |

| 인물의 성격과 특징을 살려 등장인물의 모습을 그려 보자 | 인물에 대한 자신의 의견이나 평가 |
|---|---|

엄석대를 떠올리면 불량학생, 일진회 같은것이 떠오른다. 이책에서 엄석대가 한일은 불량스럽고,폭력적인 행동이다. 인물이 무슨 행동을 하나에 따라서 생각나는 것이 다른 것 같다. 엄석대는 당연히 폭력적이기 때문에 깡패같은 것이 떠오른다. 엄석대는 내 생각에는 엄마아빠가 많이 싸울 것 같다.이책에서 부모는 아이의 거울이라고 했다. 나는 엄석대가 불쌍하기도하다. 우리 엄마아빠가 싸우면 나도 이렇게 될지도 모르겠다.

| 2 | |
|---|---|
| | |
| | |
| | |

| 도서명 | 돼지책 | 지은이 | 앤서니 브라운 |
|---|---|---|---|
| 등장인물 | 피곳씨, 아들들, 엄마 →4명 | | |
| 탐구인물 | 피곳부인 | | |
| 탐구대상으로 선정한 이유 | 엄마가 제일 힘드니까요 | | |
| 인물의 성격을 알 수 있는 부분 | 매일 매일 혼자 열심히 일해요.<br>차동차 수리하는걸 보니 대단해요.<br>(자동차 회사에 다니나?) | | |
| 인물의 성격과 특징 요약 | 도와달라고 말을 잘못하는 성격.<br>말도없이 나가버린것은 식구들을 생각하지 않는것같다.<br>부지런 해요. | | |

| 인물의 성격과 특징을 살려 그려보기 | 인물에 대한 나의 의견이나 평가 |
|---|---|
| | 엄마혼자 일하는 것은<br>힘드니까<br>가족들에게 도와달라<br>말했으면 좋겠어요. |

3

| 도 서 명 | 책 먹는 여우 | 지 은 이 | 프란치스카 비어만 |
| --- | --- | --- | --- |
| 등장인물 | 여우아저씨, 도서관사서, 바올룩한 경찰관, 교도관및나라써 | | |
| 탐구인물 | 여우아저씨 | | |
| 탐구대상으로 선정한 이유 | 책을 먹어서 | | |
| 인물의 성격을 알 수 있는 부분 | 책을 먹는다. 도서관에서 구수한 종이냄새가난다 책냄새를 맡아보고 먼진 책을 뽑아들어 소금, 후추를 뿌려 책을먹는다 | | |
| 인물의 성격과 특징을 요약해 보자 | 성격: 책을 많이먹는 성격... 특징: 키가뾰족하게 위로 솟아있고 책을 잘먹 는다 눈썹이 별로없다 입이크고, 길쭉 하다 | | |

| 인물의 성격과 특징을 살려 그려보기 | 인물에 대한 견해 및 평가 |
| --- | --- |
|  | 이상하다 외계인 같다 책을 그만 먹으면 좋겠다. |

**4**

## 인물을 알면 작품이 보여요!

| 도 서 명 | 하늘로 올라간달빛 물고기 |
|---|---|
| 등 장 인 물 | 베르사유 아저씨, 가짜 달빛물고기 |
| 탐 구 인 물 | 베르사유 아저씨 |
| 탐구 대상으로 선정한 이유 | 혼자만 주인공 이래요 |
| 인물의 성격을 알수있는 부분 | 열심히뛰구 한덕 에물을 기 는수고를 털 고잤 니다. 생상는 고탐스러운 세수도보낼수있 |
| 인물의 성격과 특징 요약 | 남을사랑하고 여려운상황 에저 했을 때해결 잘해요 배려를 잘해요 |

### 베르사유 와 안성경의 비교

| 베르사유아저씨 | 안서경 |
|---|---|
| ① 나빠요 ② 연구를잘해요. | ①예뻐요 ②착해요 ③정리를잘해요. ④공부도잘해요 |

인물화는 작품 속에 제시된 인물의 외양묘사 부분과 성격, 행동 등을 근거로 인물의 외모를 상상해서 그리는 활동이다. 인물의 성격에 기초를 두고 외양에 초점을 맞추어 그린다는 점에서 '인물몽타주'라고 할 수 있다. 이 활동은 인물을 탐구하는 다른 여러 활동에서도 폭넓게 활용할 수 있다. '인물탐구표', '인물과 닮은꼴찾기', '이 사람을 찾습니다' 등 인물을 이해하기 위한 활동에서 활용할 수 있다.

활동 방법으로 작품 속의 이미지를 살려 인물의 외양을 그림으로 묘사하는 방법, 인물의 얼굴이나 신체적 특징을 살려 그린 후 각 부분에 설명을 첨가하는 방법, 다양한 자료를 이용해서 인물을 형상화하는 방법 등이 있다. 이때 비슷한 이미지의 연예인 사진이나 만화, 잡지에 실린 그림이나 인물 사진 등을 이용해서 인물의 각 부분을 콜라주 기법으로 짜깁기할 수도 있다. 단 인물의 이미지와 성격을 잘 살려낸 그림이 되기 위해서는 인물의 성격을 정확하게 파악해야 한다. 인물에 대한 묘사와 행동, 태도, 대화 등을 주의 깊게 살펴 인물의 특징과 성격을 탐구한 후에 활동이 이루어져야 한다.

**1** 내 이름은 삐삐 롱스타킹

도시풍
소년이 빠져버린
불꽃같은 눈망울을
왜 슬픈표정을
가지고있냐면
소년이 답답하여서
소년이준 꽃을
간직하는것
도시 아이같은
원피스

**1** 늑대가 들려주는 아기돼지 삼형제 이야기...

인물의 특성 :
 '나'는 주인공이며 작중
화자인데, 순박하고 천진한
인물로 나타나 있다.
점순이와 혼인시켜 준다는
말만 믿고 3년 7개월 동안 돈
한 푼 받지 않고 머슴살이를
하는 데서 알 수 있듯
우직하고 어리숙한 성격의
인물이므로 이러한 어리숙한
표정과 모습이 드러나도록
하였다.

인물의 특성 :
 '장인'은 마름의 지위이며
첫째 딸이 열 살 때부터
열아홉 살이 될 때까지
데릴사위 열 사람을 갈아치울
정도로 욕심 많고 의뭉하며
교활하다. 이러한 탐욕적인
면이 드러나도록 표정을
그렸으며, '나'와의 다툼
부분에서 '나'가 수염을
잡아채는 장면이 나오므로
수염을 그렸다.

인물의 특성 :
 '점순이'는 '나'의 배필로
16세가 되었으나 키가 매우
작고 모로만 자란다고 했다.
그러므로 키가 작게 보이도록
그렸으며 다소 통통한 느낌이
들게 하였다. 장인에게 성례를
요구할 것을 '나'에게
부추기는 등 야무지고 당돌한
성격이 드러나며, 늘 무엇을
요구하고 토라지는 장면이므로
이러한 성격에 유의하여 화난
모습을 그렸다.

신방청학교 4학년 5반  이름 한다혜

★ 초정리 편지에서 등장인물을 캐릭터로 그려 보세요.

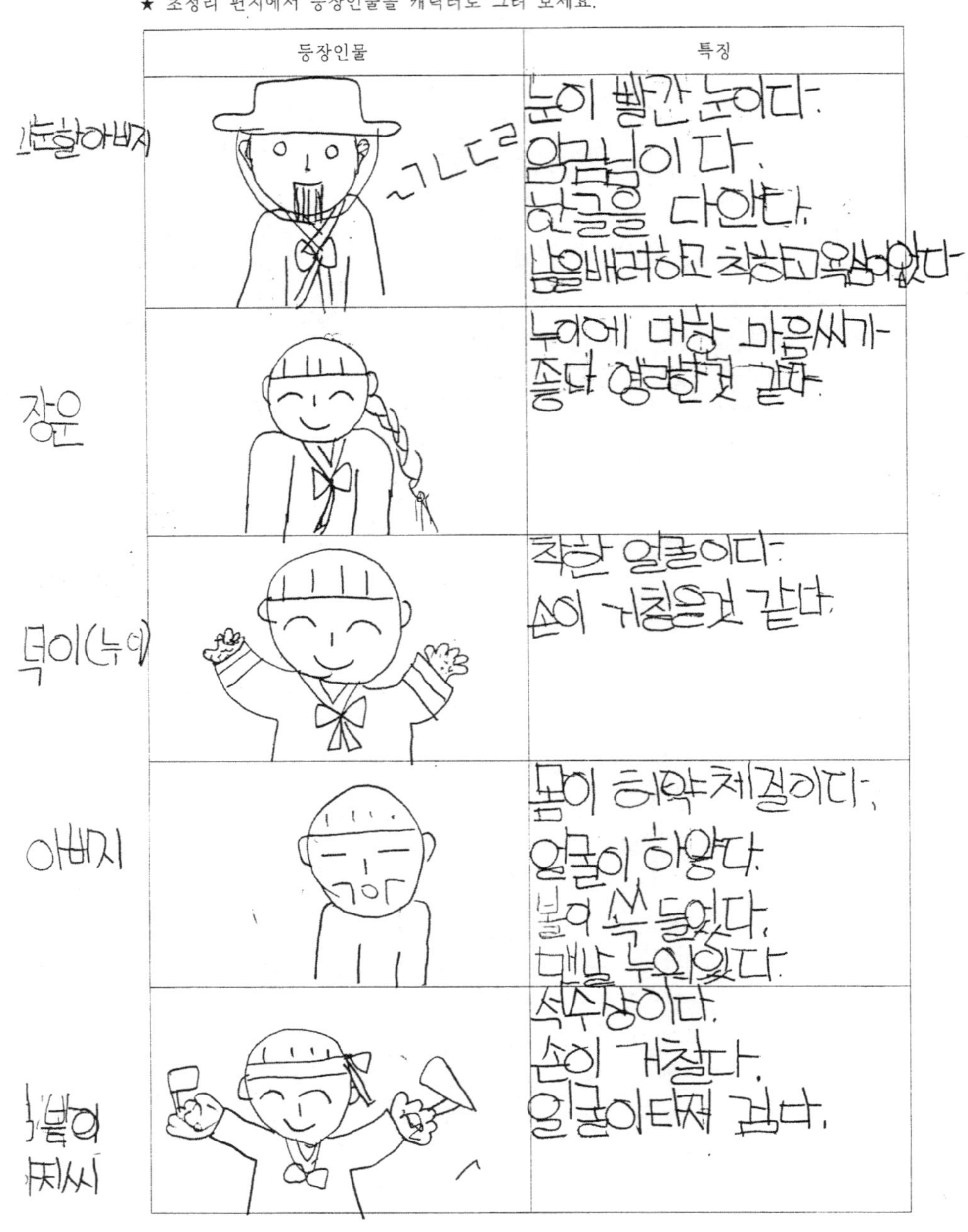

| 등장인물 | 특징 |
| --- | --- |
| 눈할아버지 | 눈이 빨간 눈이다.<br>얼굴님이다.<br>한글을 다안다.<br>남을배려하고 착하고 욕심이없다. |
| 장운 | 누이에 대한 마음씨가<br>좋다 영리한것 같다. |
| 덕이(누이) | 착한 얼굴이다.<br>손이 거칠을것 같다. |
| 아버지 | 몸이 허약체질이다.<br>얼굴이 하얗다.<br>볼이 쏙 들어있다.<br>맨날 누워있다. |
| 양반의 째씨 | 석수장이다.<br>손이 거칠다.<br>얼굴이 타서 검다. |

## (2) 인물교류

**▪▪ 모의인터뷰**

모의인터뷰는 작품의 주요 인물을 직접 인터뷰한다고 가정하고 행동의 동기, 심리변화 등에 대해 모의인터뷰 하는 활동이다. 주요 사건의 원인과 결과, 갈등의 원인과 해결책 등을 중점적으로 다룬다. 학습자가 스스로 인터뷰 문항을 만들고, 그 답변도 작품의 내용을 기반으로 작성한다. 이때 신문이나 잡지의 인터뷰 기사 형식을 참고한다. 인터뷰 상황을 학습자끼리 연출하여 녹화하거나 녹음테이프에 녹음하여 비디오나 녹음기 자료를 통해 재생할 수도 있다.

모의인터뷰는 인물뿐만 아니라 작가와의 모의인터뷰로도 응용이 가능하다. 저술 동기나 배경, 주제 등과 관련한 인터뷰 문항을 만들고 검색자료를 바탕으로 답변을 작성한다. 활동을 확대하여 가상인터뷰를 실연할 수도 있다. 인터뷰 대본을 쓰는 것으로 활동을 마무리하는 것보다 실연으로서 행동을 포함한 말하기를 병행하는 것이 더욱 효과적이다. 모의인터뷰는 작품의 이해를 돕고 독서에 대한 흥미를 유발하며 독서활동의 친화감 형성에 기여할 수 있다는 점에서 의미가 있다.

# 1 제목 : 가방 들어 주는 아이

## ⟨MBC 화제 집중 ⟩

앵커맨 : 오늘 청주시 한 초등학교에서 뜻 깊은 시상식이 있습니다. 초등학교 2학
년 학생인 문석우 군이  1년 동안 다리가 불편한 친구를 도와주었다는 훈
훈한 소식이 전해지면서 모범상을 받게 되었습니다.  시상식 중계와 주변
사람들의 반응을 현장에 나가 있는 김치국 리포터가 전해 드리겠습니다.

김치국 리포터: 제가 있는 이곳은 청주시에 있는 한 초등학교 입니다. 어린 나이에
도 불구하고 1년 동안 묵묵히 선행을 실천해 온 문석우 학생에게  학교장
으로부터 모범상이 시상 될 것입니다.  문석우 학생은 1년 동안 하루도 빠
짐없이 다리가 불편한 같은 반 친구의 가방을 들어주었다고 합니다. 지금
교단 위에 올라가서 상장과 상품을 받고 있습니다. 참으로 칭찬 받을 만한
학생입니다. 아! 그런데 갑자기 문석우 학생이 바닥에 주저앉아 울기 시작
했습니다.  아! 무슨 일인지 모르겠습니다. 모두들 어리둥절해 하고 있습니
다.  다가가서 인터뷰를 해 보겠습니다. 문석우 학생, 기뻐해야 할 날에 왜
울고 있습니까?
문석우 : 남들은 제가 잘했다고 칭찬만 하는데 친구들이 영택이 가방 들어 주는 것
을 놀릴 때면 화도 냈고 친구들과 축구하고 싶을 때에 짜증도 냈어요. 오
늘 아침에도 친구들이 놀리는 게 싫어서 가방 들어 주고 싶기도 했지만 그
냥 영택이 집을 지나 왔어요. 저는 상 받을 자격도 없어요. 엉 엉 엉 ~
김치국 리포터 ; 아 ~ 그런 일이 있었군요. 주변에 있는 친구들의 얘기를 들어 보
겠습니다. 문석우 학생의 선행을 보니 어떻습니까?
김 일등 군 ; 좋은 일이라고 생각해요. 그런데 저 같은 경우에는 불가능해요. 저는
항상 전교에서 일등을 놓치지 않는데 다른 일에 신경 쓸 겨를이 없어요.
엄마가 짜 놓으신 스케줄에 따라 학원 다니고 학교에서 쉬는 시간에도 공
부해야 하거든요. 저는 시간이 없어요. 그런데 석우가 상을 받아서 수행평
가 성적이 올라 갈 것을 생각하니 부럽네요.

김치국 리포터 : 우리 나라 초등 학생들 무척 바쁘지요. 다른 학생의 생각을 들어
　　보겠습니다.

이 소심 양 : 선생님께서 시키신 일이 지만 그래도 석우가 성실하게 착하게 영택이
　　를 도왔다고 생각해요. 사실 저도 가끔 도와주고 싶었지만 학교 친구들이 찔
　　뚝이 가방 들어 준다고 놀리고 같이 놀아 주지 않을까 걱정이 되어서 할 수
　　없었어요. 저도 시키면 잘 할 수 있는데...

장 삐딱 군 : 거 있잖아요. 놀리긴 언제 놀렸다고 그래요. 사실 영택이가 우리와 다
　　르긴 다르잖아요. 체육시간에도 교실에만 있고 같이 놀지도 않아요. 시키기
　　전에는 말도 잘 하지 않아요. 그러니까 친구 할 수 있겠어요?

한 양심 양 : 저 아이 (장 삐딱 군)는 사고 방식이 틀렸어요. 영택이가 우리와 뭐가
　　다르다는 거예요. 우리가 가끔 아픈 것처럼 영택이는 우리보다 더 불편한 다
　　리를 가졌다는 것인데, 다른 게 뭐가 있어요. 우리의 도움이 필요할 때면 도
　　와주고 굳이 불쌍하다는 눈초리로 보는 것이 영택이 같은 장애인에게는 더
　　힘든 일이 될 것 같아요.


　　-후략-


앵커맨 : 오늘 초등학교에서의 모범상 시상식을 보니 현재 우리가 처한 교육의 문
　　제점을 다시 짚어 보게 됩니다. 학교에서 가장 우선으로 가르쳐야 하는 것이
　　무엇인지 모두 생각해 보아야 겠습니다. 더불어 살아가는 사회에서 어떻게
　　살아야 잘 사는 것인지에 대한 교육이 제대로 이루어 지지않으면 앞으로 우
　　리 나라는 몸이 불편한 장애인이 아닌 양심이 병든 장애인으로 채워지지 않
　　을까 걱정이 앞섭니다.

## 2

# 대박 영화 "과수원을 점령하라"의 주연배우 인터뷰

**사회자** : 한 달 전 개봉해서 큰 인기를 끌었던 "과수원을 점령하라"의 주연, 조연 배우들을 한 분씩 모셔봤는데요, 오늘은 '왕 쥐'의 역할을 아주 능청스럽게 소화해 감초 역을 톡톡히 하셨던 '지돌'님을 모셨습니다. 지돌님 안녕하세요

**지　돌** : 네 안녕하세요. 시청자 여러분들도 안녕하세요?

**사회자** : 영화의 성공으로 주 조연하셨던 분들이 속속 몸값이 오르는 등 즐거운 비명을 지른다고 하던데요 지돌님은 요즘 어떠십니까?

**지　돌** : 네. 전 영화를 찍기 위해 일부러 찌웠던 살들을 빼느라 좀 고생하긴 했지만 오랜 무명생활 끝에 요즘 알아보시는 분들이 많아서 아주 행복합니다. 근데, 인기라는 게 양면성이 있는 것 같아요. 좋아해주시는 분들이 있는가 하면 어떤 분들은 특히, 대여섯살의 꼬마들은 "게으르고 미련한 왕 쥐다~" 이렇게 소리치면서 놀리기도 하거든요.

**사회자** : 네, 영화를 위해 체중까지 늘이시고 윤기 나는 털을 위해 특별 관리도 받으셨다고 들었습니다. 어떠세요? 왕 쥐는 비교적 독특한 캐릭터인데요, 그 성격을 소화해내기 어려움은 없으셨는지요?

**지　돌** : 배우라면 어떤 역을 맡든지 그에 대해 충분히 공부해야하지 않을까요?
저도 이번 영화를 통해 왕족 쥐에 대해 많은 공부를 하게 되었습니다. 어찌보면 게으르고 미련하면서도 독단적인 성격은 아마 대대로 답습되어진 왕들의 전형적인 모습일지도 모른다고 생각했지요. 영화롭고 배부른 시대가 지나서 자기 족속의 위기가 왔을 때 변화에 적응하기보다는 오히려 더욱더 폐쇄적으로 굳어질 수 있는 성격이지요. 그래서 전 그런 캐릭터가 되려고 했구요.

**사회자** : 역시, 그 연기는 하루아침에 이루어진 것이 아니었군요. 그렇다면 만약 지돌님이 그 '왕 쥐'였다면 어떠했을지 생각해보신적 있나요?

**지　돌** : 그다지 깊이 생각해 본적은 없지만 아마 다이어트를 먼저 하지 않았을까요? (웃음)
음...... 우선 아기 쥐들을 보호만 하면서 키우진 않았을 겁니다. 정찰대나 식량 조달반에 가끔 내보내서 얼마나 어른들이 어렵게 일하는지, 식량을 구하는 일이 얼마나 위험한지 체험하게 해서 독립심과 자립심을 기르게 할 것입니다. 이 후 대가족 제도가 붕괴되더라도 자기 자신과 자기 가족은 지켜나갈 수 있도록 말이죠. 그리고 왕 쥐도 다른 쥐들이 물어다 주는 먹이를 가만히 앉아서 기다리지 않고 직접 찾아나서는 솔선수범을 보여 그들과 신뢰를 차곡차곡 쌓았을 겁니다. 믿음 이라는 것이 가장 기본이거든요. 그랬다면 고양이의 힘을 빌리지 않고 가족들을 안전한 곳으로 이사하게 할 수 있었겠지요

사회자 : 지돌님께서는 자신의 세계가 확실한 배우시군요. 아, 고양이에 대해 이야기가 나왔는데
         요, 힘없고 겁 많은 어린 고양이의 콧잔등은 왜 깨물었던 겁니까?

지  돌 : 저도 그 부분은 왕 쥐가 조금 치사했다고 생각해요. 그러나 그것이 왕 쥐들이 자기의 부
         하들을 길들이기 위해 쓰는 방법이라고 하는군요. 어리고 힘이 없을 때 기선을 제압해놓으
         면 자라서 어른이 되어도 왕 쥐에게 덤비질 못한대요. 불만이 생기면 동시에 어릴 때 왕
         쥐에게 당했던 공포가 머릿속에 떠오르니까요. 왕 쥐가 어린 쥐들과 같은 층에 생활하는
         것에는 여러 가지 이유가 있었던 거지요.

사회자 : 역시 왕 쥐에 대해 폭넓은 공부를 하셨던 것 같습니다. 그 장면을 다시 본다면 새로운
         느낌으로 해석할 수 있겠네요. 그리고 마지막 부분에 보면 모든 쥐들이 고양이를 따라 먹
         이도 많고 살기 좋은 곳으로 이사할 때 왕 쥐는 사라지지 않습니까? 그 왕 쥐의 결말은 어
         떻게 이해를 해야 할까요?

지  돌 : 원작에서도 왕 쥐가 어디로 사라졌는지, 혹은 어떻게 죽었는지에 대한 언급은 자세히 다
         뤄지지 않았어요. 변화에 적응하지 못하고 물어다 주는 먹이에만 의존하고 만족해버리는
         특정 부류의 모습을 반영한건 아닐까 하는 생각이 들기도 해요. 예를 들면 당장 눈앞의
         이익에만 눈이 멀어 세상의 변화나 민중들의 소리에는 전혀 관심 없는 일부 높은 분들말
         이죠. 그러한 모습에 작가 선생님의 부드러운 질타가 아니었을까 싶네요.

사회자 : 작가 선생님은 직접적인 묘사 대신 좀 더 다양한 해석을 독자와 시청자의 몫으로 남겨
         두셨다는 말씀 같습니다. 작품을 진지하게 대하는 지돌님의 모습에서 배우의 새로운 면을
         보게 되었습니다. 오늘 바쁘신 중에도 인터뷰에 응해주시고 좋은 말씀도 많이 해주셔서 정
         말 감사드립니다. 앞으로 더욱 더 좋은 작품으로 만나게 되길 바라겠습니다.

지  돌 : 네. 감사합니다.

3

## <<"나쁜 어린이 표" 인터뷰>>

기자:　지금부터 어린이 동화 "나쁜 어린이표"의 주인공 김건우 군 과 선생님과의
　　　　인터뷰를 시작하겠습니다.

기자:　건우군은 선생님이 싫어서 수첩에 "나쁜 선생님 표"를 만든 건가요?
김건우군:　아니요. 그런 마음도 있었지만 단지 꼭 그것 때문에 "나쁜 선생님 표"를
　　　　만든 건 아니에요.
기자:　그럼 왜 "나쁜 선생님 표"를 만들었나요?
김건우군:　전 그냥 선생님께서 저희들의 마음을 낱낱이 파헤쳐 주시지 않았기
　　　　때문이에요.
선생님:　그래, 난 너희 마음을 꼼꼼히 헤아려주지 않았지. 하지만 꼼꼼히 헤아려 봤
　　　　자 시간만 낭비 될 테고……. 하지만 마음을 헤아려 주는 건 좋은 일이야. 그
　　　　렇다고 해도 똑같은 잘못에 대한 벌은 똑 같은걸. 나는 내가 공평하다고 생각
　　　　한단다.
김건우군:　하지만 저희들은 선생님께서 저희들의 마음을 낱낱이 헤아려 주시지
　　　　않아서 억울하기도 하고, 기분과 마음이 동시에 많이 상했다고요...
기자:　두 분 다 이제 그만 진정하시구요, 제가 묻는 질문에 대답만 해주시면
　　　　됩니다. 우선 김건우 군의 말에 의하면 "나쁜 선생님 표"를 만든 이유가
　　　　선생님의 대한 억울함 때문에 단지 화풀이를 하기 위해서 만들었다는 거죠?
김건우군:　네, 그렇습니다.
기자:　그럼 선생님께서는 왜 자신이 공평하다고 생각하십니까?
선생님:　전 모든 아이들에게 공평하게 대해주니까요.
기자:　그런데 왜 저번 "은지와의 사건" 에서는 욕을 한 은지에게 "나쁜 어린이표"를
　　　　주지 않았나요?
선생님:　그거야 뭐…….
기자:　혹시 김건우 군에 대해 나쁜 마음을 품었기 때문에 그런 것은 아니었나요?
선생님:　그런 건 아닙니다. 절대 아니에요. 전 가끔 한 가지를 하면 꼭 하나는 잊어
　　　　버리는 습관이 있어요. 오로지 하나에만 몰두하기 때문에 이 습관이 생긴
　　　　것 같아요.
기자:　그럼 김건우 군에 대한 나쁜 마음을 품었다는 건 아니라는 거군요!
선생님:　그렇죠.
김건우군:　하지만 그래도 전 억울합니다. 그럼 단지 벌을 준다는 것만 생각하시고,
　　　　저희들의 마음을 낱낱이 헤아려준다는 것은 잊어버리신 것 아닙니까!
　　　　이미 새는 잡을 수 없을 만큼 날아갔는데, 그걸 잡으실 수 있으시냐구
　　　　요…….
선생님:　그래, 미안하다. 다 내 잘못이야. 이 쓸모없는 습관 때문이야... 앞으로 고쳐
　　　　보도록 노력하마. 그러니 이제 우리 화해하자구나. 앞으로 너희들의 마음
　　　　을 낱낱이 헤아려보도록 노력하마!
김건우군:　선생님, 고맙습니다. 앞으로 저 많이 사랑해주세요.
선생님:　그래^^ 지금 이 순간 건우 네가 사랑스럽게 느껴지는 구나.
기자:　스승과 제자의 아름다운 화해 장면! 정말 멋있지 않습니까!
　　　　그럼 이제 그만 인터뷰를 마치도록 하겠습니다. 인터뷰에 참여해주신
　　　　김건우 군과 선생님께 감사드립니다.

# ♡ 영대와의 1:1 데이트 ♡



이가연(초 3)

사회자: 지금부터 『내 짝꿍 최영대』에 나왔던 최영대씨와 자세한 이야기를
　　　　나누어 보려고 합니다. 안녕하세요? 최영대 씨.

최영대: 네, 안녕하세요? 최영대입니다.

사회자: 영대 씨에게 몇 가지 물어 보겠습니다. 반 친구들이 놀릴 때 왜
　　　　아무 말도 하지 않으셨나요?

최영대: 아! 그때요? 처음에는 그냥 꾹 참았는데 점점 심해지니까 속상해서
　　　　말을 더 안하게 되었어요.

사회자: 그랬군요. 정말 속상하셨겠네요.
　　　　왜 씻지도 않고 옷도 안 갈아입고 준비물도 안 챙겨 왔나요?

최영대: 엄마가 돌아가시니까 아무 생각도 안 나더라고요. 저도 모르게
　　　　그렇게 되었어요.

사회자: 저도 『내 짝꿍 최영대』를 읽어 보았는데 경주 여행에서 영대씨가
　　　　울었던 것이 제일 생각이 납니다. 그때 일에 대해 좀더 자세히 들을
　　　　수 있을까요?

최영대: 그때는 그동안 참아 왔던 것이 다 터져 버렸어요. 그래서 울게
　　　　되었죠. 저는 "역시 굼벵이 냄새는 달라." 라고 친구들이 말한 것이
　　　　속상했어요. 제가 방귀를 뀌지도 않았는데 말이죠. 그리고 나를 더
　　　　슬프게 했던 것은 엄마 없는 바보라고 놀린 거지요.

사회자: 저도 그 장면에서 가슴이 아팠어요.
　　　　마지막장면에서 친구들과 화해하고 영대씨가 친구들에게 말을
　　　　배우는데 그때 기분이 어땠나요?

최영대: 네, 행복했어요. 친구들에게 고마움을 느끼고 있습니다.

사회자: 하하, 이제는 말을 정말 잘 하시는군요.
　　　　영대씨, 짝꿍은 지금도 잘 해주나요?

최영대: 네. 잘해줍니다. 반 친구 모두가 짝꿍처럼 잘 대해 줘요.

사회자: 정말 좋겠습니다. 반 친구들과 우정 영원하시길 바랍니다. 오늘
　　　　이야기 정말 고맙습니다. 안녕히 계세요.

최영대: 네. 고맙습니다.

인물초대석은 작품에 등장하는 주요 인물들을 한자리에 불러 모아 서로 이야기를 나누게 하는 활동이다. 갈등을 다시 부각시키고, 해결의 실마리를 찾거나 그에 대한 학습자의 생각을 표현하게 한다. 활동 방법으로 동일한 작품의 인물들을 초대하는 방법, 다른 작품의 인물을 초대하는 하는 방법, 작품의 인물과 실제인물을 초대하는 방법 등이 있다.

동일한 작품에서 주동인물과 반동인물로서 상반된 입장에 처해 있는 경우, 서로 다른 작품 속의 인물이며 서로 다른 세계(현실과 허구, 과거와 현재, 동양과 서양 등)의 인물이지만 비슷한 갈등 상황에 처해 있는 경우, 어느 한 쪽이 다른 한 쪽의 고민과 문제해결에 도움을 줄 수 있을 경우, 어느 한 쪽이 다른 한 쪽에게 충고하거나 문제점을 지적해 줄 수 있을 경우, 서로간의 입장이나 태도가 너무 상반된 경우에 이들을 초대해 서로 이야기를 나눠보게 한다. 이밖에 역사적 인물이나 현실의 인물을 초대해 작품의 인물과 만남의 자리를 갖고 가상대담을 벌이게 하는 것도 삶의 이해와 바른 가치관 형성에 도움이 된다.

# 인물 초대석

1

| 초대인물 | ① 진수(우리아빠) ② 민기(나보다 작은 형)<br>③ 언니(내게도 소리를 듣지 못하는 여동생이 있습니다.) |
|---|---|
| 초대이유 | 다리가 불편한 아빠, 어려서부터 지병으로 나 보다도 작은형, 소리를 듣지 못하는 동생, 이렇게 각각 몸이 불편한 가족을 가졌다는 공통점 |
| 대화주제 | '장애'라는 장애물을 당당히 뛰어 넘고 보면 특별한 무언가가 기다린다. |

사회자 : 안녕하십니까
　　　　요즈음 장안의 화제인 '터놓고 이야기합시다' 시간입니다.
　　　　우리가 살아가면서 말하지 못하고 답답해 했던 이야기들을 진솔하게 터
　　　　놓음으로 말하는이나 듣는이가 함께 고개를 끄덕여 보는 시간을 갖도록
　　　　해보겠습니다.
　　　　오늘은 몸이 불편한 가족을 둔 세분을 모시고 그 분들을 가까이서 지켜
　　　　보며 느꼈던 점들을 이야기 해 봄으로서 '장애'라는 장애물을 함께 생
　　　　각해 보도록 하겠습니다.
　　　　먼저 진수군.
진　수 : '우리 아빠'는 돌 무렵에 소아마비에 걸려 두 다리를 쓸 수 없게 되신
　　　　장애인입니다. 그런 아빠를 항상 부담스럽게 생각하고 때론 창피하게
　　　　생각도 했습니다. 한번은 전에 다니던 학교에서 아빠가 장애인이어서
　　　　왕따 당한 적이 있었지요
　　　　그 때 '보석세공기술자'이신 아빠는 하트모양이 새겨진 실 반지를 학급
　　　　아이들 수에 맞춰서 선물을 만들어 주셨죠. 그 반지를 받은 아이들은
　　　　그 때부터 저를 따돌리지 않았답니다.
민　기 : 진수의 심정을 이해합니다.
　　　　저에게도 '나보다 작은 형'이 있습니다.
　　　　우리형은 몸이 아파서 학교에 다니지 않습니다. 내가 학교 가서 고생 할
　　　　동안, 학원가서 구박 받을 동안, 아마도 집에서 재미있는 만화란 만화는
　　　　다 보았을 겁니다.
　　　　어떤 때는 그런 형이 부럽기만 했지만 형 때문에 속상한 적도 많습니다.
　　　　친구들이 집에 놀러 오면 형을 보고 뭐라 할까 미리 걱정하기도 하고
　　　　동식이가 다른 친구들 앞에서 우리형이 1학년 같다고 놀려서 동식이 코
　　　　피를 낸 적도 있습니다.
언　니 : 아 그랬군요
　　　　진수나 민기도 아빠와 형 때문에 마음 고생이 많았군요
　　　　저도 '소리를 듣지 못하는 동생'이 있습니다.
　　　　내 동생은 전화기벨이 울리는 것도, 누가 문을 두드린다는 것도, 길거리
　　　　에서 빈 깡통이 딸그랑 구르는 소리도 절대 못 들어요
　　　　내 친구들은 동생 얘기를 물어 보곤 해요
　　　　" 소리를 못 들으면 귀가 아프니?"
　　　　그러면 대답해 주지요

"귀는 안 아파. 하지만 사람들이 이해해 주지 않을 때, 마음이 아프단다"
라고요.

사회자 : 장애를 가진 부모나 형제는 이 세상에 많습니다. 그런 가족과 함께 할 때
장애의 설움을 똑같이 겪게 되는군요.

진  수 : 맞아요 하지만 노력에 따라 어느 정도는 이겨 낼 수 있다고 봅니다.
교내 한 가족 마라톤 대회에서 우리 아빠는 경기용 휠체어를 타시고 굴곡
많았던 마라톤 코스를 완주하시어 나에게 자랑스런 아빠로 대회장에서
어깨를 으쓱하게 만드셨어요
그 때의 감격은 이루 말 할 수 없을 정도예요

먼  기 : 지금 중환자실에 있는 우리형이 많이 보고 싶군요
우리형은 그림도 잘 그리고, 종이접기도 잘 하는데...
우리형이 빨리 낫게 해 달라고 기도해야겠어요. 우리형이 아프고 싶어서
아픈것도 아닌데, 키가 작고 싶어서 작은것도 아닌데 친구들 앞에서
창피하게 생각한 나 자신이 부끄럽군요.

언  니 : 저는 소리를 듣지 못하는 제 동생이 특별하다고 생각합니다.
그 애는 다른 사람들이 말하는 것보다 더 많은 말을 얼굴이나 어깨로 할
수 있지요
또, 풀밭의 아주 작은 움직임까지 볼 수 있고, 라디오를 손으로 만져 보
고는 켜져 있는지 아닌지도 알 수 있으니까요
우리는 '장애'라는 단어를 부족함이나 슬픔 같은 뜻으로 받아들이지만
잘 생각해 보면 보통 사람과 다른 특별한 장점도 가졌다는 걸 알게 될
거예요

사회자 : 걷지 못하는 거, 듣지 못하는 거, 말하지 못하는 거 보다 더 큰 장애는
자신들을 이해 못하는 이웃들인지도 모르겠다는 생각이 드는군요
무작정 동정을 하기에 앞서 그들만의 특별한 장점이 있음을 알아주고 또
그 장점이 부각되고 발전 될 수 있도록 도와주고 이해하면서 더불어 사는
것이 훨씬 아름답지 않을까요.
진수, 먼기, 언니 세분 모두 속마음 나누어 주셔서 듣는 우리도 좋은
간접 경험이 되었기에 감사합니다.

## 인물초대석

2

초대인물 : 단종, 수양, 영조, 사도세자
방청객 : 늑대(아기돼지 삼형제), 고양이 (킬러고양이의 일기),
　　　　어린왕자, 소크라테스


사회자 : 오늘은 옛 선인들을 모시고 왜 그런 슬픈 역사가 있게 되었는지 각
　　　　입장을 들어 보고 화해의 장을 마련해 보도록 하겠습니다.
　　　　정말 뵙게 되서 영광이고요, 먼저 '어린 임금의 눈물'의 주인공 단종
　　　　께서 말씀해 주십시오.
단종 : 난 좋은 임금이 되고자 노력 하였지만 수양 숙부와 그 무리들의 야
　　　　망에 희생양이 될 수밖에 없었습니다.
수양 : 어쩔 수 없는 일이었습니다. 나라를 바로 세워야 한다며 대신들
　　　　이……, 나도 가슴 아픈 일이었습니다.
고양이 : 그렇다니 까요. 나도 입을 벌리고 자고 있었는데 그만 새가 내 입
　　　　속으로 날아 든 것 뿐이라구요.
사회자 : 아~ 그러 셨군요.
　　　　영조께서도 한 말씀 해주시지요.
영조 : 나도 마찬가지요, 대신들이 세자가 나라의 모범이 되어야 하는데 행
　　　　실이 좋지 않다며, 살려 두면 나라에 큰 해가 될 거라고 매일 같이
　　　　나를 괴롭혔소. 나를 부끄럽게 만든 사도세자를 그냥 둘수 없었오.
어린왕자 : 사랑이 부족하시군요.
소크라테스 : 악법도 법이오. 사도세자 그렇다고 생각하지 않소?
사도세자 : 글쎄요.
　　　　아버님은 저를 미워만 하셨어요. 칭찬은 고래도 춤추게 한다고
　　　　하는데, 격려의 말씀조차 없으셨답니다.
　　　　저를 부끄럽게만 여기셨습니다.
영조 : 열 손가락 물어 안 아픈 손가락 없듯이, 나도 널 사랑 했단다.
　　　　마음속으로
수양 : 나도 마찬 가지요. 조카 단종을 살려 두고 싶었지만, 어쩔 수 없는
　　　　일이었다오. 용서 하시오.
영조 : 나도 바로 후회 했지만 그땐, 어쩔 수 없었다오.

　편지쓰기는 작품에 대한 학습자의 감상과 의견을 편지 형식으로 표현하는 활동이다. 활동 방법으로 작가에게 편지쓰기, 작품 속 인물에게 편지쓰기 등이 있다. 작품 속 인물에게 편지쓰기는 인물이 실재한다고 가정하고 인물과 대화하듯이 편지를 써 작품과 현실을 상호 교류하는 활동이다. 여기에는 학습자가 인물에게 보내는 편지, 인물이 학습자에게 보내는 편지, 주인공이 반동인물에게 보내는 편지, 반동인물이 주인공에게 보내는 편지 등이 있다.

　편지쓰기는 작품의 인물에 감정이입할 수 있는 계기가 될 뿐만 아니라, 감정이입의 정도를 측정할 수 있는 장점도 있다. 별다른 인지적 부담 없이 편지를 쓰듯이 이루어지는 활동이므로 자연스럽게 작품 감상이 이루어진다. 인물에 대한 접근과 해석이 큰 부담 없이 이루어져 보다 쉽게 작품에 빠져들 수 있다.

## 건우 에게

건우야. 안녕? 나는 2학년 1반 수현이야

선생님이 나쁘다고 생각하니, 아니면 좋다고 생각하니?

넌 나쁜어린이표 만 받는다고 너무 실망하지 마.

나쁜어린이표 만 받은 것도 아니고 착한어린이표 도

함께 받았잖아 그러니까 너무 실망하지 마.

창기는 너보다 나쁜 어린이표가 더 많잖아.

그리고 창기는 착한 어린이표도 하나도 없잖아.

그래도 너와 창기는 나쁜어린이가 아니라고 생각해.

처음에 네가 화분을 깨뜨렸을 때, 네 잘못도 아닌데

선생님 한테 혼났을때 기분이 나빴지?

그때 일 기억은 잊어버리고 좋은 생각을 하는게

좋아. 나쁜 일은 금방 잊어버리는 게 좋을 것 같아.

그러니까 그때 일은 그냥 잊어버려.

나는 네가 착한 어린이 라고 생각 해.

그럼 안녕!

2007년 5월 4일   수현이가

2(학습자가 등장인물에게)

To. 엄석대.(6학년 때)

안녕! 나는 김윤아야.

나는 너의 이야기를 들었어. 너는. 내 생각에 그 길로 빠져들지 않았더라면, 변호사 같은 말을 잘하는 사람이 되어 있을 것 같아. 내가 인상적이였던 부분중에, 니가 친구 아빠의 라이터를 뺏은 후, 선생님이 질문을 하니깐 위험할까봐, 보관해 준거라고 했잖아. 이 장면에서 너는 그 말을 예측하지 못하고 있었는데, 갑작스런 질문에게도 듣는 사람이 신뢰가 가고 믿을 수 있게 말했잖아. 나라도 니 말을 믿었을 거야. 너는 선생님을 원망하지 않니? 만약 니가 나쁜 행동을 할때, 선생님이 너를 따끔하게 혼을 내거나, 널 너그러이 용서하면서 "너는 말하는 것을 잘하는구나. 그 쪽으로 가면 넌 성공할거야" 이렇게 말해주었다면 넌 아마 훌륭한 사람이 되어 있겠지. 하지만 너에게도 잘 못은 많아. 선생님이 널 혼낼때, 니가 교실을 뛰어나간 것, 그건 옳지 않다봐. 나라면, 내가 했던 일을 털어놓고, 당당하게 맞고, 뉘우치며 떳떳하게 살거야! 내 말이 맞지 않니? 물론 사람 마다 생각은 틀리겠지만 말이야....

그럼 안녕~!

from 윤아

황선미 작가님께
작가님 안녕하세요?
저는 「나쁜 어린이표」 책을 읽은 이현아 예요.
「빈집에 온 손님」 책도 재미있을 것 같아요.
작가님 저는 「나쁜 어린이표」에 나오는
선생님은 항상 선생님 마음대로 인것 같아요.
작가님, 저는 「나쁜 어린이표」 책이 참
재미있어요. 작가님 이름은 참
아름다워요. 저는 반장이 각 반에 한명씩
인줄 알았는데 그게 아니라 여러명이었
나요? 저도 작가님처럼 나중에 작가가
되고싶어요. 작가가 될려면 어떻게 해야
하나요? (제가 알기로는 책을 많이 읽어야
되는 건데...) 저는 책을 자주 읽지만
더 많이 읽어서 꿈을 이룰꺼예요.
그리고 제가 바라는 책은 장애인의 희망이 담긴
책이예요. 작가님께서 이런책을 써주셨으면
좋겠어요. 작가님이 쓰신책 많이 읽을께요.
몸 건강하시고 안녕히 계세요

2001년 5월 8일
이현아 올림

**4(학습자가 작가에게)**

| 주인공에게 편지 쓰기 | 3 학년5 반4번 이 름 : 조효연 |
| --- | --- |

| 주 제 | | 책 이 름 | 안데르센 |
| --- | --- | --- | --- |
| | | 지 은 이 | |
| | | 읽은기간 | |

☞ 주인공이나 등장인물을 한사람 골라 하고 싶은 말이나 궁금한 점을 편지로 써 보세요. 책 속으로 들어가는 기쁨을 얻을 수 있답니다.

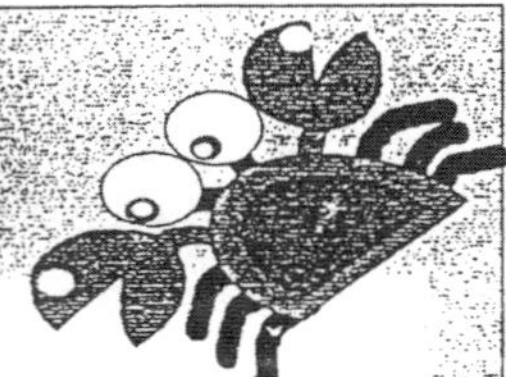

안 데르 센 에게

아저씨 안녕하세요.
저는 3학년이 재학 중인 조효연이에요.
아저씨의 동화 미운오리새끼는 못생겨서 이웃들에게
멸시와 따돌림을 받지만 꿋꿋하게 자기길을 가다가
백조가 되는 모습에서 희망을 주었고 인어공주에
서는 한남자를 위해 자기목숨을 바치며 물거품이
되어 사라지는 순수한 사랑에 슬퍼서 눈물도
나고 성냥팔이 소녀에서는 엄마의 소중한 존재를
알았고 불쌍한 사람에게는 따뜻한 손길과
도움이 필요하고 바보한스에서는 모든것을 재산
적으로만 하려는 형들보다 어수룩하고 답답하지만
진실한 마음을 가졌기에 똑똑하다는 형들을 제
치고 아름다운 공주님과 결혼한 인간승리의
모습을 보여 주었어요.
아저씨의 책을 읽고 있으면 꿈과희망이
생겨요.
저도아저씨 처럼 글을 잘썼으면 좋겠어요

 지금까지 살아 계셔서 더 많은이야기를 써줬으면 하는
바램이었지만돌아 가셔서 슬퍼요. 하늘 나라에서도
많은 글을 쓰고 계시죠.
꿈속에서 들려 주세요 2006 ㄴ 2ㄴ 후여요리

# 바위나리에게

 따뜻한 남쪽 나라의 쓸쓸하고 고요한
바닷가에 피어난
 바위나리야!
 너는 날마다 노래를 부르며 동무를 기다렸지!
 그러나 며칠이 지나도 아무도 찾아주지 않자,
 외로움에 지쳐 마구 소리를 지르며 울었지!
 이 울음소리는 남쪽 하늘에 맨 먼저 뜨는 나의
 귀에까지 전해지고, 그 울음소리를 듣고,
 나는 너에게로 가 우리는 친구가 되었어.
 우리는 밤마다 만나서 즐겁게 놀았었지.
 그러던 어느 날, 어디선가 찬 바람이 불어
 와서 흰 모래가 날리고 바닷물이 드설레고 하는
 통에 너는 병이 들고 말았어. 그런 너를 두고  하늘로
 올라온 나는 정말 슬퍼서 울고만 지냈어.
 결국 , 별나라 임금님에게 크게 혼이 나고 하늘에서
 쫓겨나 바다로 떨어지는데, 내가 빠져 들어간 곳은
 바위나리 네가 바람에 날려 들어간 바로 그 바다였어.
 그 후 너는 해마다 바닷가에 피어 나오고, 나는 바다
 밑에서 다시 빛나게 되었지.
 나의 영원한 벗 바위나리야,
 우리 영원히 함께하는 다정한 친구가 되자
 그럼 나의 친구 안녕

2005.5.20.

아기별 씀

## 6(등장인물이 등장인물에게)

# 갈래 바꾸기 (등장인물끼리 주고받은 편지로 바꿔쓰기)

도서명 : 과수원을 점령하라
내  용 : 쯔쯔가 까치에게 보내는 편지

까치 양반 보시오!
우리는 여행하는 새들이오.
여행가로서의 자부심이 있단 말이오.
우린 결코 남에게 피해를 주지 않소. 남의 집을 빼앗지도, 남의 먹이를 훔치지도 않는단 말이오. 우리 찌르레기만큼 신사적인 새도 없을 텐데, 단지 철새라는 이유만으로, 그리고 당신이 오랫동안 과수원에 살아온 텃새라는 이유만으로는 당신의 무례함이 정당화되지는 않소.
나의 아버지의 고향이 바로 이 배꽃마을이오.
항상 아버진 고향을 그리워 하셨소. 인정이 많고 아름다운 곳이라고……먹이도 많아서 아기들을 키우기에 좋을거라고도 하셨다오.
그러나, 정작 이곳에 와 보니 아름다운 배꽃마을에는 온통 아파트와 높은 건물뿐이고, 그나마 있는 과수원은 당신이 얼씬도 못하게 할뿐더러 텃새를 부리며 으름장을 놓으니 실망이 이만저만이 아니오.
당신이 공격적으로 날아와서 우리를 놀래 키는 바람에 우리 일곱째 막둥이가 부화하지 못했소. 당신도 자식이 있을 거 아니오. 그럼 지금 우리의 심정이 어떤지 이해하기가 좀더 쉬울 거요. 우리에게 원하는 게 뭔지, 불만이 뭔지 속 시원히 말해주면 안되오? 오리에게 시켜서 용건만 툭! 전하는 것도 솔직히 불쾌했소. 내 자신이 남을 존중해주면 남도 나에게 예의를 지키는 것이오. 남이 공격적으로 나오면 스스로 자기 자신을 방어하는 건 본능이지 않소.
우리 찌르레기는 그렇게 꽉 막힌 새는 아니라오.
우리처럼 철따라 이곳 저곳 이동해야하는 새에게는 마음의 고향이 꼭 필요한 거요. 고달픈 여행길에 따뜻한 고향의 추억이 얼마나 큰 힘이 되는지 당신은 모를 거요.
부디 우리 아이들에게 만이라도 마음속에 고향에 대한 좋은 추억이 심어질수 있도록 해주시오. 우리에게 좀 더 마음을 열어준다면 우린 분명 좋은 이웃이 될 수 있을거요. 빠른 시일 안에 답장 부탁하오. 그럼 이만 줄이겠소.

쯔쯔와 찌찌보냄

To. 김윤아

네 편지를 읽고 답장을 쓴다.
난 네 편지를 읽고 나에 대해 다시 생각하게 보게
되었어. 사람들은 날 보고 커서 도둑, 강도, 날라리
같은게 된다고 날 비난했어. 하지만 너는 그게 아
니더구나. 나를 인정 받을 수 있는 변호사가
될 수 있다고 말해 주었으니깐 말이야.
그래서 너를 고맙게 생각해. 사실 내가 이렇
게 이 길로 빠져 든 것은 어떤 형 때문이야.
그 형은 내게 담배를 굽쳐오라, 뭘 사와라 하면서
날 나쁜 길로 빠져들게 했어. 난 자연히 나쁜 사
람이 되어 버렸고, 이런 습관은 내 몸 구석구석 베
어 버렸어. 마치 담배 냄새처럼 말이야. 넌 선
생님이 원망스럽지 않냐고 했지? 아니, 난 원망스럽
지 않아. 내가 나쁜 짓을 하는 걸 알아도 신경을 안
쓰니깐, 나쁜 선생님이긴 하지만 내 이중 성격을 들
키지 않아 좋았어. 나쁜 생각이지?
지금 와선 후회하고 있어. 어쩐지 병태 녀석이
기분 좋게 느껴져져만 소프트 아이스크림처럼. 병
태는 나를 이 어둠에서 구하기 위해 손을 뻗었
는데, 난 그걸 무시했으니깐, 그러고 보니 나
에게 많은 사람의 손을 내밀었던 것 같아.
그럼 ~! 안녕 ~!

from. 엄석대.

## (3) 인물대조 및 비교

### 인물대조

인물은 학습자의 인식 체계에서나 실제 삶 속에서 생동한 존재로 되살아나야 한다. 그것은 인물을 현실세계로 불러들일 때 가능하다. 학습자는 인물을 현실세계로 불러들여 상기하고, 다른 작품의 인물과 대조하며, 나아가 자기 자신이나 주변의 실제인물과 차이점을 찾아야 한다. 이러한 활동을 '인물대조'라고 할 수 있다.

인물대조는 문학적인 글이든 비문학적인 글이든 활동이 가능하다. 문학작품으로서 시, 소설, 수필, 희곡 등에 등장하는 인물이라든가 전기문을 통해 새롭게 평가되는 역사적 인물을 탐구하는 데 용이하다. 비문학적인 글에서도 작가를 대상으로 한다거나 작가를 논평의 대상으로 삼고 있는 비평가를 대조해도 무방하다. 대조의 기준으로 나이, 외모, 직업, 성격, 행동양식, 태도 및 습관, 문제해결 방식, 갈등 극복 양상, 주변인물과의 관계 등 다양한 기준이 제시될 수 있다.

활동 방법으로 같은 작품의 인물(주동인물과 반동인물)과 대조하는 방법, 다른 작품의 인물과 대조하는 방법, 인물과 자기 자신을 대조하는 방법, 인물과 실제인물(주변인물, 역사인물, 유명인물)을 대조하는 방법 등이 있다. 같은 작품의 인물과 대조하는 방법은 작품을 보다 면밀하게 탐구할 수 있다. 다른 작품의 인물과 대조하는 방법은 이미 읽은 다른 작품의 인물을 환기하여 학습자의 사고를 보다 확대시켜 종합적인 분석력을 키울 수 있다. 특히 인물과 자기 자신을 대조하는 방법은 인물의 성격 탐구와 함께 자신을 성찰하게 해 학습자의 인격 형성과 자아 발견에 도움을 줄 수 있으므로 권장할 만하다. 인물과 실제인물을 대조하는 방법은 작가가 창조한 인물을 작품 속에서만 고립시키지 않고 현실 세계로 불러들여 현실화하는 방법으로 인간과 삶을 바라보는 폭넓은 시각을 길러줄 수 있다.

1(같은 작품의 등장인물)

6학년    이름 : 김혜림

| 도 서 명 | | 방구 아저씨 | | 꽃잎으로 쓴 글자 |
|---|---|---|---|---|
| 지 은 이 | | 손연자 동화집 | | 손연자 동화집 |
| 탐구인물 | | 이장 | | 아버지와 어머니 |
| 도표화 | 성 격 | 비겁하고 용기가 없다. | 성 격 | 우리나라를 사랑하고 긍정적 이다. |
| | 특 징 | 일본 순사들에게 쩔쩔매고 무서워한다. | 특 징 | 일본인들에게 지배를 당하고 있는데도 희망(독립)을 버리지 않는다 |
| | 인물의 호감도<br>괴목장을 빼앗으려 함 12.5% / 비겁 하다. 37.5% / 일본인들에게 쩔쩔맨다. 50% | | 인물의 호감도<br>25% / 50% / 우리나라 아들 있다 / 승우에게 우리나라에 대해 가르쳐줌 / 승우의 아빠 됐다 / 기타 / 12.5% / 12.5% | |
| 분석결과 | 싫은점 ·· 일본인들에게 쩔쩔맨다는 것이 제일 싫었고 비겁한 점도 안 좋았다. | | 좋은점 ·· 우리나라를 사랑한 점이 가장 좋았고 싫은 점이 없다 | |
| 위 인물들에 대한 의견 | | | | |
| 이장은 좀더 용기있고 우리나라를 사랑 했으면 좋았을 것 같고 '꽃잎으로 쓴 글자'의 어머니와 아버지는 우리나라를 사랑하는 마음이 대단 한 것 같다. 나도 '꽃잎으로 쓴 글자'에 나오는 어머니와 아버지를 본 받아야 겠다 | | | | |

## 2(같은 작품의 등장인물)

도서명 : 마리는 괴물이 아니야

| 대 상 | 점수 | 이 유 |
|---|---|---|
| 친구1 (발 되게 크다.) | 50 | 나쁜 뜻으로 한 얘기가 아닌 것 같아서 |
| 친구2 (뚱뚱한 배) | 20 | 배를 밀어서 |
| 친구3 (주먹코) | 20 | 제일 듣기 싫은 말 |
| 오빠 (다 먹겠다.) | 9 | 여동생을 보호해야지... 동생이 배운단 말이야 |
| 언니 (멍청하게 쳐다~) | 8 | 제일 큰언니라서, 위로를 해야지...,오빠를 혼내야 한다. |
| 친구4 (그만해,<br>　　머리카락 안 예뻐) | 1 | 너무 나빠, 나쁜 말을 2개씩이나 하고, '히히'웃기도 하고. |
| 마리 | 99 | 용기가 없어서, 슬퍼만 해서...하지만 싸우지 않고 착해. |
| 마리엄마 (거울) | 100 | 마리를 위로, 거울을 보여줘서... |
| 동식친구 손은지 | 100 | 억지 부리지만 아프니까 양보.<br>점수 안 주면 우리가 나쁜 거야. |
| 동식친구 최은지 | 100 | 억지도 안 부리고, 싸우지도 않고, 예뻐. |

## 전 체 평 가

우리가 너무나 쉽게 한 말이 남에게는 커다란 상처를
남길 수 있다.
특히, 자신의 정체성이 흔들리는 어린 친구들에게는 말이다.
동식이가 마리라면 어떻게 됐을까?
"네가 그 말을 하면 네가 그런 거야!"
"매를 벌어, 매를……." 라고 말한다.
친구들이 미운 말을 한다고 슬퍼만 하는 마리가 좀더
자신감 있고, 씩씩하게 자신의 정체성을 찾았으면 하는
동식의 바람일까?

| 구분 | 무지개물고기 | 마르쿠스 피스터 | 카 | 픽스사+월트디즈니 |
|---|---|---|---|---|
| 탐구인물 | | | | |
| 이름 | 무지개 물고기 | | 브라이트닝 맥퀸 | |
| 나이 | 10~20대의 자아정체감의 성립시기 | | 20대의 활활타오르는 청춘 | |
| 외모 | 반짝이는 비늘이 가득가득 | | 번쩍번쩍 광택이 좌르르~~ | |
| 직업 | 바닷속 헤엄치기 | | 경주용 자동차 | |
| 성격 | 화려한 외모, 그래서 자만심이 강함, 속마음은 여림, 그래서 외로움을 잘 탐 | | 화려한 성공과 갈채를 꿈꾼다. 유아독존 속마음은 여림, 자신을 표현하는데 서투름 | |
| 사건의 발단 | 파란 꼬마물고기가 비늘을 하나만 달라고 했을 때 거절해버림. 그래서 친구들로부터 따돌림을 당함. | | 경주에서의 성공만을 생각하다가 우연히 들르게 된 래디에이터 스프링스마을 | |
| 문제 해결 | 문어할머니의 도움 | | 허드슨, 메이터, 샐리,플로..등등 친구들과의 만남 | |
| 행동의 변화 | 친구들에게 비늘을 하나씩 나눠주고 행복함을 느끼게 됨 | | 경주에서 친구들의 도움을 받고 나이 든 노장에게 승리를 양보한 뒤 뿌듯함을 느낌 | |
| 공통점 | 둘 다 자기가 가진 화려한 외모에 대한 자신감이 너무 지나쳐 자만심으로까지 발전하게 된다. 그러다보니 주변의 다른 인물들의 관심이나 애정을 불필요한 것으로 여겨버린다.<br>하지만 둘 다 알고보면 속마음은 여리고 그래서 더더욱 다른 사람의 사랑을 받고싶었던 마음을 표현하는 방법을 몰랐던 것 같다.<br>둘 다 주변인물들의 도움을 받고 사람과의 관계의 소중함, 그리고 받는 것보단 먼저 나누어주는 것이 중요하다는 것을 깨닫게 된다.<br>무엇보다도 그런 마음가짐만 있다면 기회는 일부러 떠올리려고 하지 않아도 저절로 찾아오게 된다는 것도 알게 되었을 것이다. | | | |

| 4(다른 작품의 등장인물) | | 이름 (이병관 ) |
|---|---|---|
| 도서명 | 나쁜 어린이표 | 내 짝꿍 최영대 |
| 지은이 | 황선미 | 채인선 |
| 탐구인물 | 이건우 | 최영대 |
| 도표화 | 공부시간에딴짓 20% 자랑 10% 나쁜짓 70% 이건우 | 얌전함 70% 멍한것 30% 최영대 |
| 분석 결과 | 공부시간에 딴짓을 하며 자랑은 별로 안하지만 나쁜짓은 너무 잘한다 | 너무 얌전해서 탈이다. 그리고 너무 멍해서도 탈이다. |

위 인물들에 대한 자신의 의견

이건우는 특히 나쁜짓을한다. 예를 들자면 자기가 잘못한 것을 남에게 떠밀기도는 나쁜어린이표를 변기통에 버린것 등등이 잘못했다.그래도 공부시간에딴짓,자랑은 그렇다치자. 최영대는 학교생활에 얌전하다. 얌전해도 정도껏 얌전해야지 친구들이 놀려도 멍하이 있다. 나같으면 당당하게 나서서 "왜놀려? 난 아무짓도 안했거든!"이라고 당당하게 말 했을텐데... 용기를 내 영대야.

| 도서명 | 하늘로 올라간 달빛 물고기 | |
|---|---|---|
| | 탐 구 인 물 | |
| 탐구질문 | 베르사유 | 나(진영 만4세) |
| 생김새 | 착하게 생긴것 같음. 수염이 멋짐 | 멋지지. 그리고 귀여워 |
| 직업 | 채소키우는 사람, 정원사 | 없음. 그냥 유치원다님 |
| 놀이 방법 | 혼자얘기하기, 달빛물고기 밥주기 | TV보기(도라에몽), 게임(크아) |
| 문제해결능력 | 되게 잘 만든다. | 만드는거 잘 못함. 태권도만 잘함. |
| 부지런하기 | 아침일찍 일어남 | 늦게 일어남, 늦게 자서… |
| 만약 사탕이 10개 있다면 | 부지런 하니까 이도 잘 닦을걸… | 이 썩어~ 한 개만 먹을께~ |
| 분석결과 | 착하고 일도 잘함.. 부지런한데 물고기가 달인지 모르는것 같다 | 착해요. TV는 너무 많이 본데요 난 조금 밖에 안 봤는데… |
| | 책 속으로 들어가 베르사유를 만날 수 있다면 … | |

재미있게 놀아줘야지. <콩나물하고 감자얘기>도 해 주고
노래(OO팬티에 우주인 집어넣고~)도 불러주고 과자도 같이먹고
컴퓨터 게임도 가르쳐 줄께.

| 6(등장인물과 학습자) | | | 7 세    이름 : 김경환 |
| --- | --- | --- | --- |
| 도서명 | 줄무늬가 생겼어요 | 지은이 | 데이빗 새논 |
| 탐구인물 | 카밀라 | 나(경환) | |
| 외모 | 여자처럼 생겼다 | 잘 생기긴 안았지만 귀엽다 | |
| 성격 | 짜증낸다 밝다 | 활달하다 | |
| 친구관계 | 왕따당했다 | 인기만점 | |
| 문제해결<br>(병에<br>걸렸을때) | 오동통한 할머니가 구해주었다 | 열났을 때는 엄마아빠 배아플때의사선생님 | |
| 좋아하는<br>음식 | 아욱콩 | 돈까스 | |
| 위 인물들에 대한 나의 의견 | | | |
| 카밀라야 아욱콩을 맛있게 먹어 | | | |

# 산낭초교 2학년 정예진

| 도서명 | 개똥 보리밥 | |
|---|---|---|
| 지은이 | 김용규 | |
| 탐구인물 | 착한 며느리 | 착한 우리엄마 |
| 밝고 착하다 | 성격 | 너무너무좋아요 |
| 온화한 얼굴 | 생김새 | 너무너무 예쁘다 |
| 잘할것 같다 (검치) | 요리솜씨 | 너무너무 잘한다 (잔식) |
| 부지런 해서 잘할것같다 | 청소 솜씨 | 잘한다 |
| 용서해 준다 | 동생과 싸울때 | 혼내며 타일러 주신다 |
| 착하다 (곱다) | 마음씨 | 사랑하는 마음씨 |
| 무엇이든 잘한다 | 문제해결능력 | 열심히 노력한다 |
| (벼농사) 일을잘 할것 같다 | 취미 (특기) | 요리하기 |
| 착한 며느리는 시아버지를 잘 공경하는 것을 볼때 본받을점이 많다. | 분석 결과 및 나의생각 | 우리 엄마는 나를 많이 사랑해 주어서 나는 너무너무 행복하다. |

**8(등장인물과 현실인물)**　　　　　　　　　　　　　　　7세 이지예

| 도서명 | 돼지책 | 지은이 |
|---|---|---|
| 탐구인물 | 피곳씨 | 아빠 |
| 도표화 | 생김　나랑놀아주기　요리　청소　TV | 생김　나랑놀아주기　요리　청소　TV |
| 분석결과 | 부지런하지만다 맘대로함다 | 부지런하다 아빠는항상재미있다 |

　피곳씨와 아빠에 대한 나의 생각

피곳씨가 집에와서 집안일을 더하고, 아이들하고 많이 놀아주면 집이 완전히 행복해 질거에요.

아빠는 밤에 책읽다가 자지말고 끝까지 다 읽어 주셨으면 좋겠다.

인물을 탐구하여 비슷한 성향의 인물을 찾는 활동은 인물을 일종의 화석으로 이해하는 것이 아니라 학습자와 함께 살아 움직이는 생명체로 받아들이는 활동이다. 작품의 인물과 비슷한 인물을 선정하여 탐구하는 활동을 '인물비교'라고 할 수 있다. 인물대조가 인물간의 차이점에 초점을 맞추는 활동인 것에 반해 인물비교는 공통점에 초점을 맞추는 활동이다. 인물의 분위기나 성격에 기초해서 비슷한 사람뿐만 아니라 비슷한 동물이나 식물을 찾을 수도 있다.

인물의 성격 유형이나 행동 유형을 파악하고, 여러 인물 중에서 가장 인상적인 인물을 탐구대상으로 선정한다. 선정한 인물과 비슷한 성격이나 행동을 보이는 인물을 학습자의 주변이나 다른 작품에서 찾는다. 경우에 따라 동물이나 식물에서 찾을 수도 있으며, 연상되는 그림이나 사진에서 찾을 수도 있다. 작품의 인물과 선정한 인물이 어떤 면에서 닮았는지 외모, 행동, 성격 등으로 세분하여 이유를 작성한다.

활동 방법으로 주변인물이나 역사인물 또는 유명인물 등 현실 세계에서 비슷한 인물 찾기, 다른 작품 속에서 비슷한 인물 찾기, 영화·드라마·만화 속에서 비슷한 인물 찾기 등이 있다. 긍정적인 인물일 경우에는 닮은꼴을 찾아 직접 이름을 밝히고 그를 떠올린 이유를 제시한다. 외모가 비슷할 수도 있고, 성격이나 행동 또는 가치관과 생활방식이 비슷할 수도 있다. 그러나 부정적인 인물을 대상으로 닮은꼴을 찾을 경우, 특히 주변인물인 경우에는 직접 이름을 밝히는 것을 삼가고 이니셜로 표현한다. 어느 경우든 어떤 면에서, 어떤 이유에서 닮았는지 작품 속의 상황과 실제 사실을 비교해서 제시한다.

**1(같은 작품의 등장인물)**　　　손수현

| 도서명 | 나쁜 어린이표 | |
| --- | --- | --- |
| 지은이 | 황선미 | |
| 비교인물 | 1. 건우 | 2. 경식 |
| 도<br>표<br>화 | 거짓말 30%　착함 30%　욕 10%　친구를 사랑하는 마음 30% | 나쁜 마음 40%　어리석음 10%　욕 40%　지식 10% |
| 비교결과 | 거짓말은 잘 하지만 착하고 친구를 사랑하는 마음이다 | 나쁘고 어리석고 욕도 많이 하지만 지식이 조금 있다. |

### 위 인물들에 대한 의견

건우/나는 건우가 친구들을 사랑하고 착한 것을 본받고 싶지만 나머지는 본받기가 싫다.
거짓말도 잘하고 욕도 잘하면 보기가 흉하고 나쁜 어린이이기 때문이다.

경식/나는 건우가 나쁜 어린이표를 더 많이 받는데도 경식이보다 건우가 더 낫다. 나는 경식이의 모습을 본받고 싶지 않다. 나쁘고 어리석고 욕도 잘하면 보기가 흉하고 친구들이 나를 싫어해서 나쁜 어린이가 되기 때문이다.

| 도서명 | 늑대가 들려주는 아기돼지<br>삼형제 이야기 | 아기돼지 삼형제 |
|---|---|---|
| 지은이 | 존 셰스카 | |
| 탐구인물 | 1 늑대 | 2 늑대 |
| 도<br>표<br>화 | 상식적임 40 %<br>자상함 40 %<br>끈기 없고 지혜롭지 못함 20 % | 어리석음 40 %<br>포악함 40 %<br>끈기 20 % |
| 분석결과 | 자상하고 예의바르고<br>상식적이다 | 포악하고 어리석지만<br>끈기가 있다 |

위 인물들에 대한 의견

1 의 늑대는 할머니에게 케잌을 손수 만들어 줄 정도로 자상하고 할머니에 대한 악담에 화를 낼 줄 알고, 죽은 돼지를 버려두지 않는 아주 상식적인 늑대이다.

2 의 늑대는 아기돼지 삼형제를 잡아먹을 기회를 호시탐탐노리지만 본성 처럼 날쌔고 민첩하지 못하여 막내돼지에게 당하기만 하는 어리석음이 있다.

그렇지만 온몸의 털이 다 뽑힐 때까지 노력하는 끈기는 1 의 늑대가 본받을 만하다.

**3(등장인물과 학습자)**

| 도서명 | 동백꽃 | |
|---|---|---|
| 지은이 | 김유정 | |
| 탐구인물 | 점순이 | 나 |
| 도표화 | 배려심 15 / 의지력 55 / 당돌한 30 | 자만심 15 / 신뢰감 45 / 배려심 40 |
| 분석결과 | 당돌하고, 의지력이 강하며, 배려심이 있다. | 신뢰감이 많아 좋으나, 단점으로 보면 바보같다. 또, 배려심도 있으며, 자만심도 없잖아 있다. |

### 위 인물들에 대한 의견

점순이가 당돌하고 의지력이 강한 인물이라면 나는 당돌한 것과는 반대에, 의지력이 강하지 못해 항상 흐지부지한 인물이다.

배려심은 점순이나, 나나 똑같이 있다.

하지만, 점순이는 신뢰감이 적당하기에, 당돌하겠지만, 나는 신뢰감의 정도가 지나치다 보니, 단점으로 본다면 바보같은 면이 없잖아 있다.

점순이의 장점은 당돌하고 의지력이 강한 것인데, 단점으로 본다면, 잘난 척하거나, 이기적인 것으로 비칠 수 있다.

또, 그런 점 때문에 자존심이 더 강해질 수도 있고, 너무 나서서 다른 사람의 눈총을 받을 수도 있다.

나의 장점은 신뢰감이 많고, 배려심이 많다는 것이지만, 다른 방면에서 본다면, 자기표현이 흐지부지한 사람으로 보인다.

또, 강한 의지력이 없어, 상대가 나를 얕잡아 보기도 한다.

위의 장점들이 다른 방면에서 본다면, 단점으로 보이는 점도 없잖아 있다.

그래서 사람의 성격은 다른 사람이 보는 관점에서 달라지는 것 같다.

대성여중 1학년 황진아

# 인 물 비 교



남성중 2학년 권교희

| 탐구 대상 | 나쁜 어린이표의 전우 선생님 | 소희세 담임 선생님. |
|---|---|---|
| 비교 이유 | 전우 선생님과 우리 담임선생님의 인격·행동비교고 파 | |
| 노란스티커 두장 | 학교에 지각 하면 | 수행평가 강절시키고 끝고 교실 청소 |
| 떠들고보으면 운동장가서 떠들어 스티커두장 | 교실에서 떠들면 | 아! 임마 똔들고 있어 |
| 아주 나쁜 어린이 스티커 2장 | 친구들과 싸우면 | "너희들이 깡패니?" "싸우게" 권함 |
| 공부 못해도 좋으니 스티커 받게 행동하지 마라 | 시험 점수 나쁘면 | 공부 요따구로 할래! |
| 관범도 업을것 같음 | 머리 단정하지 못하면 | "학생이니? 아줌마니?" 대걸레 저루 마냥 해 가지고.. |
| 교실에서는 먹는거아니야 | 친구들과 맛난것 먹고 있으면 | 너희둘안 임이니? 공한쪽◯이라도 나눠먹어야지 |
| 앉아서 조용히 말해라 | 친구들과 웃으며 수다 떨면 | 시끄럽게 떠들지 말고 공부나해! |
| 전우 선생님은 초등학생들에게 변형한 기회를 주지 않고 나쁜 결과로 이어진다. 아이들에게는 우척이나 큰 상처일것이다 잘못하는 행동에 대해서 안희핫 기회도 주지 않고 우조건 적으로 스티커를 ◯남받하는 오래 못가설거다 | 분석 결과 및 나의 생각 | 중학생은 특히, 여학생은 꿈많은 쇼녀라 어른들앞요 낙엽만 궐러가도 웃는 나이 그 얼매나 찬란한가! 그런 변효무상향을 저버리는 우리 담임선생님 우넉하다고나 한까? 우리도 덜 만들어진 인격체 선생님도 초보라 우리가 보조고 이해하려련다. |

**5(등장인물의 별명)**

| 도 서 명 | 내게는 소리를 듣지 못하는 여동생이 있습니다. | 지 은 이 | J. W. 피터슨 |
|---|---|---|---|
| 등장인물 | 언  니 | 여  동  생 | |
| 인물의 성격 | 동생이 소리를 듣지 못함을 창피해하거나 부끄러워 하는 것이 아닌 특별하다고 말한다. 동생의 장점을 발견할 줄 안다 소통은 언어만으로 가능한게 아니라는 것을 알려준다. 옆에서 같이 놀아주며 보살펴 준다. | 동생은 말은 못하지만 느낌이나 눈빛으로 말을 듣고 있었다. 항상 활발하게 움직이며 의기 소침해 있지 않는다. | |
| 그의 인물됨을 잘 보여주는 일화나 사건을 간단히 요약해 보자 | 귀가 아픈건 아니야 하지만 사람들이 이해해 주지 않을 때, 마음이 아프단다. 음이 아주 아플거야<br><br>나는 친구들에게 내 동생 이야기를 해요<br><br>풀밭에 나가 사슴을 뒤쫓고 있어요 | 가까이에서 개가 짖는 걸 알아차리고 라디오를 손으로 만져보고 켜져 있는지 아닌지도 알 수 있다. 내 동생은 짝이랑 춤도 출 수 있고 깡충 뛰고 뱅글 돌고, 뒹굴 구르기를 좋아하고 그름 사다리 올라가는 것도 좋아해요 엄마의 선글라스를 끼고 말하는 언니에게 다가가 안경을 벗겨요. | |
| 그 인물에 어울리는 별명(이름) | 베개 | 천리향 | |
| 그렇게 지은 이유 | 나의 꿈을 높이는 엄마의 품같은 베개  동생도 언니가 엄마 못지않은 따뜻한 안식처가 아니었을까 싶다 작은 베개 하나로 온 세상을 베듯 눈을 감으면 열리는 포근하고 아늑한 안식처인거 같아서 지어본다 | 듣지는 못하지만 씩씩하게 건강한 웃음으로 살아가는 동생의 모습이 지켜보는이의 모든이들을 향기로 준다. 천리향은 향기가 천리를 간다고 한다. 동정을 받는 아이가 아닌 향기를 주는 아이라서 지어봤다. | |

| 도서명 | 나쁜 어린이표 | 지은이 | 황선미 |
|---|---|---|---|
| 등장인물 | 이건우 | 등장인물 | 선생님 |
| 인물의 성격은 어떤가? | 공평하게 대하지 않는 선생님께 혼날 때 마다 불만을 갖는 성격이다. | 인물의 성격은 어떤가? | 문제가 생기면 자세하게 알아보지 않고 공평하게 대하지 않는다. |
| 그의 인물 됨을 보여주는 사건을 알아보자. | 공평하게 판단하지 않는 선생님 때문에 기분이 상한 건우는 자신의 수첩에 나쁜 선생님표를 그려 놓고 스트레스를 해소 한다. | 그의 인물 됨을 보여주는 사건을 알아보자. | 지연이가 먼저 시비를 걸어서 지연이와 민철이가 싸웠을 때 민철이가 지연이를 울렸다고 민철이 에게만 나쁜 어린이표를 주었다. |
| 인물에게 어울리는 별명은? | 스트레스. | 인물에게 어울리는 별명은? | 불공평 |
| 별명을 그렇게 지은 까닭을 적어보자. | 선생님에 대해 기분이 상할 때마다 수첩에 나쁜 선생님표를 적어서 스트레스를 해소하기 때문이다. | 별명을 그렇게 지은 까닭을 적어보자. | 아이들에게 공평하게 대하지 않았기 때문이다. |

**7(등장인물과 닮은꼴)**  6 학년  이름: 김윤아.

| 생각을 나눠요 | 1. 책을 읽는 도중에 생겨나는 사람이나 동물, 식물 또는 사물을 말해보자. 2. 책 속의 등장 물과 비슷한 사람, 동·식물, 사물을 찾아보고 닮은 이유를 말해보자. | |
| --- | --- | --- |
| 도서명(지은이) | 우리들의 일그러진 영웅 | 대상 인물 | 엄석대 |

| 등장인물과 비슷한 사람, 동·식물, 사물? | 닮은꼴을 그림으로 나타내면? |
| --- | --- |

비슷한 사람 = 장발장(루소)
동·식물 = 하이에나, 끈끈이주걱
사물 = 담배.

장발장  하이에나  끈끈이주걱  담배

**등장인물과 닮은꼴인 이유를 작품에 보이는 인물의 외모, 성격, 행동, 속성 등과 비교하며 서술해 보자.**

| 장발장 이유 | 하이에나 이유 | 끈끈이주걱 이유 | 담배 이유 |
| --- | --- | --- | --- |
| 장발장과 석대가 닮은 이유는 장발장이 은수저 셋트를 훔치고 나서 신부가 선물로 줬다고 한것 같이 친구의 라이터를 빼앗고, 위험할까 봐라는 변명을 했기 때문에. | 하이에나는 사자 앞에서 잘보이는 척하다가 사자가 안볼때 잽싸게 먹이를 낚아 채는 것처럼 석대도 선생님 앞에서 잘보이다가 아이들의 시험지날건을 빼앗아서. | 끈끈이주걱은 버충을 먹어 좋게보여도 주걱에게 속아 먹히는 해충은 무척 슬프고, 속이쓰리것이다. 이처럼 석대도 선쌤님은 문제를 일으키는 학생처럼 좋을지 몰라도 억울하게 물건을뺏긴 친구는슬프니까 | 담배는 피는 사람은 필터로 조금이라도 덜 연기를 마시지만, 피는 사람이 마시면 더 안좋다. 피는사람은 선생님이고, 석대가 담배, 다른 사람은 아이들이 담배처럼 석대 때문에가 이들의 마음에 상처를 입혀서. |

| T E X T | 어린 임금의 눈물 | 지은이 | 이규희 | 대 상 | 초등 4년 |
|---|---|---|---|---|---|

| 생각을 나눠요 | 1. 책을 읽는 도중에 생각나는 사람이나 동물, 식물 또는 사물을 말해보자.<br><br>2. 책 속의 등장인물과 비슷한 사람, 동·식물, 사물을 찾아보고 닮은 이유를 말해보자. |
|---|---|
| 탐구 인물 | 단종, 수양대군외 |

| 단 종 | | 수 양 대 군 | |
|---|---|---|---|
| 흥부 | 소금 | 불량배 | 고슴도치 |
| 흥부는 놀부에게 버림을 받았다. 저처럼 단종도 수양대군에게 버림을 받았다. 그리고 둘다 착하다 둘 | 소금은 물을 부우면 녹아서 사라진다. 이처럼 단종도 17살때 스르르 사라진다. | 불량배는 자기 멋대로 하듯이 수양대군도 자기 멋대로 남의 것을 빼앗았다. | 고슴도치를 만지면 따갑다 이처럼 수양대군은 따가운 성격이다. |

| 성삼문, 박팽년, 이개, 유성원, 하위지, 유응부(사육신) | | 정인지, 신숙주, 한명회 | |
|---|---|---|---|
| 천사 | 여우비 | 먼지 | 회초리 |
| 천사는 하느님을 굳게 믿듯이 사육신들도 수양대군만 믿었다. | 여우비는 그 남자를 구하기 위해 죽었고 사육신들은 단종을 위해 죽었다 | 먼지는 이리저리 왔다갔다 떠돌아다니듯이처럼 정인지, 신숙주는 단종을 배신하고 수양대군에게 갔다. | 회초리로 맞으면 아프듯이 정인지, 신숙주, 한명회는 단종 마음을 아프게 했다. |

## (4) 인물재생

### ▪▪ 인물이력서

이력서는 한 사람이 살아 온 내력을 일정한 양식으로 표현하는 문서이다. 이름, 나이, 주소, 가족 관계, 학력 사항, 상벌 내역, 특기나 취미에 이르기까지 한 사람의 총체를 밝히는 데 널리 사용되고 있다. 작품의 인물 내력을 이력서 양식을 활용해서 탐구할 수 있다. 인물의 내력을 현실 인물의 이력과 같이 동일하게 설명할 수는 없지만, 작품의 배경이나 인물의 행동 또는 성향을 근거로 대략적인 이력서 작성은 가능하다.

나아가 인물의 자기소개서와 명함을 작성할 수 있다. 이력서와 함께, 특히 자기소개서를 작성함으로써 이력서에서 간략하게 보여준 인물의 내력을 구체적으로 탐구할 수 있다. 인물의 가족환경, 성장배경, 성격이나 교유관계, 가치관, 미래관 등을 작품의 내용에 기초하여 작성한다.

인물이력서와 인물소개서는 학습자의 이력서와 자기소개서 작성으로도 자연스럽게 연계가 가능하다. 학습자의 흥미를 유발할 수 있는 것은 물론 학습자가 자신을 성찰할 수 있는 계기를 제공한다.

## 도서명 : 마당을 나온 암탉

1

# 이 력 서

| (1) 성 명 | (2) 주민등록번호 | (3) 성별 | (4) 본 적: 닭장 | |
|---|---|---|---|---|
| 한글 : 잎싹<br>영문 : KoKio | ××-×××× | 여 | (5) 현주소: 저수지 주변 | |
| (6) 생활근거지 | 저수지 비탈 굴 | (7) 호주와의 관계  황선미 의 ( 자 ) | | |

| (8)<br>가<br>족<br>상<br>황 | 관계 | 성명 | 특징 | 직업 / 직장 / 직위 |
|---|---|---|---|---|
| | 자 | 초록머리 | 우렁찬 목소리, 빛나는 날개, 힘찬 날갯짓을 하는 잘생긴 청둥오리 | 어엿한 파수꾼이 되어 청둥오리 무리를 지킴 |

| (9)<br>나<br>의<br>일<br>대<br>기 | 특    징 |
|---|---|
| | 난용종 암탉으로 태어남 |
| | 바람과 햇빛을 한껏 빨아드리고, 떨어진 뒤에는 썩어서 기름이 되고 결국 향기로운 꽃을 피워내는 아카시아 나무의 잎사귀처럼 먼가를 하고 싶어 이름을 '잎싹' 이라 지음 |
| | 알을 품어 병아리의 탄생을 보겠다는 소망을 가지고 양계장과 마당을 나옴. |
| | 청둥오리 친구 '나그네'와의 진한 우정을 나누며 그의 알을 품어 태어난 아기오리를  힘겨운 상황 속에서 사랑으로 친자식처럼 키움. |
| | 자식을 위해 그를 청둥오리의 무리로 떠나보냄 |
| | 힘들고 어려운 삶이었지만 늘 희망을 가지고 사는 나는 보람 있었고, 행복함 |

| (10) 나의 취미 | 골똘히 생각에 잠기기 | (12)<br>상<br>별 | 년 월 일 | 종       류 |
|---|---|---|---|---|
| (11) 나의 특기 | 항상 꿈과 희망을 가지고 그걸 이루기 위해 노력하는 인내를 가짐 | | 2004. 5 | 희망상 |
| | | | 2003. 10 | 훌륭한 어머니 상 |

| (13) 비 고 | |
|---|---|
| 모두 나의 꿈을 가지고 있나요?<br> 혹시, 남편과 아이의 꿈이 내 꿈이 되어버리지는 않으셨는지요!<br> 저처럼 매일매일 똑같은 하루가 싫다면 새로운 꿈을 가지고 그 꿈을 이루기 위해 노력해 보세요. 몸은 바쁘고 힘들지만 보람을 느낀답니다.<br> 모두 내일은 오늘보다 더 나은 날이 되어 보자구요! | 위의 기재한 사항은 사실과 틀림이 없음<br><br> 서기   2004 년 11 월 16 일<br><br><br> 성명        잎 싹   ㉑ |

2

| 성 명 | (한글) 늑대<br>(영문) Wolf | 연 령 | 케익을 스스로 만들 수 있는 적정 연령 | |
|---|---|---|---|---|
| 주 소 | 아기 돼지 3형제와 가까운 곳에 살고 있음. | 가족사항 | | 할머니 한 분 |
| 취 미 | 요리하기(케익 만들기) | | | |
| 특 기 | 그때 그때 분위기에 맞는 케익 만들기 | | | |
| 성장과정 | 할머니와 쭉 오랜기간 살다가 독립했음. | | | |
| 좌 우 명 | 예의 바른 생활을 하자 | | | |
| 자기소개서 | 성장과정 | 어려서부터 할머니와 살았고 예의를 무척 중요하게 생각하신 분이라 여러가지 생활예절 및 요리법을 배우며 성장하였습니다. 또한 몸에 벤 근검절약 정신으로 음식물을 귀하게 여겨 아주 적은 음식물도 쓰레기로 만들지 않도록 지도 받았습니다. | | |
| | 장·단점 | 평소엔 예의 바르고 차분한 성격이지만 과도한 자극을 받으면 주체 못하는 과격한 본성이 그대로 드러나 많은 오해를 받기도 합니다. | | |
| 특별히 하고 싶은 말 | 일반적으로 많이 알고 있는 늑대의 모습은 난폭하고 피도 눈물도 없는 냉혈동물이라고 생각하고 있으시겠지만 저 뿐만 아니라 그렇지 않은 늑대도 있으리라 생각됩니다. 겉 모습과 일반적인 편견으로 싸잡아 넘겨짚지 마시고 한번 더 미루어 생각하는 넉넉한 마음으로 바라봐 주시길 바랍니다. | | | |

제출일자 2005.05.17

### 짱뚱이의 나의 살던 고향은 - 오진희

<자기 소개서>

제 이름은 짱뚱이입니다.
제 이름이 왜 짱뚱인지 아세요?
짱뚱이는 눈이 툭 뒤어 나오고, 입은
엄청 크고… 지지리도 못생긴 물고기
인디… 짱뚱이처럼 개펄에서 이리 펄쩍
저리 펄쩍 뛰어 다니라고 지어 주셨당
께요. 딸딸딸딸 중에 머스매 같이 행동
하라고 짱뚱이가 되었지라.
저는 모험심도 많지만 겁도 많고요, 어떨
때는 귀엽고 깜찍 하기도 하답니다.
봄이면 작은 산등성이에서 진달래 꽃잎
도 따 먹고요, 목 마르면 손으로 시냇물
을 떠서 먹기도 해요.

여름엔 등판이 새까맣게 타서 벗겨지도록 냇가에서 헤엄치고, 고기 잡고, 배
가 고파지면 냇가 근처에서 참외 서리, 수박 서리도 해요. 그리고 우리 고향
은 5일장이 서요. 5일장이 서는 날이면 담배 가게 앞 정류장에는 장에 가려
는 동네 사람들로 북쩍 거려요. 버스가 오고, 버스 안은 온통 안부를 묻는
소리, 소문을 확인하는 소리로 와글와글 시끌벅적 해요. 옥수수 한 바가지에
장작 두 개와 20원을 들고 튀밥 튀기는 할아버지 한테 가면 벌써 깡통이 줄
을 지어 놓여 있어요. 한참을 기다려야 할 것 같아요. 하나,둘,셋 뻥 ———
어때요? 저와 함께 넉넉하지는 않았지만 푸근하고 사람냄새 물씬 풍기는 고
향의 향취를 느껴 보지 않으실래요!

## 2 << 자기소개서 >>

저의 성은 아이고, 이름은 지똥입니다. 저는 놀부도다도 더 못된다는 돌이네 집 흰 둥이 아버지로부터 태어났습니다. 저의 아버지는 강아지셨지만, 저를 예쁘게 돌봐주시려했습니다. 하지만, 돌이네 집에서 저를 그대로 방치하였습니다. 그래도 이렇게 꿋꿋이 이겨냈습니다. 참새가 날라와 쪼아보기도 하고, 흙덩이가 와서 저를 놀리기도 하였지만 저는 이겨냈습니다. 이것이 저의 장점입니다. 어떠한 어려움에도 절대로 지지 않는 강한 마음을 지니고 있습니다. 저는 꼭 이 회사에 들어 가고 싶습니다. 들레키움닷컴은 저의 꿈이자 희망이었습니다. 들레키움닷컴에서 충성을 다하면서 열심히 할 각오가 되어있습니다. 또다른 저의 장점은 끈기가 매우 많다는 점입니다. 한 곳에 몸바쳐서 열심히 하겠습니다.

.....

# 내친구 명함 만들기

1

정종철
<옥동자>
* 전화 : XXX - XXXX
*e-mail: ~~~~~~~~~
*집주소 : 청주시 상당구---
외롭거나, 우울할때 내친구를
찾으세요. 내친구는 웃음보따리를
가지고 있어 잘 츠겨줘서 볼때마다
웃게해주거든요 ^^

2

magical Land
은항이
주소: 하늘나라
부르는 방법: '항아, 힘들어.' 한 마디
하는일: 천상계의 도우미로, 인간을 도와주는
      선녀.
-롱취 팔취 中-
Elisha Han
한 화정

　인물찾기는 인물에 대해 탐구한 결과를 신문이나 잡지 또는 유인물 등의 사람 찾는 광고 형식으로 표현하는 활동이다. 신문이나 잡지 또는 사람 찾는 광고(흔히 미아찾기 광고)의 특성은 제한된 지면에 특정한 인물을 가장 집약적으로 표현하고 있다는 점이다. 따라서 사람 찾기 광고 형식을 빌어 인물을 찾는다는 가정에서 인물의 특징적인 요소를 집약적으로 표현할 수 있다. 인물의 그림이나 사진과 함께 이름, 나이, 외형, 성격 등을 작품 속 다른 인물의 말을 빌어 표현하는 활동을 통해 인물을 다시 한 번 탐구할 수 있다.

《어? 여기에도 없네》 등장인물 소개  1

" 사람을 찾습니다."

# 돌아와라 우영아~!



이름 : 우영이

나이 : 7세

특징 : 볼 살어 통통하고, 쌍꺼풀이 없는 큰 눈에, 햇볕에 그을린 피부. 입술주변에 작은 흉터가 있음.

실종당시 인상착의 : 흰색 티셔츠에, 청바지, 파란 운동화 신발

실종지역 : 충북 청주시 흥덕구 개신동

실종당시 상황 : 실종 어린이는 자신이 가지고 놀던 놀이감과 장난감을 정리하지 않자, 어머니께 꾸중을 듣고난 후, 집을 나가서 몇시간째 연락 두절.

# 우리 우영이 꼭 찾아주세요!

우리 우영이를 보셨거나, 보호하고 계신 분은, 아래로 연락 주시면, 정리하는 습관을 기르는 비법을 전수해 드리겠습니다.

연락처 : 043- 268 - 0118 또는  016- 662 - 0000

2

# "어린 임금을 찾습니다"

☆ 성 명 : 단종 임금 ( 본명 홍위 )
☆ 나 이 : 열일곱 (17세)
☆ 가 족 : 궁의 모든 신하들, 대신들과 왕비,
그 밖에도 이 나라의 모든 백성들이 어린 단종
임금님의 소중한 가족들이다.
☆ 찾는 사람 : 숙부와 왕비, 경혜 누이와 궁의 대신들.
☆ 특 징 : 아직 어리광을 부리고, 엄살을 부릴
어린 나이이므로 책임감이 부족하고 겁이 많아
임금이 되기에는 턱 없이 부족해 보이지만,
주변 사람들에게 정이 많고 나 자신보다 남을 먼저
생각할 줄 아는 마음씨가 따뜻한 성군과 다름이 없다.
할아버지와 아버지, 어머니를 모두 잃은 슬픔은 너무나도 안타깝지만 스스로 잘
헤쳐나가며, 비록 숙부에게 자리를 빼앗겼지만, 자기 자신을 지키고 생각할 줄
안다. 슬픔에 잠겨 있는 듯한 눈, 외로워 보이고 쓸쓸해 보이는 뒷모습, 좋지 않은
얼굴빛은 그 동안 어렵고 힘든 일을 많이 겪었음을 보여 준다.

– 지난 일을 돌이켜 보며 –
내가 어린 조카에게 너무 심한 고통을 주었구나.. 너무 미안하다. 지금 다시 그 때의 일을 돌
이켜 생각해 보면 그 때 내가 너무 나빴던 것 같다. 이제 와서 후회를 해 보지만 너무 늦
었고, 너는 어디에 있는지 행방조차 알 수 없다니, 나의 죄책감이 너무 크다. 나는 나의 죄
책감 때문에 잠을 잘 수가 없단다. 너의 왕비와 경혜 누이, 그리고 온 나라의 백성들이 너
를 기다리고 있단다. 홍위야 ! 빨리 돌아와 주려무나. 그리고 제발 나를 용서해주렴. 나를 용
서하고 우리 새로운 세상에서 함께 나랏일을 꾸리자꾸나. 꼭 돌아오렴~!!!!!
-용서를 빌며, 수양 숙부가-

## 우리 단종 임금님을 꼭 찾아주세요!

어린 단종 임금님을 찾는 사람은 신분에 상관없이 높은 벼슬을 주며, 궐
구경도 시켜줍니다. 또한 어린 단종 임금님의 동무가 될 수 있습니다.
단종 임금님을 보시면 ☎043-237-9010으로 연락해 주시기 바랍니다. ^^

이 앵무새를
찾습니다!!!

이름: 일순이

특징: 눈밑의 빨간 반점

2007년 1월 23일 오전 10시경에 사라져버린
일순이를 찾습니다. 요즘 사춘기에 접어들어서
자주 가출을 하는데 저녁만 되면 돌아오던
일순이가 아직까지 돌아오지않고 있습니다.

주위에서 일순이를 본 분은 아래의 번호로
연락 주시기 바랍니다.
TEL : 010 - 123 - 4567

서사 양식으로서 소설과 서정 양식으로서 시는 전언(傳言)의 방법이 상이하다. 그러나 전달하고자 하는 목적, 즉 주제는 동일할 수가 있다. 소설을 통해서나 시를 통해서나 학습자는 인물의 감정에 이입이 가능하다. 학습자가 어떤 인물이나 사건에 감정이 이입되었다면 그것을 다른 장르로 환원 내지 등치시킬 수 있다. 주로 소설 양식을 시의 양식으로 환원 내치 등치시키는 활동이 일반적인데 이를 '인물시화전'이라고 할 수 있다.

활동 방법으로 인물의 감정과 비슷한 시(동시·대중가요 가사) 탐색하기, 인물에게 바치는 시 창작 및 패러디하기, 인물의 입장에서 시 창작하기 등이 있다. 인물의 감정과 비슷한 시 탐색하기는 인물의 감정을 이해하고 공감하는 바탕에서 인물의 감정과 심리를 대변할 수 있는 시나 동시 또는 대중가요의 가사를 찾아 접목하는 활동이다. 인물에게 바치는 시 창작 및 패러디하기는 가장 인상 깊은 인물에게 학습자가 직접 시를 창작하거나 기존의 시나 대중가요의 가사를 패러디하는 활동이다. 어떤 인물에게 깊은 인상을 받았다면 주저하지 말고 시를 창작하는 것이 효과적이지만, 기존의 시나 대중가요의 가사를 인물의 성향과 연계하여 패러디하는 것도 무방하다. 인물의 입장에서 시 창작하기는 학습자가 인물의 감정에 이입하여 그의 입장에서 시를 직접 창작하는 활동이다. 인물에 자신을 대입함으로써 인물에 대한 공감의 폭을 넓힐 수 있으며 창조적인 참여를 유도할 수 있다는 점에서 시도할 만하다.

| 도서명 | 내 짝꿍 최영대 | 대상인물 | 최영대 |
|---|---|---|---|

## 나처럼   행복했으면   좋겠습니다

염원정

비를 머금은 회색 아침
공원을 산책하던 중
잔디밭을 걷고 있는
까치 한 마리를 만났지요.
반가운 마음에
까치야 하고 불렀는데
까치는 황급히

어디론가 날아가 버렸어요.

아! 까치는 까치이면서도
정작 자기가 까치인 것을
모르고 있었어요.

두 날개를 펼치고 날면서도
나는 것이 무엇인가 모르는 채
날고 있는지도 모르죠.

그런데 문득
그들도 나를 불렀을지 모른다는,
공원을 산책하는 나를 보고
내가 그들을 불렀듯이
그들도 나를 불렀는지도 모른다는
생각이 들었어요.

내가 까치야 하고 불렀듯이
까치도 나를 불렀는데
내가 못 알아 들었을지도 모른다는...
나는 그들에게 무엇으로 불리는지는 모르고.
그들은 나에게 무엇으로 불리는지도 모르고
서로를 불렀을지 모른다는 생각을 해 봤습니
다.

그러나 내겐
내가 언제라도 부르면
반가이 대답해 주는
나를 설레게 하는 목소리가 있습니다.
그래서 난 행복합니다.

모두들 나처럼 행복했으면 좋겠습니다.

**2(등장인물의 감정과 비슷한 시 탐색)**

## 〔사랑 손님과 어머니〕

등장 인물과 닮은 꼴-드라마에서 찾기

겨울연가

### 나 그렇게 당신을 사랑합니다

한용운

사랑하는 사람 앞에서는
사랑한다는 말을 안 합니다.
아니하는 것이 아니라
못하는 것이 사랑의 진실입니다.

잊어버려야 하겠다는 말은
잊을 수 없다는 말입니다.
정말 잊고 싶을 때는 말이 없습니다.

헤어질 때 돌아보지 않는 것은
너무 헤어지기 싫기 때문입니다.

그것은 헤어지는 것이 아니라
같이 있다는 말입니다.

사랑하는 사람 앞에서 웃는 것은
그만큼 행복하다는 말입니다.

떠날 때 울면 잊지 못하는 증거요
뛰다가 가로등에 기대어 울면
오로지 당신만을 사랑한다는 증거입니다.

잠시라도 같이 있음을 기뻐하고
애처롭기까지 만한 사랑을 할 수 있음에 감사하고

주기만 하는 사랑이라 지치지 말고
더 많이 줄 수 없음을 아파하고

남과 함께 즐거워한다고 질투하지 않고
그의 기쁨이라 여겨 함께 기뻐할 줄 알고

깨끗한 사랑으로 오래 기억할 수 있는
나 당신을 그렇게 사랑합니다.

"나 그렇게 당신을 사랑합니다..."

한솔학교 1 학년 1 반 15 번 이름 : 장주연

| 생각을 나눠요. | 1. 책을 읽는 중이나 읽은 후에 인상 깊은 등장 인물에 대해 생각해 보자.<br>2. 자신이 등장 인물이 되어 그 감정을 시로 나타내거나 등장 인물에게 바치는 시를 직접 짓고 어울리는 그림을 그린후 낭송해 보자. |
| --- | --- |

| 도서명 ( 지은이 ). | 돼지책 (엔서니 브라운) | 대상 인물. | 아빠 |
| --- | --- | --- | --- |

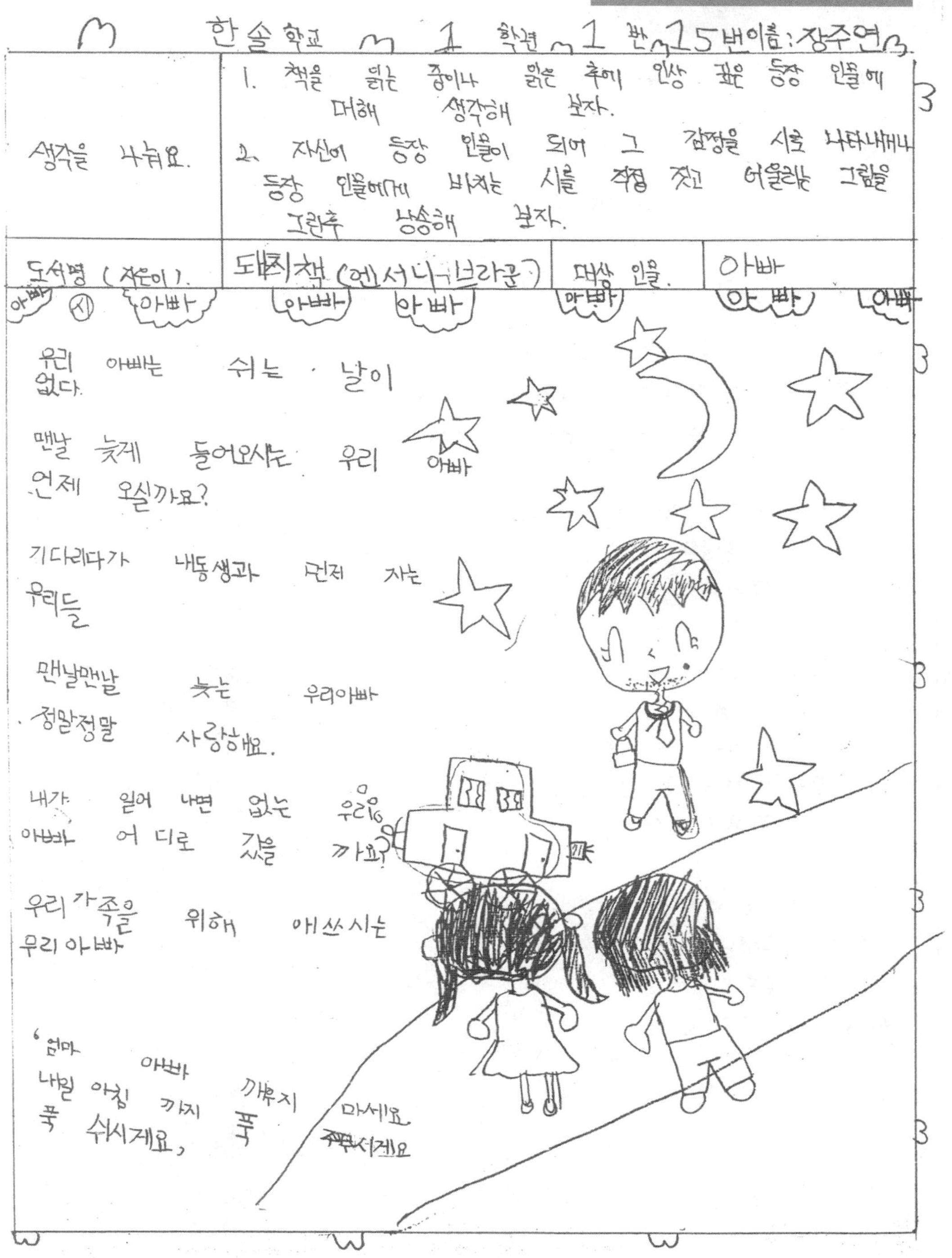

4(등장인물에게 바치는 시 창작)

| 도서명 | 나쁜 어린이표 | 대상 인물 | 선생님 |
|---|---|---|---|

선생님

곽 나은

안경 낀 우리 선생님
안경너머 선생님의 눈 속에는
우리들의 마음까지 보이나 보다.

안경을 정성스레 닦으시는
선생님의 모습이
엄숙해 보인다.

안경알보다
더 밝고 더 맑은
우리를 키우시기 위해
우리를 가르치는 선생님
왜 그렇게도 무서운지……

그렇게 무섭던 선생님이
안경을 벗으시니
오늘만은 왠지
사랑이 듬뿍 느껴진다.

마해송의 바위나리와 아기 별을 박인환의 목마와 숙녀에 개작함

5(등장인물에게<br>바치는 시 패러디)

한 잔의 물을 마시고
우리는 남쪽 나라 바위나리의 생애와
바람을 타고 떠난 아기 별의 슬픈 사연을 이야기한다.
아기 별은 바위나리를 버리고 거저 울음 소리만 울리며
하늘나라로 떠났다. 눈에서 눈물이 떨어진다.
상심한 아기 별은 바위나리 가슴에 슬프게 남겨진다.
그러한 잠시 아기 별이 알던 바위나리는
바닷가의 모래 벌판 옆에서 자라고
풀잎이 죽고 나뭇잎이 죽고
날으는 새조차 애증의 그림자를 버릴 때
바위나리를 떠난 사랑의 별은 보이지 않는다.
세월은 가고 오는 것
한때는 고립을 피하여 시들어 가고
이제 우리는 작별 해야만 했다.
눈물이 바람에 쓰러지는 소리를 들으며
죽어가는 바위나리의 슬픔을 바라다 보아야 한다.

**6(등장인물의 입장에서 시 창작)**

은성 ♡ 김봉순

| 생각을 나눠요 | 1. 책을 읽는 중이나 읽은 후에 인상 깊은 등장인물에 대해 생각해 보자.<br>2. 자신이 등장인물이 되어 그 감정을 시로 나타내거나 등장인물에게 바치는 시를 직접 짓고 어울리는 그림을 그린 후 낭송해 보자. |
|---|---|
| 도서명(지은이) | 내게는 소리를 듣지 못하는 여동생이 있습니다 |

대상인물 : 언니

언니가 무슨 생각을 하는지

언니가 무슨 생각을 하는지
코 밑에 입술을 바라본다

언니가 무슨 생각을 하는지
천천히 손을 만져 본다

언니가 무슨 생각을 하는지
새까만 안경을 벗겨본다

갈색 눈에서 반짝이는 웃음
알았다 알았어

언니도 날 좋아 한다는 걸
눈빛으로 알아 차린다

나무가 무슨 생각을 하는지

유경환

나무가 무슨 생각을 하는지
가까이 귀를 대 본다.

나무가 무슨 생각을 하는지
살며시 손을 대 본다.

나무가 무슨 생각을 하는지
팔을 돌려 안아본다.

깜박이는 눈썹에 머오른 웃음
"알았다, 알았어..."

나무도 날 좋아한다는 걸
나무냄새로 알아차린다.

| 과　정 | | 도　서　명 | '꽃들에게 희망을' 트리나 포올러스 |
| --- | --- | --- | --- |
| 과제명 | 인물 시화전 | 제출일 | 2007년 5월 31일 |
| 책읽은사람 | 청주 남 중학교 권오철 | 제출자 | 이 인 숙 |

과제명 : 인물시화전 - 내가 인물(졸우녀 나비)의 입장에서 시 창작하기

꽃들에게 희망을 -.

이른아침  달콤한 이슬을 마시고
향긋한 풀잎을 먹으며
세상을  바라보았습니다.

끝도 보이지 않는 기둥을 오르다
내 삶의 의미를 찾았습니다.
하늘을 온통 닮은듯한 눈망울
그 속에서 나는 변하고 있었습니다.

기어서, 죽을힘을 다해 기어서 올라도
못보던 그 세지의 끝을
투명한 날개 팔랑이며

사뿐히 날아올라  란 눈에 보았습니다.

내 삶은 나만의 행복을 위해 있지 않음을
꽃잎을 흔들며, 투명한 향기를 날리며
나비의 더듬이른 유혹하는 꽃들의 몸짓에서 안았습니다.

세상을 밝히기 위한 꽃들의 희망.
너른 들에 홀로 핀 작은 꽃에게도
나비의 날개짓은  희망이고 꿈입니다.
나는 꽃들에게 희망을 전도하는 나비입니다.

다큐멘터리는 역사적·사회적 사건을 허구적인 요소 없이 표현하는 기록물이다. 다큐멘터리는 실제 사건이나 기록을 중심으로 현실을 새로운 각도에서 추적하고 그것에 어울리는 새로운 표현 방식을 구현하여 전달하는 특성이 있다. 마찬가지로 작품의 사건을 새로운 표현 방식을 빌어 현실과 접목시키는 활동이 가능하다. 작품에 형상화된 어떤 인물의 일대기를 전기문 형태로 쓰거나 TV다큐멘터리 형식으로 재구성하는 활동을 '인물다큐멘터리'라고 할 수 있다.

활동 방법으로 인물이 주는 교훈에 초점을 맞추어 그가 성공할 수 있었던 다섯 가지 이유, 그가 역사에 이름을 남길만한 다섯 가지 이유, 그가 존경받아야 할 다섯 가지 이유, 그가 비난받아야 할 다섯 가지 이유 등으로 스토리 대본을 작성할 수 있다. 이때 인물을 평가하는 근거로서 작품 속의 일화나 사건, 대화 등을 요약하여 설명을 덧붙인다. 어떤 유형의 활동이든 작품에 제시된 인물의 성격을 충실히 반영한다. 그리고 인물과 직·간접적으로 관련이 있는 일화나 사건 대화 등을 토대로 인물의 성격과 행동양식 등을 탐구 또는 유추한다.

1

# 「홍길동」이 벌을 받아야 하는 다섯 가지 이유

| 도서명 | 홍길동전 | 대상인물 | 홍길동 |
|---|---|---|---|
| 내 용 | 소설속 홍길동의 행동은 읽는 사람들의 가슴을 후련하게 해주는 의적이지만, 현재진행형이란 가정하에서 보면 분명 법을 위반한 범법자의 조건을 가지고 있다. 아무리 훌륭한 행위라도 수단이 옳바르지 못하면 정당화 될 수 없다는 관점에서 다음의 몇 가지를 지적할 수 있을 것이다.<br>"악법도 법이다." – 소크라테스 – | | |

| 죄 명 | 상 황 | 적 용 |
|---|---|---|
| 살 인 | ◦ 홍판서의 첩 초랑의 사주를 받고 길동을 죽이려던 자객과 관상쟁이를 죽임 | ◦ 형법 제250조<br>– 사람을 살해한 자는 사형, 무기 또는 5년 이상의 징역<br>※ 정당방위가 부분 인정되고 미성년자 (당시 나이 11세)인점 정상참작 가능 |
| 범죄단체 구성 | ◦ 길동이 도적의 무리들을 모아 활빈당을 조직하고 두령이 됨 | ◦ 특정범죄가중처벌등에 관한 법률 제8조의5<br>– 타인의 재물을 절취할 목적으로 집단을 구성한자는 수괴 사형, 무기 또는 10년 이상의 징역 |
| 특수강도 | ◦ 활빈당을 동원하여 함경도 감영에서 무기 탈취 등 관공서와 부자집 강탈 | ◦ 형법 제334조 2항<br>– 흉기를 휴대하거나 2인이상이 합동하여 범죄를 한 경우 5년 이상의 징역 |
| 공무집행 방해 | ◦ 길동과 활빈당을 잡으려는 군사들을 혼내주고 여덟명의 길동을 만들어 수사에 혼란을 줌 | ◦ 형법 제136조 1항<br>– 공무를 집행하는 공무원에게 폭행, 또는 협박한 자는 5년이하의 징역 또는 천만원 이하의 벌금 |
| 전쟁범죄 | ◦ 특별한 사유없이 무력을 동원, 율도국과 전쟁을 일으켜 강점함. | ◦ 국제법상 침략전쟁을 개시한 자에 대한 형벌조항이 있지만 역사 이래 승리한 자가 전범으로 처벌받은 사례가 없기 때문에 무죄 예상(최고 사형 가능) |

※ 반국가단체를 조직하여 관공서의 무기 약탈 등 사회질서를 혼란스럽게 한 점에 대하여는 형법상의 내란죄 및 국가보안법상 반국가단체 구성죄 등 적용 가능

**2**

# 인물 다시 쓰기 _ 전기문이나 인물 다큐 대본 쓰기

(우리나라 최초의 여성 변호사 이태영을 읽고)

## ♣ 그녀가 성공할 수 있었던 이유
① 여자 아이라도 공부를 하고 싶어하면 끝까지 공부를 시킨 어머니(24쪽)
② 꿈을 심어주며 새 책을 자주 사준 큰 오빠 (30쪽), (44쪽)
③ 아내의 공부를 위해 방까지 따로 마련해준 남편 정일형(104쪽)
④ 고난을 이겨내고 꿈을 이룬 이태영의 투혼(80쪽, 84쪽, 93쪽 등)

## ♣ 그녀가 역사에 이름을 남길 만한 이유
① 제 목소리를 내지 못하는 여성들 편에 서서 무료 법률 상담을 해줌(107쪽~110쪽)
② 시장이나 가난한 사람들이 모여 사는 곳을 찾아 다니며 상담해 주는 '이동 무료 법률 상담'활동을 시작(112쪽)
③ 1956년부터 가족법 개정 운동을 본격적으로 시작 - "집안의 주인은 아버지나 아들이어야 하고 ~우리가 잘못된 법을 고치고 여성들을 해방시킵시다(123쪽~124쪽)
  37년이라는 길고 긴 시간과 싸워서 1989년 12월 세 번째로 가족법이 개정되면서 현재의 가족법이 되었다.(128쪽)
④ 남녀차별을 뚫고 여성 인권을 위해 살았거나, 남성만의 직업이었던 것에 최초로 도전해 여성 사회 진출의 기폭제가 되었다.(14쪽), (18쪽)
⑤ 애국자의 본보기이다(31~36쪽)
⑥ 민주화 운동 등에 헌신(145쪽), 정치인 김대중에게 거침없이 싫은 소리를 할 수 있는 몇 안되는 사람중의 하나였다고도 함

## 4. 텍스트 확장 전략

### 1) 보태쓰기

작가는 작품을 쓸 때 독자를 고려하여 자신의 언어, 사전지식, 경험 등을 활용한다. 독자 또한 작품을 읽는 과정에서 자신의 언어, 사전지식, 경험 등을 끌어온다. 작품이 작가에 의한 개성적인 창조의 결실이라면, 작품의 감상은 독자의 개성적인 재창조라고 할 수 있다. 보태쓰기를 통해 학습자가 작가의 위치에서 작품의 의미를 재창조할 수 있다.

#### (1) 세부묘사

창의적 읽기는 작품을 읽는 과정에서 계속적으로 의미를 재구성하는 학습자의 역동적인 행위를 강조한다. '학습자의 역동적인 행위'란 작품의 내용을 분석, 비판, 창조하는 활동을 말한다. 작품을 단순히 감상하는 차원에 머물지 않고 독자적인 세계를 펼쳐 보이고자 하는 욕구에서 출발하여 창작으로 나아가는 것이다. 작품의 기본 틀은 유지하면서 점진적으로 이야기를 덧붙여 나가는 세부묘사를 통해 이야기의 문법에 익숙해지면서 단순한 감상의 입장에서 창작의 단계까지 발전해 나갈 수 있다.

활동 방법으로 인물의 외양을 유추하여 묘사하기, 사건이나 배경을 더욱 세부적으로 묘사하기 등이 있다. 예컨대 <내 짝꿍 최영대>에서 삽화를 근거로 영대의 불우한 환경이나 외로움을 더욱 자세하게 묘사한다거나, <토끼와 거북이>에서 자만에 빠진 토끼가 거북이한테 지고 나서 느꼈을 만한 감정을 대신 써보는 활동을 통해 인물의 심리나 작품의 주제를 통찰할 수 있다.

**1 책 제목 : 책 먹는 여우**

이제 여우 아저씨에겐 물과 빵밖에 없었어요. 읽을 거라고는 아무것도 없었어요. 아무튼 여우 아저씨에겐 읽을 것은 전혀 주지 않았어요. 독서 절대 금지라는 벌이 내려졌거든요.
'이건 옛날 옛적에나 썼던 잔인한 방법이로군.'
여우 아저씨는 생각했어요.
'난 사흘하고 반나절도 더 살지 못할 거야.'
꼭 그럴 것만 같았어요.

여우 아저씨는 어떻게 해야 할지 곰곰이 생각했어요.
사흘 하고 반나절만 살고 말건지, 아니면 책을 대신해서 먹을 만한 것을 찾을 것인지 고민을 했지요. 밤새도록 고민을 하다가 잠이든 여우 아저씨는 다음날 아침 식사시간이 되어서야 고민을 해결 할 수 있었어요. 식사시간에 들어온 물과 빵에 눈이 갔던 것이지요.
배는 고팠지만 그 물과 빵을 먹고 싶지는 않았지요.
하지만 여우는 생각을 바꾸기로 했어요.
'내가 여기서 죽을 수는 없지, 저거라도 먹고 버텨야지.'
생각을 바꾸고 나니 그래도 기분이 훨씬 가뿐 해졌어요
어느새 물과 빵은 여우 앞에 놓여져 있었지요. 우선 물을 한 모금 마셔 보았어요. 예상대로 물은 아무 맛도 없었어요. 하지만 목을 촉촉하게 해 주는 것이 좋았어요.
이번에는 빵을 한입 베어 물었어요. 의외로 빵은 고소했어요. 어느새 오물거리던 입은 먹을 것을 더 달라고 난리였어요. 어느새 여우 아저씨는 빵과 물을 다 먹어버렸어요

이렇게 고픈 배를 채우긴 했지만 여우 아저씨는 여전히 괴롭고 힘들었어요. 그런데 문득 기가 막힌 아이디어가 떠올랐어요.
여우 아저씨는 교도관 빛나리 씨를 꾀였어요. 이제껏 책에서 읽은 온갖 듣기 좋은 말을 다 했지요. 교도관은 감옥에서 일하며 죄수를 돌보는 사람이지요. 그래서 종이와 연필을 얻는데 성공했어요. 여우 아저씨는 밤낮없이 종이에 글을 썼어요. 마치 연필에서 생각이 줄줄 흘러나오는 것만 같았어요

| 도서명 | 동백꽃 | 지은이 | 김유정 | 2 |
| 덧 붙여 쓴<br>부분(장면) | | 점순이가 어머니께 변명을 대는 장면 | | |

점순이가 겁을 잔뜩 집어먹고 꽃 밑을 살금살금 기어서 산으로 치빼지 않을 수 없었다.

'휴, 어쩐다.. 어떻게 말을 하나..'

"점순아, 어딜 갔다 오냐? 닭장 가서 달걀 좀 갖고 와라. 오늘은 계란 좀 먹어보자."

"예.."

"뭘 꾸물거려. 어여 갔고 와!"

어떡해야 할지 모르는 점순이의 행동에 답답한 나머지, 점순이의 어머니는 닭장에 닭이 죽은 것을 보고야 말았다.

"닭이 왜 죽었냐?"

"......."

"말을 해야 알지 말 좀 해봐!"

"그.. 닭끼리 쌈질을 붙여놓다가 그만.."

"으이구, 으이구 아주 잘했다. 그래 이왕 이렇게 된 거 그냥 삶아먹자 얼른 물 길러 오거라"

"예.."

점순이는 불똥 튈까 무서워 얼른 물을 길러 갔다.

나는 미안한 마음에 말도 못하고 물 길러 주는 것을 도와주었다.

점순이는 그것에 기분이 좋은지 피식 웃으며 물을 길러오는데, 어머니의 모습이 보이자, 언제 그랬냐는 듯이 눈치를 보았다.

어머니는 아직도 화가 안 가라앉았는지, 호되게 야단 칠 준비를 하고 있었다.

점순이는 재빨리 눈치를 살피다가 물로 닭을 씻어낸다.

어머니는 닭을 보고선, 에구.. 요것도 못해먹겠구만 하고 한숨을 지어냈다.

점순이는 몰래 집을 빠져나와 나한테 조건을 내거는데, 그 조건이 참으로 웃기다.

조건 중 하나를 보자면, 부모님 없을 때에는 아는 척 하고, 궂은 일 도와주기이다. 나는 코웃음을 치다가, 점순이가 약점을 잡자 그대로 혜버린다고 굳게 약속을 혜버린다.

대성여중 1학년 황진아

### 3 《어? 여기에도 없네》

| 생 각 키우기 | 1. 책을 읽는 도중에 작가가 자세히 제시하지 않는 부분을 찾아 덧붙일 내용을 상상해 본다.<br>2. 글의 흐름과 등장인물의 성격에 맞게 덧붙이는 글을 써 본다. |
|---|---|
| 도서명 | 어! 여기에도 없네 |
| 출판사 | 전인출판 |
| 방법 | 글을 읽는 도중에 사건의 전개 과정을 상상하여 부분적으로 내용을 바꾸어 써 본다. |
| 내 용 | "우영이는 어디가 아파서 왔니?"<br><br>"열이 많이 나고, 머리가 아파서 왔어요."<br><br>"그래? 많이 힘든가 보구나!  어디 선생님이 진찰을 해볼까?<br>어? 이상하네. 분명히 여기에다 둔 것 같은데...."<br>의사선생님께서는 책상을 여기 저기 찾아보시다가, 간호사 선생님께<br>"혹시, 제 청진기 못 보셨나요?"하고 여쭈어 보셨어요.<br><br>그러자 간호사 선생님께서는 "예, 기억이 나질 않아요. 의사선생님!<br>그런데, 제가 쓰는 주사기 보관함을 들고 다니다가 내려놓았는데,<br>어디에 놓았는지 모르겠어요. 혹시, 진찰실에 없나요?"<br><br>의사 선생님과, 간호사 선생님은 진찰실과, 주사실, 보관실로 이리저리<br>찾으러 다니시느라 아픈 우영이를 돌보실 시간이 없었습니다.<br><br>"앙, 앙, 엉, 엉,  아무 곳에나 함부로 두시니까 필요할 때 찾을 수가<br>없잖아요. 엉 엉 엉 ~"<br><br>이렇게 의사 선생님과 간호사 선생님은 청진기와 주사기를 찾지 못해서<br>아픈 우영이를 너무 많이 기다리게 해서 우영이는 더욱 힘들었답니다.<br>우영이는 의사선생님과 간호사선생님을 보면서 이제야 정리 정돈하는<br>습관이 얼마나 중요한지 알게 되었습니다.<br><br>열감기가 다 낳은 우영이는 엄마에게 안기며 " 엄마! 제가 잘못 했어요.<br>앞으로는 물건을 아껴 쓰고 또 아무 곳에나 두지 않고 잘 정리 해<br>놓을게요."<br><br>"어머나 그래, 우리 우영이 참 좋은 생각이네.. 엄마도 정리 정돈하는<br>우영이를 기대 할게. 사랑해 우영아!" 하며 우영이를 꼭 앉아주셨어요. |

# 사랑 손님과 어머니 4

사랑손님이 옥희 엄마에게 보냈을 것 같을 편지


옥희 어머니!
저는 여기에  온 날 부터 옥희 어머니에게 푹 빠졌습니다.
옥희 어머니의  맑은 두 눈, 발그레한 두뺨,
외로워 보이는 모습 이 모두가 저의 마음을 설레게 했습니다.
조도 저의 마음을 다잡고 싶었지만 , 저도 저의 마음을
어쩔수가 없군요.
눈을 감아도 밥을 먹어도 오직 옥희 어머니의 얼굴이
떠올라 아무 일도 할 수가 없답니다.
이제는 세상의 이목이나, 관습  따위는 중요하지 않습니다.
옥희 어머니가 없는 저의 인생은 더 이상  생각할 수 없습니
다. 저의 집안의 반대요, 걱정하지 마십시오.
어떤 어려움이 있더라도 저의 부모님의 마음은
제가 설득하고 말겠습니다.
부디 저만 믿고 저의 청혼을 거절하지 말아 주십시오.
제발 부탁 드립니다.
 좋은 소식 기다리겠습니다.


사랑손님으로 부터

결말잇기는 작품의 이해를 바탕으로 결말 이후의 상황을 이어가는 활동이다. 이 활동은 작품의 의미 구조를 이해하는 수단이 될 뿐만 아니라 감상적 반응을 더욱 구체화함으로써 창작으로 연계할 수 있다. 작품의 구성에 따라 개연성이 확보된 스토리를 직접 전개하여 작품의 구조를 이해하고 문학적 상상력을 키울 수 있다.

결말잇기는 개인별 활동과 모둠별 활동이 가능하다. 모둠별로 활동을 할 경우에는 구성원간의 토의를 통해 하나의 모둠 공동작을 만들거나, 모둠원 각자가 릴레이식으로 번갈아 가며 스토리를 이어받아 써 나가는 활동이 가능하다. 예컨대 <지각대장 존>에서 다음 날 학교 가는 길에 다시 벌어질 상황을 이어 쓰게 할 수도 있고, <동백꽃>에서 나와 점순이가 동백꽃 속으로 쓰러지는 장면 이후 벌어질 상황을 이어 쓰게 할 수도 있다.

## 제목 : 늑대가 들려주는 아기돼지 삼형제 이야기   1

〈 감옥에 가게 된 늑대 〉

수감 번호 : 3333
이름 : 알렉산더 울프 ( 늑대 )
수감 내용 : 기물 파손죄, 돼지 두 마리를 살생한 죄
       ( 정상 참작으로 징역 10년형을 선고 받음 )
늑대가 하고 싶은 말 : 할머니 죄송해요. 할머니 생일에 멋진 생일
       케이크를 만들어 드리고 싶었는데...

〈 죽은 돼지 두 마리의 비에 실린 내용 〉

' 살아 생전에 게으른 생활로 살만 찌우다가 결국 햄이 되어 늑대에게
     잡아 먹힌 어리석은 두 마리 돼지의 무덤 ,

〈 세번째 돼지의 모습 〉

교도소 문 앞에서 침묵 시위중...

**2**

학교　이름　　　　　　　　　　　　　　　　　　　　　이 준 희

| 생각키우기 | 1. 책을 읽으며 이야기가 계속 이어진다면 어떤 내용이 될지 상상해 보자. <br> 2. 등장 인물의 성격과 이야기의 흐름에 맞게 뒤에 이어질 내용을 상상해　써 보자 <br> 3. 자신이 이어 쓴 글과 원작을 비교해 글의 느낌이 어떻게 달라졌는지 이야기 보자 |
|---|---|
| 도서명 | 늑대가 들려주는 아기 돼지　　　지은이 |
| 이어 쓴 부분(장면) | 늑대가 감옥에 갈힌 이후의 이야기 |

1.책을 읽는 도중에 중요한 장면에서 잠깐 멈추고 뒤에 이어질 내용을 예측하거나 글의 마지막 부분에 이어질 내용을 상상해 쓰기...

늑대는 누명을 쓰고 감옥에 갈혔지만 몇년후에
다시 나왔다 늑대는 경찰한테 돼지,신문기자를 감옥
에 넣으라고 했다 하지만 경찰은 돼지,신문기자
를 감옥에 넣지 않고 오히려 못 믿겠다는 듯이.
늑대를 다시 넣었다. 또 다시 몇 년이 흘렀다
늑대는 감옥에서 풀려서 늑대 들의 세상으로 갔다
거기에 있는 늑대들 모두 착했다 늑대는 설탕을
얻으러 갔다 그런데 설탕을 듬뿍주고 케이크 만
드는 방법도 가료처 주었다

2. 자신이 이어 쓴 글과 원작을 비교해 글의 느낌이 어떻게 다른지 써 보자..

늑대는 돼지와 같이 있으면 어떤 누명이나
감옥에 갈힐 위험이 있어서 늑대들의 세상의
로 보내주었다

이름 김예린 지도 이복예

| 생각 키우기 | 1. 책을 읽으며 이야기가 계속 이어진다면 어떤 내용이 될 지 상상해 보자.<br>2. 등장인물의 성격과 이야기의 흐름에 맞게 뒤에 이어질 내용을 상상 해보자.<br>3. 자신이 쓴 글과 원작을 비교하여 어떻게 다른지 이야기 해 보자. |
|---|---|
| 도서명 | 돼지책 · 지은이 · 앤서니 브라운 |
| 이어 쓴 장면 | 피곳씨와 두 아들이 엄마가 집을 나간 것을 알게 된 부분 |

※ 책을 읽는 도중에 중요한 장면 (피곳씨와 아들들이 엄마가 집을 나갔음을 알게 된 부분)에서 잠깐 멈추고 이어질 내용을 상상하여 쓰기.

집을 나간후 피곳씨와 아이들은 엄마가 편지를 남겨두고
떠난것을 알았다 편지엔 "복수다 엄마가 힘들기 싫어봐!"
피곳씨와 아이들은 된통 알아들을까 없었습니다.
피곳씨와 아이들은 엄마가 하던일 을 했는데 정원들
어서 그만 두었는데 짐이 되거울여 되어버렸
다. 부인은 부자집에서 엄마로 걸투고 킨었다
신문에너널 세리의돼지는 자살했다
그런데 개버들이 자살한것을 알고 끝 좋다 라고했다.

※ 원작과 자신이 쓴 부분을 비교하여 읽어 보기.

내껏은 자살했지만 책에는 행복하게 걸 살았다.

**4**  조 훈 연 (10세)

| 생각 키우기 | 1. 책을 읽으며 이야기가 계속 이어진다면 어떤 내용이 될지 상상해 보자. |  |  |
| --- | --- | --- | --- |
|  | 2. 등장 인물의 성격과 이야기의 흐름에 맞게 뒤에 이어질 내용 상상해 써보자. |  |  |
|  | 3. 자신이 이어 쓴 글과 원작을 비교해 글의 느낌이 어떻게 달라졌는지 이야기 해본다. |  |  |
| 도서명 | 성냥 팔이 소녀 | 지은이 | 안 데르센 |
| 이어쓴 부분 (장면) | 추운 겨울날 성냥을 파는 소녀를 모두 외면한 장면에서 | 이어지는내용 상상 |  |

차가운 바람이 불어왔어요. 하지만 소녀는 성냥을 팔아야 허기진 배를 채울 수 있어 계속 소리 쳤어요.

"성냥 사세요." 불쌍한 소녀의 소리에도 사람들은 그냥 지나쳤어요. 그때 한 신사가 유심히 이 소녀를 쳐다 본후 다가와 성냥하나를 팔아주며 말을 붙였어요.

"소녀야, 나는 딸이 없는데 네가 내 딸이 되 어주지 않을래?" 처음에는 어리둥절해 쳐다 만 보고 있던 소녀도 너무 배고프고 추워서 아저씨를 따라 가기로 했다.
아저씨네 집에는 부인과 아들하나가 있었다.
처음본 사람들이지만 사람들 얼굴 모습에서 다정스럽고 따뜻함을 느낄 수 가 있었다.
옷도 매일 새옷으로 갈아입고, 여러가지 음식도 먹고, 새 신발도 여러 켤레도 있고, 피아노도 마음껏 칠수가 있고, 책도 여러종류가 있어서 마음 대로 꺼 내 볼 수가 있다. 공주 대접을 받으며 행복하게 오래오래 살았다.

| 2. 자신이 이어쓴 글과 원작을 비교 글의 느낌이 어떻게 다른지 써보자 |
| --- |
| 원작에서는 모두들 거들떠 보지도 않고 성냥도 팔아 주지않고 길 거리 에서 죽게 내버려 뒀는데 불쌍해서 다른 집에 양녀로 가서 행복 하게 하고 싶으기 다 해 주고 싶었다. |

## 2) 바꿔 쓰기

바꿔 쓰기는 작가의 의도와 상관없이 작품의 흐름이나 이야기 문법을 파괴하여 학습자가 새로운 작품을 만들어 내는 활동이다. 작품의 전체적인 흐름이나 이야기 문법을 흩뜨리지 않는 범위에서 부분적인 덧댐으로 진행하는 보태쓰기와 차이가 있다. 바꿔 쓰기는 '작품의 무엇을 바꿔 쓸 것인가?', '왜 바꿔 쓸 것인가?', '어떻게 바꿔 쓸 것인가?'뿐만 아니라 '바꾼 후에 작품이 어떻게 달라졌나?', '바꿔 쓴 소감은 어떠한가?' 등의 문제에 관해 학습자 상호간에 토의할 기회를 제공한다. 이러한 활동은 학습자의 창의적 사고와 비판적 사고의 신장과 관련이 있으며 작품 감상의 관점을 넓혀 준다는 점에서 의의가 있다.

### (1) 결말바꾸기

결말은 작품의 전개 과정에서 주제가 집약적으로 드러나는 부분이다. 흔히 여운을 남긴 채 마무리되는 작품이나, 슬픔이 결말에서 고조되는 작품의 경우에 학습자는 작가의 결말 처리에 불만을 갖기도 한다. 학습자가 결말에 대해 만족하든 만족하지 않든 결말을 바꿔 써보는 것은 흥미로운 활동이다. 이를 통해 작품 감상의 지평을 확대할 수 있을 뿐만 아니라 창의성을 신장할 수 있다. 예컨대 <메밀꽃 필 무렵>은 상징 기법을 차용하여 결말을 처리한 작품이다. 허생원과 동이의 관계에 대한 유추가 독자의 몫으로 남겨진 것이다. 이 부분을 허생원과 동이가 부자 관계임이 밝혀졌다거나, 동이의 어머니를 만나 확인해 보니 부자 관계가 아니었다거나 하는 식으로 처리할 수 있다. 학습자는 원작의 결말을 바꿈으로써 창작의 즐거움을 느낄 수 있다.

# 1 소 나 기 2. (아직 끝나지 않은 사랑)

비가 올 것 같다.  그래도 개울가로 나가본다. 수분을 머금은 바람이 힘겹게 지나간다. 개울가 기슭에 주저앉아 무심한 마음으로 돌을 던진다. 고향의 모습은 많이 변했지만, 개울가와 징검다리는 웬일인지 그대로였다. 다만 예전보다는 훨씬 작고 초라해 보였다. 까무룩 잠든지 얼마 안된것같은데 깨어보니 벌써 땅거미가 내려앉아 사방이 어둑어둑해 져버린 명명한 기분이다. 온몸이 솜방망이처럼 무겁고 피곤하다. 이젠 다잊었다고 생각 했으면서도 조약돌을 보거나, 보라색옷을 입은 여자와 마주치기만 해도, 일순 감정의 정 지 상태를 느낀다. 이젠 소년이 아니지만 그래도 주머니속엔 조약돌이 그대로 남아 있 다. 아무리 버리려고 해도 버려지지 않는 조약돌.
결심을 한 듯 주머니에서 조약돌을 꺼내, 벌떡 일어났다.
순간 개울가 반대편에 소녀가 나타났다. 믿기지 않는 일이 계속해서 벌어진다. 소녀가 징검다리를 건너 이리로 오고 있다. 그리움이 깊으면 이런일도 생기는 것일까? 소년이 아닌 소년은 믿기지 않는 듯 연신 눈을 비볐다. 어느덧 소녀는 그앞에 서있었다.
"보고 싶었다. 너두 나 보고 싶었지?"
"이건 꿈이야. 그래 꿈. 아직 난 깨지 않은거야.  정말, 너니? "
반가움에 그는 소녀의 어깨에 손을 얹으려고 하였다.
그때였다. 그들 옆으로 소년이아닌 소년의 부모가 지나가고 있었다.
다정한 모습이지만, 심신이 피로한 듯 많이 지쳐 보이신다.
"어머니!" 소년이 아닌 소년이 말을 하자 기다렸다는 듯, 먹장구름이 드디어 비를 쏟아 낸다.
어머니는 못듣고 못보이는 것일까?  아들은 아랑곳하지 않고 아버지에게 말을 건다.
"아이고, 여보 기어이 쏟아지는 구려. 이상도 하지, 꼭 이날만 되면 비가 오니... 장본 것 다 젖겠어요."
"어서 어서 갑시다.오늘이 그놈 간지 꼭 십년이구려."
그의 곁을 스쳐가는 부모님에게 속수무책으로 서있을 수밖에 없었다. 그대로 온몸이 얼 어붙었다. 가만히 소녀가 다가와 속삭였다.
"바보, 기억이 나지 않는 모양이구나. 내가 죽은지 1년 후, 절벽에 피어있는 꽃을 따려 고 올라갔다가, 그만 미끄러지고 말았잖아. 그날도 비가 많이 내렸잖어.......내...
무덤에 갖다놓으려고 그랬지? "
소년이 아닌 소년은 더 이상 아무말도 할수 없었다.
그저, 주머니 속의 조약돌을 주무르는 수 밖앤........
하늘앤 구멍이라도 난 것일까?.....
소나기는 소나기가 아닌것처럼 그칠줄을 몰랐다.......

미운 아기오리가 왕따를 견디다 못해 결국 집을 나가고 말았잖아.
그러자 엄마오리는 너무너무 가슴이 아픈거야.
그래도 자기새껀데 안 그렇겠어?
사실 미운 오리가 테어나게 된 것은 엄마오리의 책임이 크거든_
아직 아기오리가 엄마오리의 뱃속에 있을 때 엄마오리는 아무거나 마구
주워먹고 또 더러운 웅덩이에서 헤엄도 치고 그랬대.
그러니까 이상한 오리가 테어나게 된거지.
미운 아기오리가 집을 나가고 난뒤 엄마오리는 매일매일 미운 아기오리
를 찾아다녔대.
그러나 언니오리도 오빠오리도 또 할머니오리까지도 모두들 관심이 없었
대.
엄마오리는 걸대숲으로 웅덩이로 정신없이 찾아다니다 마침내 꽁꽁 얼어
붙은 연못가에서 미운 아기오리를 발견하게 된거야.
그뒤 집으로 돌아온 미운 아기오리는 열심히 운동을 배웠지.
물론 똑똑해지기 위해 공부도 아주 열심히 했을거야.
그러던 어느 날 밤 농정에 여우가 몰래 숨어든거야.
여우는 접자는 언니오리를 몰래 물고 가다가 미운 오리에게 들키고 만거
야.
미운 오리는 그 동안 배웠던 운동실력으로 여우를 막 공격한거야.
그래서 여우는 언니오리를 놓고 그냥 산으로 도망을 친거지.
미운 오리는 조금 다치기는 했어도 기분이 아주 좋았대.
그 다음 부터는 할머니오리와 다른 형제오리들도 미운 오리를 좋아하게
된 거지.
이제 미운 오리는 농정에 스타가 된 거야.
다른 오리들이 매일 미운 오리에게 운동을 배우고 싶어해서 미운 오리는
운동선생님 오리가 되었대.
미운 오리는 날 마다 행복한 오리가 된거야.

**3**

| 도서명 | 가방 들어 주는 아이 | 지은이 | 고정욱 |
| --- | --- | --- | --- |

　겨울방학이 끝나고 개학날 석우는 여전히 가방을 두 개 메고 학교에 갔습니다. 몇일 있으면 2학년도 끝나고 3학년이 됩니다. 석우는 영택이의 가방을 들어다 주면서 짜증도 나고 싫을 때도 많았지만 그동안 같이 다니면서 영택이를 많이 이해하게 되고 친구를 좋아하게 되었습니다. 자기에게는 없는 차분하고 똑똑한 영택이에게서 어려운 공부도 같이 하면서 영택이에게 숙제며, 학교공부에 도움도 많이 받았습니다.

　그런 영택이와 3학년이 되면 반이 바뀔지도 모른다고 생각하니 불안한 마음과 이런저런 생각으로 마음이 복잡했습니다. 3학년이 되어 반이 바뀌면 누가 영택이의 가방을 들어다 줄까 걱정도 되고 아무도 들어다주지 않으면 어쩌나 고민도 되고, 이제 친하게 된 친구인데 나와 멀어지고 친구를 잃게 될지도 모른다는 생각이 들면서 여러 가지 생각으로 고민하던 석우는 담임선생님을 찾아가기로 마음먹었습니다. 학교가 끝나고 영택이에게는 조금만 놀다 가겠다고 하고는 교무실문을 살그머니 열었습니다. 저쪽 창가에 조기준 선생님이 앉아계셨습니다. 석우는 쭈뼛쭈뼛 선생님에게 다가갔습니다.

　"저 선생님 드릴 말씀이 있는데요?"

　"응, 석우가 왠일이니? 어서 말해봐?"

　"사실은... 저... 영택이랑 3학년때도 같은반 되고 싶은데 같은반 되게 해주세요?"

　"왜?"

　"제가 영택이랑 같은반되면 가방 들어주기도 훨씬 편하잖아요."

　"그동안 힘들지 않았니? 굳이 그렇게까지 안해도 되는데... 석우는 정말 예쁜 마음씨를 가졌구나. 석우가 원한다면 반 배정할 때 한번 교장선생님께 말씀드려볼게."

　"고맙습니다."

　석우는 선생님께 인사를 하고 닳음박질쳐 단숨에 영택이에게 달려갑니다.

　2학년 마지막날 선생님께서는 반 배정표를 나누어 주셨습니다. 배정표를 받아보니 석우와 영택이는 3학년 7반 같은 반이 되었습니다. 친구 녀석들은 또 영택이의 가방을 들어주게 생겼다며 안됐다는 표정이었습니다. 영택이도 안도에 한숨을 지으며 환하게 웃고 있었습니다. 반이 바뀌면 어쩌나 영택이도 고민이 되었나 봅니다. 석우도 환한 미소를 지으며 영택이를 바라봅니다. 석우는 교무실로 선생님을 찾아가길 잘했다는 생각을 하면서 이 일을 비밀로 하기로 했습니다. 영택이가 그걸 알면 부담스러워 할지도 모르니까요.

　오늘도 석우와 영택이는 두런두런 이야기를 나누며 나란히 학교에 갑니다. 몸이 많이 좋아진 영택이는 가끔 자기가 가방을 한번 메고 가보겠다고 합니다.

　"야! 모범생, 가방은 나한테 맡기고 3학년때도 잘 부탁한다. 내 공부 책임져!"

　석우가 농담섞인 말을 건네자 영택이도 되받아서 한마디 합니다.

　"어러다 1등자리 뺏기는거 아녀!"

　둘은 한바탕 웃고나서는 나란히 학교를 향해 걸어갑니다.

| 도서명 | 내짝꿍 최영대 | 글 채 인선 | 그림 정 순희 |
|---|---|---|---|

이이질내용 /  마지막 부분 25년후 이야기

햇볕이 따사로운 한 가운데 무지개빛 처럼 환하게 나를 맞이한다.
아담하고도 아주 아주 작아져 버린 나의 초등학교가 보인다.
오늘은 제 44회 졸업생 동창회날이다.
벌써 나는 두 아이의 엄마가 되어서 아줌마가 되었다.
모두들 어떻게 변했으며 무엇을 하며 어떤사람과 어떻게 살아가고 있는지 궁금하다.
3학녕때 내짝꿍 최영대는 어떻게 변했을까 ?
운동장 입구에 개그맨 서경석 코에다 화살표로 오른쪽으로 명시되어 있다.
보아하니 강당이었다.  몇해전 강당짓느라 선금을 보낸 기억이 있다.
강당입구 문을 열자마자 팡파레 소리에 나는 깜짝 놀라고 말았다.
낯설은 얼굴과 낯익은 얼굴 모두가 교차 되었다.
   "아니 인선이 아니니" 보아하니 멀리 미국같던 내 단짝 친구 순희인것 같다.
   "너 혹 순희"  "응"  "나야 나"  둘은 서로 부둥켜앉고 폴짝폴짝 뛰었다.
지금은 두 아이의 엄마가 된 육주안 몸이지만 꼭 10살짜리 애처럼 몸이 가벼웠다.
인선이가 물었다.   "넌 어떻게 연락 두절 이더니 여긴 어떻게 알고 왔니"
   "응 너 모르고 있었니.  너 3학년때 왜 내짝꿍이었던 최영대 말이야.  걔가 이번에
   미국에서 만났어.  영대가 의사가 되어 있을줄 꿈에도 몰랐지 뭐니. 이번에 줄기세로로
   복제하여 난치병 완치에 아주 많은 도움을 줬잖니.  뉴스에 나왔는데 몰랐니."
아줌마가 되어 사회와 동떨어신 생활이 약간 부끄러운 반면 영대가 그렇게 훌륭한
사람이되어 기쁘기도하고 아주 놀라웠다.
순희도 가족이랑 미국애서 살다가 결혼을 해 한국으로 다시 들어 왔다고.
미국에서 세미나 참석자리에서 영대를 만났다는 애기 그래서 이렇게 동창회를
개최한다고 얘기들들…
그 팡파레 울림의 주인공은 바로 영대였다.
영대는 3학년때 이후 부터는 너무나 활기차게 생활 했었다.
6학년때 영대가 나에게 쪽지를 주었던 기억이 새삼 떠 오른다.
   "네가 있어 너무 너무 고맙다고.   세상이 밝게 비친다고 엄마얼굴처럼"
영대 엄마는 난치병으로 돌아가셨다.  영대는 의사가 되어서 엄마처럼 난치병 환자들에게
꼭 희망을 주리라 다짐 했었다.
영대의 희망이 이루어짐을 알았다.
누군가 소리쳤다.   "야 빨리들 이리와봐 영대가 왔이 영대가"
그 애는 굼벵이같은 반장 싱빈이었다.
이윽고 스르르 문이 열렸다.  팡파레와 꽃잎들이 떨어졌다.
어떤 말쑥한 한 젊은이가 들어왔다.  내 짝꿍 최영대였다.
그 옛날의 내짝꿍 모습과는 확연히 날았지만 그 미소는 여전히 그대로이다.
영대가 내 앞으로 다가 왔다.  빙그레~~  영대는 단번에 나를 알아보았다.
난 악수를 청했다.  기분이 너무 좋았다.

## (2) 시점바꾸기

시점은 작품의 주제나 분위기를 결정하는 작품 외적 장치이다. 시점을 바꿈으로써 인물의 심리나 사건전개 등이 어떻게 달라지는지, 어떤 시점이 작품의 주제나 분위기에 적합한지 확인할 수 있다. 이러한 활동을 통해 시점의 중요성을 인식할 수 있으며, 시점의 선택에 따라 작품의 극적 효과와 흥미가 달라진다는 사실을 확인할 수 있다. 예컨대 <아기돼지 삼형제>를 늑대의 시점으로 바꿈으로써 늑대의 입장에서 아기돼지를 새롭게 조명할 수 있다. <사랑 손님과 어머니>의 경우에도 아저씨나 어머니 또는 3인칭 시점으로 바꿈으로써 여섯 살 난 옥희의 눈으로 서술되었을 때와 작품의 주제와 분위기가 어떻게 전환되었는지 확인할 수 있다.

◎제목 : 늑대와 일곱 마리 아기양
◎원작 : 그림형제

나는 숲 속에 사는 늑대지요.  숲 속에는 먹을 것이 많은데 그 중에서도 나는
엄마양과 살고 있는 일곱 마리의 아기양을 꼭 잡아먹고 싶었어요. 그래서 나는
하루에 몇 번씩 아기양의 집 앞을 어슬렁거렸지만 번번이 실패만 했지요.
그러던 어느날 엄마양이 시장에 가는 게 보였어요.
기회는 이때다! 나는 너무 기뻐서 속으로 만세를 불렀어요.
그런데 엄마양이  아기양들에게
 " 애들아 , 집 잘 보고 있거라. 무서운 늑대가 올지 모르니까 절대로 문을 열
    어주면 안 된다." 이러는 거예요.
하지만 문제 없어요. 이 영리한 늑대님이 그깟 아기양 속이는 건 누워서 식은죽
먹기지요.
나는 엄마양이 안보이게 될 때까지 기다리다가, 아기양들이 있는 집으로 갔어
요.
 "똑똑똑."
나는 조심스럽게 문을 두드렸어요.
 "누구세요?"
 "엄마다. 어서 문열어라."
나는 최대한 목소리를 곱게해서 엄마양의 목소리를 흉내냈어요. 그런데 내 목소
리가 이상했던지 아기양 한 마리가 문틈으로 나를 내다보았어요.
 "앗, 늑대다! 문을 열면 안돼. "
 " 넌 우리 엄마가 아니야. 우리 엄마 발은 까맣지 않아!"  이렇게 소리를 치
더군요.  고 녀석들 ,어리다고 얕보았더니 제법 똑똑하더군요.
나는 궁리 끝에 밀가루를 사와서 발에 흠뻑 묻히고 다시 아기양들의 집으로 갔
어요.
 " 애들아 , 엄마 왔다."
 " 문 밑으로 발을 보여 주세요."  내가 밀가루 묻힌 발을 쓱 내밀었더니 ,이

순진한 놈들이 문을 활짝 열어주더군요.

나는 속전속결로 아기양 여섯 마리를 통째로 꿀꺽꿀꺽 삼켜 버렸어요. 아 , 그 포만감이란 말로 표현할 수 없이 좋았답니다. 그런데 막내 아기양은 어디로 숨어버렸는지, 찾을 수 가 없었어요. 벽에 걸려있는 빼꾸기 시계가 신경이 쓰였지만 그냥 가기로 했어요. 괜히 엄마양과 부딪히면 귀찮게 되잖아요. 하지만 그게 내 실수였어요. 어르신 늑대들이 보복을 당하지 않으려면 3대를 멸하라고 했는데......, 옛말 틀린 게 하나도 없다니까요.

나는 너무 배가 불러 풀밭에서 잠시 낮잠을 자기로 했답니다. 한참을 자다보니 목이 말랐어요. 그래서 연못으로 가려고 일어섰는데 ,이상하게도 아까보다 배가 더 부르고 몸도 무거워져 있었어요. 그 순간 내 머리속에 나를 비웃으며 쳐다보는 일곱 마리의 아기양과 엄마양의 얼굴이 떠올랐어요.

"요, 여우보다도 교활한 양 놈들."

나는 이제 사냥도 못하고 먹지도 못하는 처량한 신세가 되었답니다.

누가 나 좀 도와주세요.

제목 : 신데렐라 2

얼굴이 예뻤던 나는 시집은 갔는데 성격도 나쁘고 아들을 못나 쫓겨난 이혼녀지요. 나를 닮은 두 딸도 나를 닮아 같이 쫓겨났어요. 그런데 우리 옆 마을에 두 부부가 살았는데 딸이 무척 예뻤어요. 내 딸 보다도 훨씬 더 예뻐서 질투가 났어요.

그런데 그 아이가 열두 살이 되던 해에 그 아이의 엄마가 병으로 죽었어요. 아버지는 잘 생겼고 재산도 많아 나는 그 집에 들어가 살아야겠다고 마음먹고 그 아이의 아버지에 접근을 해서 드디어 결혼을 하게 되었어요.

물론 내 딸들도 데리고 들어갔지요. 그동안 사는 것이 형편없었거든요. 드디어 우리에게는 행복이 찾아 온 거예요. 새남편의 눈에 들어야 했기에 새 남편에게 갖은 아양을 다 떨었지요. 물론 내 딸들에게도 교육을 시켜 새 남편의 눈에 들게 했어요.

남편이 있는 동안에는 신데렐라에게도 잘 해 주었어요. 그렇지만 내 딸 보다 예쁜 그 아이를 남편이 없을 때는 온갖 구박을 했지요. 일도 많이 시켰고. 그러다 남편이 오면 세상에서 가장 예쁜 딸처럼 대했어요. 남편은 바깥일에 신경을 쓰다 보니 내가 하는 연극에 속아 넘어가 나를 무척 예뻐했어요. 물론 신데렐라에게는 아빠에게 말하지 못하게 협박을 해 두었지요. 내 협박과 착한 성품으로 인해 아빠에게는 아무 말도 하지 않았어요.

그런데 남편이 갑자기 세상을 떠나게 되었어요. 남편의 재산은 계획대로 모두 내 것이 되었지요. 그 때부터 신데렐라는 우리 집의 식모처럼 부렸어요.

그러던 어느 날 임금님이 사는 성에서 무도회가 열렸어요. 나는 내 딸 둘을 데리고 무도회에 갔어요. 신데렐라에게는 돌아 올 때 까지 집안 청소를 다 해놓으라고 협박을 했지요. 아마 꼼짝도 못하고 청소만 해야 할 거예요.

무도회에 도착한 우리는 신이 났어요. 우리가 사는 곳과는 비교도 되지 않게 화려한 실내와 참석한 귀족들은 모두 멋있었어요. 그 중에 왕자님은 제일 멋있었어요. 거기에 참석한 모든 처녀들은 왕자님과 춤을 추려고 왕자님 옆에서 기회를 보고 있었지요.

그런데 갑자기 눈이 부실 만큼 아름다운 공주가 나타나고 왕자는 그 공주에게 다가가 춤을 추자고 청했어요.

모두들 왕자님과 공주가 너무 잘 어울린다고 한마디씩 했지만 내 마음엔 내 딸들과 더 잘 어울릴 것 같았어요. 하지만 왕자님은 무슨 생각을 하시는지 내 딸들에게는 눈길조차 주지 않았지요.

한참 춤을 추고 있던 공주가 12시를 알리는 종소리가 들리자 황급히 자리를 뜨는 거였어요. 아무도 그 공주가 누구인지 모르고 왕자님과 춤을 추는 모습만 지켜보고 있었는데 말이예요.

달려 나가던 공주가 계단을 내려가다가 신발이 벗겨졌어요. 그런데도 그 아름다운 공주는 그냥 마차를 타고 떠나가 버렸어요.

이상하다고 생각하고 있었는데 왕자님이 풀이 죽어 무도회장으로 들어왔고 파티는 끝나버렸어요. 나도 두 딸을 데리고 돌아 올 수밖에 없었어요. 아쉬움은 남았지만 말이예요.

집에 돌아와 보니 신데렐라는 청소를 하고 있었어요. 피곤하기도 하고 기분이 상해 두 딸과 잠을 잤어요.

다음날부터 임금님이 사는 성에서 사람들이 나와 공주를 찾기 시작했어요. 그 공주가 벗어 놓은 유리 구두 한 짝을 들고 말이지요. 이웃나라의 공주와 우리나라의 모든 처녀들에게 신발을 신게 하여 맞는지를 확인하고 다녔어요. 오래도록 유리 구두의 주인은 나타나지 않았어요.

그러던 어느 날 우리 마을에도 신하들이 유리 구두를 들고 나타났어요. 우리 집에도 신하들이 와서 나의 예쁜 두 딸에게 유리 구두를 신게 했어요. 유리 구두에 발이 맞기만 하면 왕비가 되는 행운이 오잖아요. 그런데 맞지를 않았어요. 그렇게 밥을 조금 먹으라고 해도 많이 먹더니 발만 컸어요.

그래도 나는 억지를 부렸어요. 원래 맞는 신발인데 애들이 갑자기 발이 부어서 그렇다고 다시 신게 해보자고 했어요.

그때 신하 중의 한사람이 일을 하고 있던 신데렐라를 불러서 구두를 신어 보라고 했어요. 나는 신발을 못 신게 했지요. 저애는 우리 집 하녀이고 그 신이 맞을 리가 없으니 신게 해봐야 헛수고라고 했어요. 그런데도 신하가 신데렐라를 불러 유리 구두를 신게 했어요.

참 신기하고 재수 없는 일이 일어났어요. 유리구두가 신데렐라에게 꼭 맞는게 아니겠어요. 그길로 신데렐라는 궁궐로 들어가게 되었고, 우리가족은 매를 맞고 이웃나라로 쫓겨났어요.

오늘도 우리는 밥을 얻어먹으러 다니고 있어요. 신데렐라는 행복하게 사는데 말이예요. 이럴줄 알았으면 잘 해주는건데....

## 시점 바꿔 쓰기(교사)

3학년 담임이 되고 한 달이 지난 4월 최영대가 전학을 왔다.

그 친구의 첫인상은 헐렁한 옷에 다 해어진 운동화를 신은 꾀죄죄한 아이였다.

수업 시간에도 조용하고 별 탈이 없어 지내는 듯 했다.

사실 교실에 그 아이가 있는지 조차 모를 만큼 눈에 띄지 않는 그저 3학년 4반의

학생일 뿐이었다.

가끔 교실에 들어설 때 영대를 향해 놀리듯 별명을 부르는 것 같기도 했지만 큰 문제는

없었기에 늘 지나쳤다.

하루는 우유를 훔쳤다고 한 아이가 이르러 왔다.

나는 영대에게 주의를 주었지만 아이들은 저희들끼리 모의라도 한 것 처럼

　"혼내 주세요. 복도로 좋아내요. 냄새가나요" 라며 항변하듯 좋아 보였다.

나는 아이들의 입김에 못이기는 척 반 아이들과 타협을 하듯 영대에게 화장실 청소를 시켰다.

마음은 씁쓸 했지만 그 때는 별생각이 나지 않았다.(아니 내가 아이들의 환심을 살 수 있는 좋은

기회인지도 모른다는 생각이 들었던 것이 나의 솔직한 심정이려라)

그리고 며칠 뒤 벤치에 우두커니 앉아있는 영대의 뒷모습을 보았다.

동그마니 앉아 있는 것이 외로워 보였지만 선뜻 발걸음이 옮겨지질 않았다. 그렇게 영대를 또 한번

지나쳤다.

오늘은 드디어 경주로 여행을 가는 날이다.

아이들은 터질 듯 기쁨에 부풀어 오른 풍선을 들고 섰는 것 같다.

·······································종략·······································

간밤의 방귀 사건으로 혼이난 아이들은 이상하리 만큼 점잖아졌다.

포항제철을 견학할 예정이다. 밤 새 울어서 퉁퉁 부어 오른 눈을 비비며 버스안에 올랐다.

영대는 지난날처럼 버스 맨 앞에 앉았다.

반장이 슬그머니 영대 옆으로 오더니 편지를 건네 주는 듯… 영대는 안 받으려 하는

진풍경이 벌어지고 있었다.

그리고는 누가 면계랄 것도 없이 줄을 지은 친구들의 행렬이 이어졌다.

아마도 사과를 하는 것이려라 짐작은 했다.

**4**

# 『나쁜어린이표』 글/황선미  그림/ 권사우

## 성격

아이들을 조바심

나게하는 괴상한성격

**닉네임**
나쁜어린이표

**좋아하는친구**
창기

## 제작자

선생님

 # 노란스티커 왈

내가 뭘 어쨌다구 나를 그렇게 미워해. 나는 선생님이
하라는대로 너희 옆에 붙여진 죄 밖에 없어.
어떨땐 말이야, 내가 생각해도 선생님이 이상하다고 느낄
때가 있어. 건우 너가 수요일 특별활동 시간에 배드민턴
치고 아주 쪼끔 늦게 들어왔다고 문을 닫고 안 열어 주고
나를 두장씩이나 붙이라고 한 것은 나도 이해가 안돼. 다른
친구들 보다 많어도 아닌 딱 한발 차이 였을 뿐인데...
너무 속상하게 생각 하지마. 나도 너희들에게 실망감만
주는 것 같아 미안해. 그냥 책상 서랍에서 조용히 잠자고
싶어. 그런데 건우 너 ! ! ! 어쩜 나를 그 냄새나는 변기
속으로 밀어 넣을수 있니? 흑 흑 흑

## (3) 배경바꾸기

배경은 시간을 포함하는 개념으로서 시점과 마찬가지로 작품의 주제나 분위기를 결정하는 작품 외적 장치이다. 작품의 배경[시간]이 과거인 경우에 사건을 현재형으로 바꿀 수 있으며, 작품의 배경[시간]이 현재인 경우에 사건을 과거형으로 바꿀 수 있다. 예컨대 <춘향전>의 배경이나 시간을 바꾸어서 TV드라마 <쾌걸 춘향>을 제작하였듯이 작품의 핵심적인 사건의 배경을 일부분 바꿈으로써 작품의 분위기 변화를 경험할 수 있다.

제목: 벙어리 삼룡이

상당산성에서 바로 내려다보이는 도시 한 복판에 살고 있는 아주 부지런하고 인심이 후한 오사장이 금은방을 하고 있었다. 온 국민이 IMF 겪는 중에 힘들고 어려운 가운데도 주변 사람들을 돕고 살았기에 사람들로부터 존경을 받는 사람이다.

그는 삼룡이라는 벙어리이고 추남이지만 충견과도 같이 주인에게 헌신적인 점원 하나를 두고 있었다. 오 사장은 삼룡이를 사랑했다. 그러나 그런 오사장에게 깊은 근심이 하나 있었는데 그것은 바로 삼대독자라 너무 버릇이 없이 자란 그의 스무살 먹은 아들이다. 그 아들은 언제나 삼룡이를 심하게 나무라고, 구박하며 이유 없이 미워했다. 또한 그의 아들은 아버지와는 반대로 동네사람들의 손가락질의 대상이기도 하다.

자수성가한 아버지 오 사장에 비해 아들은 형편없는 건달에 난봉꾼이었던 것이다.

삼룡은 스물 세살이 되기까지 아직 이성을 만나 데이트 한 번 못 해본 숫총각이다.

그해 가을 오 사장은 아들 빚 보증을 잘 못 섰다가 전 재산을 날리고 자신마저 깊은 병에 들어 죽어 버린 대전에 김 교수 딸을 집안 빚을 갚아주는 조건으로 자신의 못난 아들과 결혼을 시키게 된다. 새신부는 아름다운 외모에 공부도 많이하고 착한 인품에 소유자였다.

흥이 많은 새신랑은 잘 생기고 자신보다 공부도 많이 한 새색시를 미워하여 결혼한지 며칠 후부터 각방을 쓰기 시작한다. 이런 그를 아버지인 오 사장이 나무라자 화나 난 그는 새색시를 더욱 학대하기 시작한다. 그리고 점점 새색시는 신랑으로부터 매를 맞기 시작한다.

그럼에도 새신부는 아내의 자리를 지켜려하고 며느리로서 불평 없이 살림을 꾸려가려고 애쓰고 이웃과의 관계에서도 칭찬을 들으면서 생활한다.

이런 모습을 멀리서 보고 있는 삼룡이는 새색시가 왜 맞고 살아야 하는지에 대해 측은한 마음을 갖게 되고 주인집 새색시를 동정하게 된다. 어느 날 술에 만취되어 실컷 얻어 맞고 길에 자빠진 어린 주인을 업어다가 주인집에 누이게 된다. 새색시 혼자서 십자수를 놓고 있다가 이를 보고 삼룡의 충직한 마음에 감동된 새신부는 십자수로 핸드폰 줄을 하나 만들어 삼룡에게 주게 된다.

이 십자수 핸드폰 줄을 보게 된 새신랑은 삼룡과 새색시의 관계를 오해한다.

그는 새색시를 밖으로 끌고 나가 두들겨 패고 십자수 핸드폰의 줄을 빼앗아 가위로 싹둑싹둑 잘라 버린다. 이에 대해 말도 못하고 코가 땅에 닿도록 용서를 빌던 삼룡은 의분이 솟구쳐 새신랑을 땅바닥에 내던져 버리고 새색시를 병원에 데려가 치료해 주고 오 사장에게 달려가 자초지종을 온몸으로 하소연을 한다.

이튿날 아침 새신랑은 삼룡을 찾아가 몽둥이로 마구 때린다.

그때부터 삼룡이는 집안 출입이 금지되고, 멀리서 새신부를 바라보는 자신의 내면에 이상한 감정이 싹트는 것을 느낀다. 어느 날 가정부로부터 새색시가 죽게 되었다는 이야기를 들은 삼룡은 안방으로 뛰어 들어가 자살하려던 새색시를 말리려 한다.

이 일로 삼룡은 더욱 오해를 사게 되고, 그가 출입 금지된 자신의 집에 들어왔다는 이유로 새신랑의 쇠몽둥이로 피투성이가 될 정도로 얻어 맞고 아예 집밖으로 내 쫓긴다. 삼룡은 믿고 의지한 모든 것이 자기의 원수라는 사실을 알며, 모든 것을 없애버리고 자기역시 없어지는 것이 낫다고 생각한다.

그날 밤 난데없이 오 사장의 집이 화염에 쌓인다. 삼룡은 오사장을 구한 뒤에 새색시를 구하기 위해 불길 속으로 뛰어 들어 갔는데 자신을 먼저 살려 달라고 메달리는 새신랑을 뿌리쳐 버리고 불길 속에서 새색시를 찾은 후, 불길을 헤치고 옥상으로 올라간다.

그는 새색시를 내려놓는데, 새색시는 이미 목숨이 끊어진 뒤다.

집은 모조리 타버리고 그의 무릎위에는 싸늘하게 식은 새색시가 놓여 있었으며, 그의 울분은 불과 함께 사려졌는지, 목숨이 다한 그의 얼굴에는 평화롭고 행복한 웃음이 엷게 나타나 있었다.

끝.

## (4) 갈래바꾸기

갈래는 작품의 성격을 결정하는 형식적인 요건이다. 문학은 흔히 서사, 서정, 희곡, 교술 등의 갈래로 나누어진다. 그런데 서사든 서정이든, 그것이 희곡이든 교술이든 궁극적으로 전달하고자 하는 전언(傳言)의 목적은 동일하다. 따라서 갈래바꾸기 활동이 가능하다. 뿐만 아니라 음악이나 미술 등 예술 장르를 문학의 갈래로 바꾸는 활동도 가능하다. 갈래의 기초 이론을 숙지하고 갈래를 바꿈으로써 각기 다른 갈래의 특성을 이해할 수 있다. 또한 작품의 의미 창조에 적극적으로 참여하는 능동적인 독자로서 직접 작가의 입장을 경험하는 기회가 될 수 있다.

**1** ♣ 등장인물에게 바치는 시 짓기

밤티마을
큰돌이네 집

작은 아이가
노오란 자전거를 타고 밤티 마을을 달린다
하하하 하하하
밤꽃 향기를 따라서 작은아이의 웃음이 퍼진다

새엄마가 빨아놓은 빨래의 흔들림을 지나고
할아버지가 가꾼 텃밭의 채소를 지나
오빠가 손을 따주던 찔레덤불을 차례로 지나서
행복의 꿈터로 간다

랄랄라 랄랄라
콧노래가 나온다
새엄마가 해놓은 감자떡을 생각하면
랄랄라 랄랄라
콧노래가 나온다
오빠가 사 올 과자를 생각하면

작은 아이가
노오란 민들레의 홀씨를 하늘로 날린다
화이익 화이익
민들레 하이얀 홀씨가 밤티 마을을 날아간다

아빠가 만들어 놓은 평상위를 날아간다
잠자고 있는 누렁이의 콧등위도 스친다
축구를 하는 오빠의 머리위를 날아서
지금은 행복한 나의 볼 위에 앉았다

간질간질 간질간질
행복이 나의 뺨 위에서 놀고 있다.
행복이 우리집 울타리에도 들어왔다
아니, 행복을 우리가 만들었다
새엄마가 아빠가 오빠가 할아버지가
내가 …
우리는 행복을 만들 수 있는 가족이다

**2**

## 〈아낌없이 주는 나무〉를 읽고

### 이행시 짓기

**나 :** 나무는 행복했습니다.
사랑하는 아이가 있었고, 그 아이와의 소중한 추억도 있었기에,
나무는 너무나 행복했습니다.

**무 :** 무엇이든 아낌없이 다 주었습니다.
잎과 열매, 가지와 줄기, 그리고 사랑하는 마음까지도.

무엇이든 아낌없이 더 주고 싶었습니다.
하지만 남은 거라곤 늙은 나무 밑동 뿐.
늙은 밑동 일지라도, 아이가 지친 몸을 쉬어갈 수 만 있다면
나무는 행복했습니다.

## 4(서정을 서사로)

- '아기 염소'를 동화로 만들다!!

분평초등학교 4학년 2반 채지연

아기 염소 여러 마리를 낳아 기르던 늙은 노부부가 살았다.

하늘은 파랗고, 넓은 언덕에서 꿈을 키우며 좋은 곳에서 살았지만 염소 노부부에게는 걱정거리가 있었다. 그건 바로 먹을 식량이었다. 그런데 어느 날, 우연히 보게된 한 전단지가 있었다.

인간들이 제작한 것으로 보이는 거기엔 염소 한 마리가 하루 동안 일을 해 주면 평생 동안 먹고도 남을 만큼의 먹이를 준다는 것이다. 두 부부중 한 마리만 가도 넉넉하게 살 수 있었는데 욕심이 났는지 두 늙은 염소는 그 곳으로 갔다.

그런데 먹이에만 정신이 팔려 아기 염소들을 미처 생각하지 못했던 것이다. 엄마 염소와 아빠 염소가 그 곳으로 간 사이 아기 염소들은 해처럼 밝은 얼굴로 잘 놀고 있었다.

하지만 행복도 잠시, 빗방울이 떨어져 아기 염소들의 얼굴은 울상이 되 버린다.

날이 저물고 엄마 아빠를 찾으며 울었는데 그 울음소리가 너무 울상이어서 "음매, 음매"하며 울게 된 때가 그때부터였다.

한참 어두운 밤인데도 해가 번쩍 뜨인 것처럼 아기 염소들이 기뻐 "음매, 음매"하며 울게 된 것도 그때부터였다.

그리고 어마 어마한 양이 먹이를 이고, 엄마 염소와 아빠 염소가 와 염소 가족은 그 뒤로 걱정거리 없이 잘 살았다.

'아기염소'를 동화로 만들다!!

　아기염소 여러마리를 낳아 기르던 늙은 노부부가 살았다.
하늘은 파랗고, 넓은 언덕에서 꿈을 키우며 좋은 곳에서 살았지만
염소 노부부에게는 걱정거리가 있었다. 그건 바로 먹을 식량이었다.
그런데 어느날 우연이 보내된 한 전단지가 있었다.
인간들이 제작한 것으로 보이는 거기엔 염소 한마리가 하루동안
알을 해 주면 평생동안 먹고도 남을 만큼의 먹기를 준다는 것이
다. 두 부부중 한마리만 가도 넉넉하게 살수 있었는데 욕심이
났는지 두 늙은 염소는 그 곳으로 갔다.
그런데 먹이에만 정신이 팔려 아기염소들을 미쳐 생각하지
못했던 것이다. 엄마염소와 아빠염소가 그곳으로 간 사이
아기염소들은 해처럼 밝은 얼굴로 잘 놀고 있었다.
하지만 행복도 잠시, 빗방울이 떨어져 아기염소들의 얼굴은
울상이 되 버린다.
날이 저물고 엄마아빠를 찾으며 울었는데 그 울음소리가
너무 울상이어서 '음매, 음매' 하며 울게 된 때가 그 때
부터 였다.
한참 어두운 밤인데도 해가 번쩍 뜬 것처럼 아기 염소들이
기뻐 '음매, 음매' 하고 울게 된 것도 그때 부터였다.
크리고 어마어미한 양의 먹이를 이고, 엄마염소와 아빠염소가
와 염소가족은 그뒤로 걱정거리 없이 잘 살았다.

## 5(서정을 서사로)

동요를 이야기로

아침부터 봄을 재촉하는 이슬비가 내리고 있습니다. 비가 오면 자라나는 새싹들은 신나는 하루가 되지만 등교하는 아이들에겐 비가 반갑지만은 않습니다. 아침부터 가방을 챙기고 거기에 한 가지 더 우산을 챙겨야 하기 때문입니다. 비를 좋아하든 싫어하든 아이들은 자신만의 예쁜 우산을 갖길 원합니다. 어쩌면 그건 당연한 일인지도 몰라요. 비 오는 날의 흐린 마음을 밝게 만들어 줄 수 있고 그래서 비를 미워하지 않아도 되거든요. 그렇지 못한 친구도 있는 거 같지만 말이에요.

새학기를 시작하는 날이에요. 아침부터 내리는 비에 아이들은 각기 다른 색의 우산을 들고 등교하고 있어요. 오랜만에 학교에 가는 길이어서 아이들은 소슬소슬 내리는 이슬비인데도 별로 좋지가 않은 가봐요. 그래도 씩씩하게 걸어가는 아이들이 더 많은 것 같습니다. 모두들 다른 색깔의 우산을 쓰고 분주하게 학교를 향해 가고 있어요. 방학이 끝나고 만난 친구들은 올해도 한 반이 된 것에 좋아하며, 재잘재잘 이야기합니다.

오늘은 누구를 따라가 볼까요. 저 멀치서 빨간 우산을 쓴 영민이가 친구들을 부르면서 부지런히 뛰어오네요. 흙탕물이 튀어서 옷을 적시지만 친구들을 만나는 기쁨이 더 큰가 봅니다. 그래도 집에 가면 엄마에게 혼나지 않을까? 걱정이 되는데요.

저 앞에서 파랑, 장미, 수민이가 걸어가고 있습니다. "애들아~ 같이 가자. " 아이들이 뒤를 돌아보니 영민이가 오고 있어요. 빨간색 우산을 쓰고 말이에요. 영민이가 친구들 옆에 도착해서 이야기합니다. "아침부터 비가 오니까 학교 가는 길이 좀 복잡하다. 우리 학교 가는 길은 왜 이렇게 좁은 건까? 아이들 틈 사이로 오는데 참 힘들었어. 그나저나 뛰어오느라 옷을 버렸으니 엄마가 꾸중하시면 어쩌지... "

씩씩한 수민이가 "그러니까 조금만 서두르지. 너희 집 앞에서 기다리다가 먼저 왔는데 그래도 빨리 왔네." 합니다. 그 옆에 있던 장미는 좀 냉정(새초롬)해요. "그러기에 누가 그렇게 뛰어다니니. 그냥 걸어와도 될 걸. 교실 가면 다 만날텐데 말이야. 근데 네 우산은 촌스럽게 빨간 색이 뭐니?"

영민이 "그래도 난 너희들 조금더 빨리 만나고 싶어서 그랬지. 근데 내 우산이 왜? 난 빨간 색이 좋아. 비 오는 날에도 해가 뜬 거 같아서 기분도 따뜻해지고 마음도 밝아지고 말이야. 이제 비 오는 날엔 내가 해를 들고 올게." *^^*

영민이와 가장 친한 파랑이가 영민이 편을 들어주네요. "나도 빨간 색 좋은데. 보면 뭐 하든지 정말 열심히 하고 싶은 생각이 들거든. 그래도 내 이름이 파란 색만큼 좋은 건 아니지만. 파란색이 좋으니까 비도 좋은 거 있지. 특히 이렇게 조용조용, 사뿐사뿐 내리는 이슬비는 더욱 좋고. 내 우산도 나만큼 시원하고 예쁘지?" - 호호호 -

장미가 "그래도 내 우산만큼은 아니지."하는데 아이들이 다들 의아하게 쳐다본다. 깜장 우산을 쓰고 온 장미가 왠지 평소답지가 않다. 영민이, 파랑이, 수민이 모두 "그러고 보니 네가 평소답지 않게 까만 우산을 쓰고 왔네?"

장미 "어머 얘들이 나를 어떻게 보고. 내가 아무려면 그냥 까만 우산을 쓰고 왔겠니? 짜잔~ 기대하시라 내가 너희들에게 맑은 날을 선사할게."

다른 아이들 "아무리 이슬비라도 이렇게 비가 오는데 맑은 날이라니?"

장미 "자 보라고." 장미가 옆에 있던 파랑이의 우산 아래로 들어간 뒤 자신의 우산을 뒤집어 보인다. 겉은 어두운 까만 색이었는데 우산 안쪽으로 파란 하늘이 펼쳐져 있고, 뭉게구름이 하늘을 둥실 떠가고 있었다. 아이들 모두 신기해하며 "와 정말 예쁘다. 이런 우산을 쓰면 아무리 비가 많이 오는 날도 파란 하늘 아래 있는 거 같은 기분이 들겠다~."

장미 - "우리 아빠가 뉴욕 출장 가셨다가 선물로 사다 주신 거야. 뉴욕은 우리나라처럼 하늘이 맑게 화창한 날이 별로 없어서 이런 우산이 생겼대."

아이들 - "아무튼 좋겠다. 우산도 이제 겉만 보고 판단하면 안되겠는걸... ^^"."

재미있게 웃고 이야기하는 아이들을 보며 끼어 들고 싶지만 아직 수민이가 찢어진 우산을 쓰고 있는 걸 아이들이 발견하지 못했다. 수민이가 어쩌다가 자신의 노란 우산을 잃어버리고 개학 첫날부터 찢어진 우산을 쓰고 오게 된 얘기를 들은 다음에 아이들러 인사를 해야지.

이제 영민이가 다급한 기분이 사라졌는지 주변을 살펴보기 시작한다. 수민이의 찢어진 우산을 발견했나보다. "어 수민아. 네 우산 노란색 아니었어? 왜 찢어진 우산을 쓰고 온 거야? 네 노란색 우산 정말 기분을 상쾌하게 해줬었는데."

수민이가 "덜렁거리는 내 성격이 어디 가겠니? 개학 첫날에 챙길 건 많고, 비는 오는데 우산을 어디다 두었는지 생각이 나야 말이지. 찾다가 결국 포기하고 현관 앞 우산꽂이에 있는 아무 우산이나 들고 나왔는데 펼치고 보니 찢어진 거 있지. 다시 집으로 들어갈까 하다가 너희들하고 같이 오려고 그냥 왔어. 그래도 우산도 많이 찢어지지 않았고 이렇게 이슬비가 오니까 다행이야. 집에 갈 때 날씨가 개었으면 좋겠어."

모두 잠시 멈춰 서서 소슬소슬 내리는 비를 바라본다. "그래도 이슬비가 오면 기분이 좋지 않아? 새싹들은 오늘이 즐거운 하루가 되겠지."

하늘을 한 번 올려다보던 영민이는 또 다른 아이들 뒤에 서고 말았네요. 파랑이, 장미, 수민이가 셋이 나란히 종알종알 대며 걸어가네요. "어, 영민이는 어디 갔지?"뒤를 돌아보며 "영민아, 빨리 와." 영민이는 뛰어가고 세 친구는 나란히 서서 기다립니다.

### 6(서사를 교술로)

| 도서명 | 동백꽃 | 지은이 | 김유정 |
|---|---|---|---|
| 바꿔 쓴 항목 : | | | 일기로 쓰기(점순이의 일기) |

#### 4월 6일

그가 우리 마을에 온 지 근 삼 년째 되어간다.

그와 난 만나도 이야기도 잘 않고, 서로 본체 만체 하는 그런 사이인데…….  해가 갈수록 그가 좋아진다. 그런 내 마음을 아는지 모르는지, 그는 도무지 나에게 관심을 보이지 않는다. 사람이 조금 무딘 걸까?

내일은 맛있게 감자를 구워 내 마음을 넌지시 표시해 봐야겠다.

#### 4월 7일

그 놈은 목석이 틀림없다. 어쩌면 그렇게 퉁명스럽고 멋대가리가 없는지…….

너무너무 분하고 창피해서 눈물이 나온다. 난 설레 이는 마음으로 감자를 구워줬는데 그놈은 '너나 먹어라' 한다. 먹기 싫어도 성의를 봐서 받기라도 해야 그게 사람이지, 그놈은 사람도 아니다. 감자를 내민 내 손은 뭐가 되라고…….

'너 이놈 두고봐라! 내가 받은 만큼 돌려주고, 너의 피를 모조리 말려주마'

#### 4월 10일

나의 복수는 시작되었다.

그놈이 산에서 내려오기만을 기다렸다가, 그가 오면  난 그놈의 닭을 아주 알을 못 낳게 볼기짝을 주먹으로 콕콕 쥐어박았다. 이것을 본 그놈은 눈에 쌍심지를 켜고 사지를 떨며 지게 막대기로 울타리를 치며 소리를 질러 대곤 했다.

난 속으로 쾌재를 부리며 힘센 우리 닭과 비실대는 그의 닭을 틈만 나면 싸움을 시켰다.

번번이 당하는 그의 닭은 그를 약올리기에는 충분했다.

'바보 같은 녀석! 쓸데없이 닭에게 고추장 먹이지 말고, 내 마음이나 헤아려'

#### 4월 16일

좀처럼 잠이 오질 않는다. 오후에 일을 생각하니 쑥스럽기도 하고 자꾸 웃음이 나온다.

행복함에 젖어 난 이 글을 쓴다..

오늘도 그놈을 약 올리기 위해 닭들을 안고 산기슭까지 올라갔다. 굵은 바윗돌 틈에 노란 동백꽃이 소보록 하게 피어 있었고 난 그 틈에 앉아 호드기를 불며 그가 내려오기만을 기다렸다..그가 저만치 내려오는걸 본 나는 얼른 닭싸움을 시켰고, 자기 닭이 또 당하는 것을 본 그는 약이 오를 대로 올라서 눈에 불을 켜고 우리 닭을 지게 막대기로 때려 엎었다. 닭은 그냥 죽어 버리고 순간 그는 당황하고 겁이 나서인지 울어 버렸다. 우는 모습을 보니 그의 순박함이 귀엽기도 하고 안쓰럽기까지 했다.

기회가 오면 놓치지 않는 나는  이르지 않겠다고 인심을 쓰며 그와 함께 동백꽃 속으로 쓰러졌다.

그는 순간 당황했지만 그도 사내인지라 곧 나의 입술 위에 그의 입술을 갖다 대었다.

동백꽃 향기인지, 그의 향기인지 난 정신을 차릴 수가 없었다. 눈치 없는 울 엄니 때문에 행복한 순간은 짧게 끝났지만 집으로 돌아온 후에도 가슴이 뛰어 일이 손에 잡히지 않았다.

내일 그를 어떻게 볼까! 지금 그도 내 생각을 할까?  내가 진짜 사랑에 빠진 것 같다.

'아부지 나 시집 보내 줘~ 잉!'

| 도 서 명 | 짧은 귀 토끼 | 지 은 이 | 다원시 |
|---|---|---|---|
| 바꿔쓴 항목 | 일기로 쓰기  (미미의 일기) | | |

**5월 15일**
동동이가 짧은 귀 때문에 시무룩했다.
" 동동아, 너의 귀가 늦게 자라서 그런가봐.
  네가 좀더 크면 나보다 더 멋진 귀를 가질지도 몰라."하고 위로해 줬다.

**5월 18일**
빨래를 하는데 동동이가 놀러왔다.
내가 빨래집게를 코에 집고 있는 걸 보더니 동동이는
'내 귀도 빨래집게에 집어 놓으면 길어질지도 몰라' 하고 생각하는 것 같았다.
그러더니 "미미야 내 귀도 빨래집게로 집어 빨래줄에 매달아 줘" 했다.
동동이 귀를 빨래줄에 집어 주었다.
동동이 귀가 나중에 길어졌으면 좋겠다.

**5월 23일**
동동이가 나무에 눈금을 그려놓고 날마다 재보았는데  일요일에도
5Cm밖에 되지 않아 화가 많이 났다.
내 마음도 속상했다.

**5월 27일**
심술쟁이 바람이 불어와 동동이 모자를 날렸다.
친구들이 짧은 귀를 보고 웃었다.  하하하 호호호 히히히
모자를 주워 동동이에게 갖다 주려고 했다. 그런데 동동이가
"이젠 모자 따윈 필요 없어. 너도 내일에 상관하지마!" 하고 화를 내는 거다.
그래서 동동이에게 삐졌다.

**5월 31일**
동동이가 멋진 귀빵을 붙이고 나타났다.
"우와! "  내 생각하고 똑같은 귀였다.  동동이는 흰색 왕관을 쓴 것 같았다.
그런데 독수리가 갑가지 나타났다. 돼지가 알아챘다.
동동이의 손을 잡고 빨리 뛰었다.
동동이는 길고 무거운 귀 때문에 예전처럼 빨리 뛰지 못했다.
독수리가 나와 동동이의 등까지 날아왔다.
너무 너무 무서웠다.
용감한 동동이가 독수리를 자기쪽으로 유인하려고 나에게 반대쪽으로 뛰라고 했다.
동동이가 독수리에게 잡혀갔다.
집으로 돌아와 거울 앞에서 한참을 엉엉 울었다.
"동동아! 제발 살아서 돌아와, 나에게!!!"

**6월 4일**
동동이가 살아 돌아왔다.  난 너무 좋았다.
귀빵이 맛있다는 소문이 났다.      동동이는 빵집을 차렸다.
빵집은 날마다 친구들로 북적댔다.
"동동아 나도 너네 빵집에 빵사러 갈게"
동동이 빵집이 잘 돼서 짱 좋다.

8(미술을 서사로)

# 김 홍 도 〈서당〉

화창한 봄날, 미륵마을 아이들은 서당으로 향한다. 광기는 비단가게 외아들로 성인식을 하고 나서도 학문이 부족하여 아직도 서당신세이지만 힘이 얼마나 센지 부하3명을 데리고 다닌다. 현동은 5세로 미륵마을에서는 천재로 통한다. 하지만 부모님이 소작농으로 입에 풀붙이기도 힘든 형편이다. 어쩌나 공부를 하고 싶은지 서당 문밖에서 귀동냥으로 공부하다가 훈장님께 들켜 자초지정을 말씀드렸더니 훌륭한 인재를 썩힐 수 없다며 무료로 가르쳐 주시고 있다. 민수와 민철은 쌍둥이로 서당의 모범생으로 훈장님의 총애를 받고 있다. 상현과 재구는 단짝친구로 개구쟁이지만 서당오기 전까지 멸감, 소여물 등을 하고 파한 후엔 논에 가서 모내기를 돕는 효자이다. 서당에 도착하기 전까지 고무신 멀리 던지기, 꿀밤 때리기 등의 놀이를 하며 깔깔거리는 웃음소리가 그치지 않는다.

방으로 들어서면서 재구는 숙제생각이 번쩍 떠올랐다. 상현이한테 묻는다.

"천자문 외웠어?"

"아참, 깜빡헸네. 회초리 맞으면 되지 뭐!"

"넌, 회초리가 무섭지 않니?"

상현이는 귓속말로 "훈장님이 늙으셔서 힘이 없거든"라고 대답했다. 재구가 둘러보니 민수와 민철은 여유 있게 외우고 있고, 현동이는 천자문은 신경 쓰지 않는다는 듯이 논어를 펴놓고 있고, 광기패거리는 손목맞기놀이를 하고 있다.

훈장님이 들어오셔서 수염을 만지시며 앉자 아이들은 공손히 절을 한다. 훈장님은 천자문 외우는 것을 검사하겠다며 민철을 앞으로 나오게 한다. 민철은 막힘없이 줄줄 외워나가고 훈장님은 흐뭇한 표정으로, 아이들은 감탄한 표정으로 바라본다. 훈장님은 아이들을 둘러보시더니"다음은…, 재구 앞으로 나오거라" 재구는 다리를 덜덜 떨면서 훈장님 앞에 앉는다.

"하늘천 따지 검을현 누를황 집.우…집……우……."

"이 놈, 안 외워왔구나. 서당 다닌 지가 한달이 넘는데 아직도 천자문도 못 외우면 어떻게 하느냐. 회초리 맞아야겠구나. 종아리 걷어라" 방바닥을 손으로 치시며 노발대발하신다.

재구는 눈물을 흘리며 뒤돌아 앉아 바지를 걷다가 그만 오줌을 지리고 만다. 동무들 앞에서 실수한 것이 창피하여 엉엉 울기 시작한다. 훈장님은 당황하여 어쩔 바를 몰라 얼굴을 찡그리고 계시고, 광기패거리는 옆친구 옆구리를 쿡쿡 찌르며 껄껄거리며 웃고, 현동이는 무릎을 꼬집으며 웃고, 민수와 민철은 책을 보는 척하며 웃고, 상현은 웃는 것이 미안하다는 듯이 입을 가리며 키득키득 거린다.

재구는 동무들의 웃음에 발을 동동 구르며 서럽게 운다. 재구가 너무 울자 동무들은 웃음을 멈추고 안타까워하며 바라보다가 한소리로 외친다. "괜찮아! 괜찮아! 괜찮아!…" 훈장선생님은 "재구야! 네가 부모님을 도와 농사일에 점점 틈도 없다는 것을 잘 안다. 매일 빠지지 않고 서당에 나오는 것만으로도 대단한 거야. 내가 너에게 회초리를 들려한 것은 네가 좀 더 학문에 정진하여 나은 삶을 살길 바라는 마음에서란다. 울음은 그치고 이 지필연묵을 줄터이니 열심히 공부하거라"라고 말씀하시며 지필연묵을 내주셨다. 재구는 울음을 그치고 훈장님의 선물을 받고 기뻐하고 동무들은 박수를 쳤다.

## (5) 입장바꾸기

　입장바꾸기는 작품의 인물에 자신을 대입시켜 본다거나 갈등에 처한 인물의 입장을 서로 바꾸어서 이해하는 가정활동이다. 활동 방법으로 내가 주동인물이라면, 내가 반동인물이라면, 그 사건이 일어나지 않았다면, 어떤 인물이 이렇게 행동했다면 등이 있다. 이른바 역지사지하여 사고하는 활동을 통해 학습자는 인물의 감정에 더욱 충실히 자신의 감정을 이입할 수 있다. 인물의 행동을 비판할 때는, 자신의 경우에는 그 상황에서 다른 어떤 행동을 취하겠다는 진술을 덧붙이게 하여 간접체험으로써 학습자의 상상력, 비판력, 가치판단의 수준 등을 고양시킨다. 이 활동은 작품의 내용을 가정한 이후의 느낌과 이전의 느낌이 어떻게 달라졌는지 학습자간의 토론으로 연계할 수 있다.

1(내가 주동인물이라면)

| 도서명 | 책먹는 여우 | 지은이 | 프란치스카 버어만 |
| --- | --- | --- | --- |
| 가정하기 | 내가 책먹는 여우아저씨라면 | | |
| 가정한 이유 | ①감옥에 안가는 방법이 있다<br>②나는 이런 책을 쓰겠다. | | |

①내가 여우 아저씨라면 책을 안먹고 집에 있는 책만 계속 먹겠다. 케챂, 꿀,간장, 양념 소스를 찍어 먹겠다. 그리고 도서관을 만들어서 책을 먹겠다.

②나는 아이들이 좋아하는 만화책을 쓰겠다. 어떤 책이냐면 도서관에서 살아남기, 감옥에서 살아남기,도서관 어드벤처, 메이플 스토리) <도서관에서 사서 숨바꼭질기7등을 만들겠다

2(내가 주동인물이라면)

내가 만약 늑대였다면······
내가 늑대였다면 할머니의 생일 케익을 만드는 대신 정성스런 마음이 가득 담긴 생일 카드를 만든다거나 할머니께서 좋아하시는 다른 어떤 일을 해드릴 것 같아요. 심한 감기에 걸려 있으면서 할머니를 위한 생일 케익을 만든다는 것은 감기 바이러스가 옮을 지도 모르잖아요. 충분한 휴식을 취해야하는 감기 환자가 번거룹고 손이많이 가는 케익을 만드는 일은 감기증상을 악화시킬수도 있으니 말이죠. 달리 생각하였다면 설탕을 얻으러 무례한 돼지들에게 가지 않아도 되고 후에 감옥에 갇히는 일은 벌어지지 않을지도 모른다는 생각이 듭니다. 할머니를 위한 마음은 좋았지만 바라는 결과가 좋은 방향으로 흐리지 못한 늑대에게 사랑의 표현이 다양하다는 것을 이야기 해주고 싶네요.

| 생각<br>키우기 | 1. 책을 읽으면 다음을 참고해 입장을 바꿔 쓰거나 어떤 상황을 가정해 보자.<br>　. 내가 주인공이라면 !<br>　. 내가 작품 속 어떤 인물이라면!<br>　. 그때 그 일이 일어나지 않았다면!<br>　. 작품 속 어떤 인물이 이랬더라면!<br>2. . '만일 ~이라면' 으로 가정해 쓴 이유와 가정해 쓴 후 달라진 점이나 소감을 쓴다. |
|---|---|

| 도서명 | 나쁜 어린이표 | 지은이 | 황선미 |
|---|---|---|---|

| 가정해 쓸 항목 | 내가 선생님 이라면! |
|---|---|
| 가정해 쓴 이유 | 선생님이 애들에게 나쁜어린이표를 많이 주는거 같아서 착한어린이표를 많이 주고싶 |

내가 선생님 이라면 규칙을 안 바꾸고, 나쁜어린이표
를 안 줄 것이고, 떠들으면 꼭 그 이유를 물어
볼 것이다. 고자질 하는 애한테도 왜 고자질
하는가 를 물어 볼 것이다. 아이들에게 화를 잘 안내
고, 착한선생님이 될 것이다.

4(내가 반동인물이라면)　　한 솔초등학교　　（　학년　　반　이름:장주연

| 생각 키우기 | 1. 책을 읽으며 다음을 참고해 입장을 바꿔 쓰거나 어떤 상황을 가정해 보자.<br>· 내가 주인공 이라면 !<br>· 내가 작품속 어떤 인물 이라면 !<br>· 그때 그 일이 일어나지 않았다면 !<br>· 작품속 어떤 인물이 이랬더라면 !<br>2. '만일 ~ 이라면' 으로 가정해 쓴 이유나 가정해 쓴 후 달라진 점이나 소감을 쓴다. |

| 도서명 | 돼지책 | | 지은이 | 앤서니 브라운 |

| 가정해 쓸 항목 | 내가 돼지책의 엄마라면 ♡ |

| 가정해 쓴 이유 | 엄마의 모습이 틀렸다<br><br>아무리 힘이 들어도 집을 나가면<br>안 된다고 생각 한다 |

내가 돼지책의 엄마라면 .. ○○

힘들면 남편에게 "설것이좀 해 줘요"라고 말을 했을것이고 아이들에게는 "이불좀 개줄래?" 그러면 안 힘들겠다고 생각했다 편지를 쓰면 "나 여행좀 갔다올께!" 그동안 잘 있어" 라고 말하고 잤을 것이다. "학교 잘 다녀 왔니?"라고 말하고 안아줄것 이다. 남편에게는 "안녕히 다녀오셨어요?" 라고 했다면 일을 잘 해줬을것 같다. 그리고 여행가면 가족 들이랑 같이 잤을 것이고 아이들이랑 같이 춤추고 노래를 불렀을것 같다 아빠가 웃겨서 "하하하" 웃고 뒤로 벌러덩 넘어졌을 것이다.

행복한가족이 돼지책에 나오는 가족은

될수 있다

진천상산초등학교    제 3 학년    8 반                                이름 ( 김은성 )

| 생각<br>키우기 | 1. 책을 읽으며 다음을 참고해 입장을 바꿔 쓰거나 어떤 상황을 가정해보자.<br><br>· 내가 주인공이라면?<br>· 내가 작품 속 어떤 인물이라면?<br>· 그때 그 일이 일어나지 않았다면?<br>· 작품 속 어떤 인물이 이랬더라면?<br><br>2. '만일 ~이라면'으로 가정해 쓴 이유와 가정해 쓴 후 달라진 점이나 소감을 쓴다. |
|---|---|

| 도서명 | 나쁜 어린이표 | 지은이 | 황선미 |
|---|---|---|---|
| 가정해 쓸 항목 | 선생님이 나쁜 어린이표를 주지 않았다면? | | |
| 가정해 쓴 이유 | 나쁜 어린이표를 주지 않았으면 건우가 스티커를 변기에 버리지 않았을 것이다. | | |

선생님이 나쁜 어린표 준 것은 잘못이다 왜냐하면 친구들이 놀리면 학교가 가기 싫어서이다. 그리고 나쁜 어린이표르 주지 말고 경고1번, 경고2번, 경고3번, 경고4번 경고5번을 하고 또 안들으면 손들기 10분을 하는게 낮고 아니면 반성하라고 눈을 감고 수업은 안하고 반성삼십분을 한다.

만약선생 님이 그렇게 한 다 면 진우는
수첩에다 착한성생님 표 몇번을 쓸거
같오고 선생님 이 그런 방식대로 하
지 않으면 권우가 수첩에 나쁜선생님
표를 적을 거 이다. 나의방식대로 했다
면 진우는 좋았을 것이다.

# 만일 내가 백설공주 작가가 된다면!!

| 생각 키우기 | *책을 읽으며 다음을 참고해 입장을 바꿔 쓰거나 어떤 상황을 가정해 보자. | | |
|---|---|---|---|
| 도서명 | 백설공주 | 지은이 | 그림 형제 |
| 가정해 쓸 항목 | 만약 백설공주가 왕자를 만나지 못했을 경우에는 ? | | |
| 가정해 쓴 이유 | 이 동화에서는 백설공주가 왕자의 도움 없이는 깨어나지 못하게되어 있다. 따라서 그 시간에 왕자가 나타나지 않았다면 전혀 다른 내용으로 바뀌지 않았을까? | | |

새 왕비의 욕심 때문에 백설공주는 독이든 사과를 먹고 쓰러진 후 난장이들이
집에 돌아와서는 모두들 슬퍼하며 울고있었다.
그때 다섯 번째 난장이는 생각을 했다.
이렇게 백설공주를 보낼 수 는 없다고.... 이렇게는 안 된다고.
난장이는 숲에사는 요정을 찾아가 백설공주를 살려 달라고 했다.
요정은 한 참 생각한 후에 도와주겠다고 하면서 새 왕비에게 있는 요술 거울이 꼭 필요 하다고 하면서
그 거울을 가져다 달라고 했다.
난장인는 굳은 결심을 하고 성으로 찾아갈지만 도대체 요술거울 찾을 수가 없었다.
그렇게 낙심하고 있을 때 먼 발치에서 발자국 소리가 들리더니 왕비의 목소리가 들리며 벽으로 보이던
곳이 갑자기 열리는 것이었다
난장이는 살그머니 따라 들어가 모래 엿보았습니다. 거기에는 난장이가 찾고있던 요술 거울이 있었습니다.
왕비는'거울아 거울아 이 세상에서 누가 제일 예쁘니?'하고 물으니 요술거울은
'왕비님이 제일 예쁘십니다.' 하고 대답하는 것이 였습니다.
왕비의 얼굴에는 웃음이 번지고 있었습니다. 그러면서 왕비는 조용히 방을 나가고 있었습니다.
난장이는 몰래 다가가 요술거울에게 이야기를 했습니다.
'요술 거울님 제 소원을 좀 들어 주세요.'
'무슨일로 저를 찾아 오셨나요?'
'백설 공주님께서 죽어가고 있습니다. 그래서 요정님을 찾아가 살려 달라고 하니 요술 거울님이 있어야
한다고 합니다. 제발 백설공주님을 살려 주세요.' 하며 이야기를 했습니다.
'마침 잘됐군요.저도 왕비의 욕심에 정말 힘들었는데... 빨리 가야 되지 않을 까요?'
난장이는 요술거울과 함께 요정을 찾아갔습니다.
요정은 난장이가 가져온 요술거울을 백설공주를 비추게 하더니 주문을 외우는 것이었습니다.
그랬더니 백설공주가 눈을 뜨는게 아니겠어요.
모두들 기뻐서 소리를 지르고 춤을 추고 기뻐했습니다.
그 시간 새 왕비는 요술거울이 없어지고 난후 점점 쇠약해 지더니 더 이상 아름답지 못한 자기의
얼굴을 보면서 후회하며 울고 있었습니다.

## 5. 텍스트 변화 전략

기존의 전략들이 글이라고 하는 전달 양식을 인정하는 차원에서 이루어졌다면, 텍스트 변화는 글이라는 전달 양식을 파괴하여 다양한 예술매체와 통합시키거나 행위화하는 활동이다. 한 편의 작품을 한 편의 그림이나 만화 또는 노래로 추상화시킨다거나 신문의 형태로 바꿀 수 있다. 극본이나 판결문을 작성하여 실연을 할 수도 있고, 전혀 다른 나만의 책으로 형태를 바꿀 수도 있다. 작품의 의미는 이제 원형으로서 가치가 있을 따름이다. 즉 작품의 구체적인 내용이나 의미보다 원형의 가치를 어떻게 다른 예술매체로 승화시킬 것인가에 초점을 맞춘다.


### 1) 독서감상화

독서감상화는 작품의 전체적인 분위기나 느낌 또는 가장 인상적인 장면을 그림으로 묘사하는 활동이다. 작품에 등장하는 인물의 외형이나 표정, 동작뿐만 아니라 배경으로서 공간이나 계절 등에 유의하여 그림으로 표현한다. 독서감상화는 작품의 삽화로도 대체할 수 있다.

독서감상화는 책표지로도 대체가 가능하다. 책표지는 작품에 어울릴만한 표지를 직접 제작하는 활동이다. 책표지는 포스터 그리기로도 응용이 가능하다. 작가의 의도를 수용하여 출판사의 디자이너가 표지를 제작하였을 것이지만 학습자의 작품에 대한 독자적인 통찰을 바탕으로 다시 제작한다는 데 의미가 있다.

1

# 독서감상화 그리기

진흥초등학교 (3)학년 (5)반 이름(조훈연)

| 책 제목 | 미운 아기 오리 | 지은이 | 안데르센 |
|---|---|---|---|

책을 읽고 떠오르는 장면 중 내가 그릴 장면에 대한 설명, 책을 읽고 느낀 점 등에 대하여 간단히 적어 보세요.

미운아기오리는 못생겼다는 이유로 모두에게 구박을 당합니다. 그러나 그 고통을 참고 견딘후 아름다운 백조가 됩니다. 겉모습 만 보고 왕따를 하는것은 잘못된 판단이다

(책 속의 한 장면을 멋지게 그려 보아요!)

2

## 독서감상화 그리기

2학년 우서혜

| 책 제목 | 나쁜 어린이표 | 지은이 | 황선미 |

책을 읽고 떠오르는 장면 중 내가 그릴 장면에 대한 설명, 책을 읽고 느낀 점 등에 대하여 간단히 적어 보세요.

건우네반 친구들이 청소를 하고 있습니다.
건우의 성격을 고쳐야 한다고 느꼈습니다.

(책 속의 한 장면을 멋지게 그려 보아요!)

# 마법의 설탕 두 조각
## (전체관람가)

1

마법의 설탕 하나로 부모님 말씀을 안 듣고 내 맘대로 할 수 있다.
과연 마법에 걸린 부모님을 구할 방법은 없을까?

**2**

우리와 다르게 살고 있다는 이유로
그들을 다른 시선으로 바라보고 계신가요?

제 5회 평생 오페라단 정기 공연

## ● 백설 공주를 사랑한 난장이

2003. 9. 30 (화) ~ 10. 5 (일) PM 7 : 3O
　　10. 4　(토) PM 3 : 00 , 7 : 30 (2회 공연)
　　10. 5　(일) PM 5 : 00

충북대학교 개신 문화 회관

## ● 안개 숲 속의 아름다운 사랑 이야기

- 평생 오페라단이 자신 있게 내 놓은 오페라
- 어린이와 어른들이 함께 할 수 있는 아름다운 작품.
- 아름다운 아리아와 절묘한 앙상블

안개 숲 속에는 일곱 난장이 들이 살고 있다.
그 중 막내인 반달이는　태어날 때 부터
말을 하지 못하는 난장이 였다.
그러던 어느날 이웃 나라에서 쫓겨난 백설공주가
이들 일곱 난장이가 사는 안개 숲으로 오게 된다.
첫눈에 백설공주에게 반한 반달이는
공주에게 점점 사랑을 느끼지만
아무런 말도 할 수 없는 자신때문에 가슴 아파한다.
하지만 반달이는 공주를 위해 자신의 목숨도 아끼지 않고
매번 공주를 죽음에서 구해낸다. 그러나 공주는
먼 이웃 나라 왕자와 결혼을 하게 되고
자신의 사랑을 말해 보지도 못한 반달이는
시름시름 앓다가 안개꽃밭에 잠들게 된다.

제1막 1장 , 안개 숲
　　- 일곱 난장이와 아름다운 안개 숲의 평화로움
제 1막 2장 , 일곱 난장이 들의 집
　　- 이웃나라 백설공주와 일곱 난장이 들의 만남과 백설공주를 향한
　　　반달이의 마음
제 2막 1장 , 왕비의 나쁜 모략
　　- 공주를 죽이려는 왕비의 계속된 모략
제 2막 2장 , 공주를 구하기 위한 반달이의 노력
　　-사과를 먹고 마법에 걸린 공주를 구하기 위해 길을 떠나는 반달이
제 3막 1장 , 먼 이웃 나라
　　- 공주를 구하기 위해 먼 이웃나라 왕자를 찾으러 온 반달이의
　　　사랑과 왕자와의 만남.
제 3막 2장 , 왕자와 공주의 결혼식
　　- 어렵게 만난 이웃 나라 왕자의 키스를 받고 마법에서 풀려나는
　　　공주와 두 사람의 결혼식
제 4막 1장 , 슬픔의 안개 숲
　　- 공주를 생각하며 시름 시름 앓다가 안개 꽃밭에
　　　잠이 드는 반달이 와 슬픔에 젖은 안개 숲
제 4막 2장 , 공주의 방 (진실의 거울이 밝히는 비밀)
　　- 반달이를 보기위해 안개 숲을 찾아온 공주,
　　　반달이의 모습은 보지 못하고 돌아옴.
　　　그리고 진실의 거울이 공주에게 보여주는
　　　안개 숲 속의 잠든 반달이의 사랑.

아주 특별한 우리형
지도: 류양현 , 작성: 윤준희

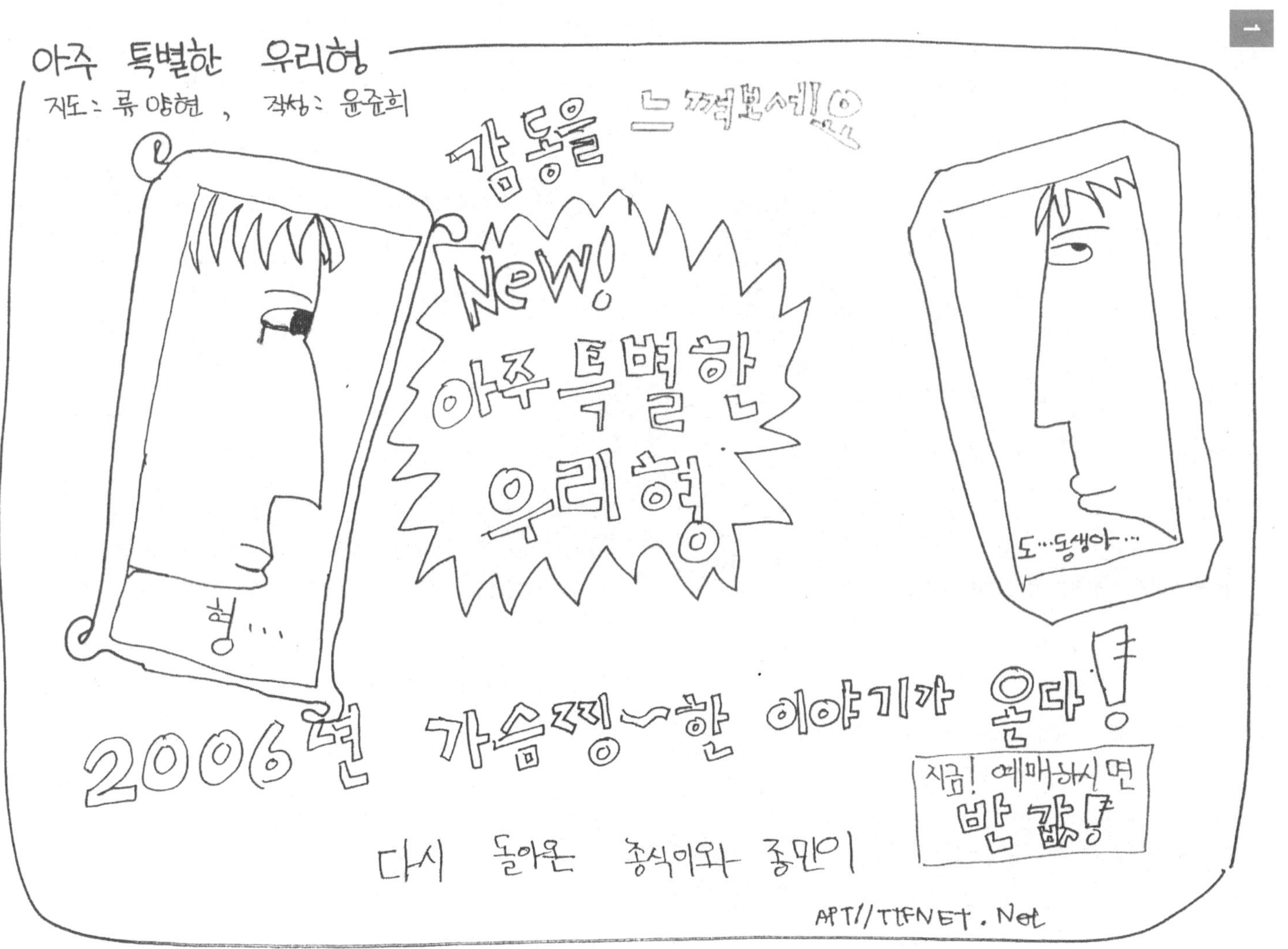

책 표지 만들기·( 앤서니 브라운  돼지책)

7세  이지예

# 내가 그리는 책속의 삽화

| 도서명 | 플란더스의개 | 지은이 | 위다 | 출판사 | 퍼킨스 |
|---|---|---|---|---|---|

| 인상깊은<br>장면과<br>그이유 | 미술 대회에서 심사 위원들은 한결 같이<br>" 대단한 그림인데!<br>생명력이 느껴지는 그림이야 ! "<br>정말 어린 소년이 그린것이라고 믿어지지 않아<br>하면서 네로의 그림을 칭찬했지만<br>일등으로 뽑지는 않았습니다.<br>그 이유는 부자가 자기 아들을 일등으로 뽑아<br>달라고 돈을 주며 부탁했기 때문이지요.<br>실력으로 인정하지 않고 청탁으로 일등을 뽑았다는것은<br>물질 만능 주위의 어른들의 큰 잘못이라고 봅니다 |

| 상황그림<br>(독서삽화) | |

## 2) 독서만화

　독서만화는 작품의 내용을 만화 양식으로 표현하는 활동이다. 만화는 어떤 메시지를 그림으로 전달하기 때문에 시각적으로 강한 인상을 남긴다. 또한 간명한 글은 작품의 이해를 돕는다. 만화의 속성을 활용한 활동을 통해 학습자의 독서흥미를 유발할 수 있는 것은 물론 상상력과 창의력을 향상시킬 수 있다. 예컨대 신문이나 잡지의 '독서만평'이나 '4컷 만화'를 응용하여 작품의 인상적인 부분을 그리거나 인물이나 사건에 대한 풍자성 짙은 장면을 표현할 수 있다. 상징적인 의미를 강조하고자 한다면 한 칸 만화나 만평을, 극적인 흐름을 강조하고자 한다면 여러 칸 만화나 만평을 그린다.

이혜리

# 만카

머리 = 시장의 아내가 되어 살짝 부자의 이미지와 지혜가 있는 사람으로 단정하고 차분한 머리.

눈 = 언제나 초롱초롱하고 순수한 맑음의 이미지.

코 = 지적인 모습의 날카로운 코

입 = 항상 밝으며 다른 사람의 기쁨이 되는 웃음을 가지고 있을 것이다

총 이미지 = 현명하고, 지혜롭고 아름다움을 가지고 있는 착한 만카의 모습

Pg.68,69 쪽에서 왕이 "그럼 당신 딸이 그렇게 현명하면 결혼하겠소" 하고 수수께끼를 하나 더 내는데, 만카가 발도아닌 낮도아닌고, 우옷을 타고, 선지도 않고, 옷을 입지도 않고 은 모습에 현명함과 아름다움에 반한 시장이 바로 결혼하였는데 여기서의 만카의 현명함, 지적인 모습과 아름다움 의 모습 가지고 표현하였습니다.

만화로 그려보는 독후감
경산초등학교 ( 3 )학년 이름 ( 박진현 )
책 이름    이솝이야기
개미야 뭐하러 열심히하니?
어느덧 가을이 왔다.
겨울에 어떻하지
배가 너무 고파서
❦ 칸을 자유롭게 나누어서 만화로 꾸며 보세요.

**2**

# 〈만화로 보는〉
# 늑대들려 주는 어기 돼지 삼형제 이야기.

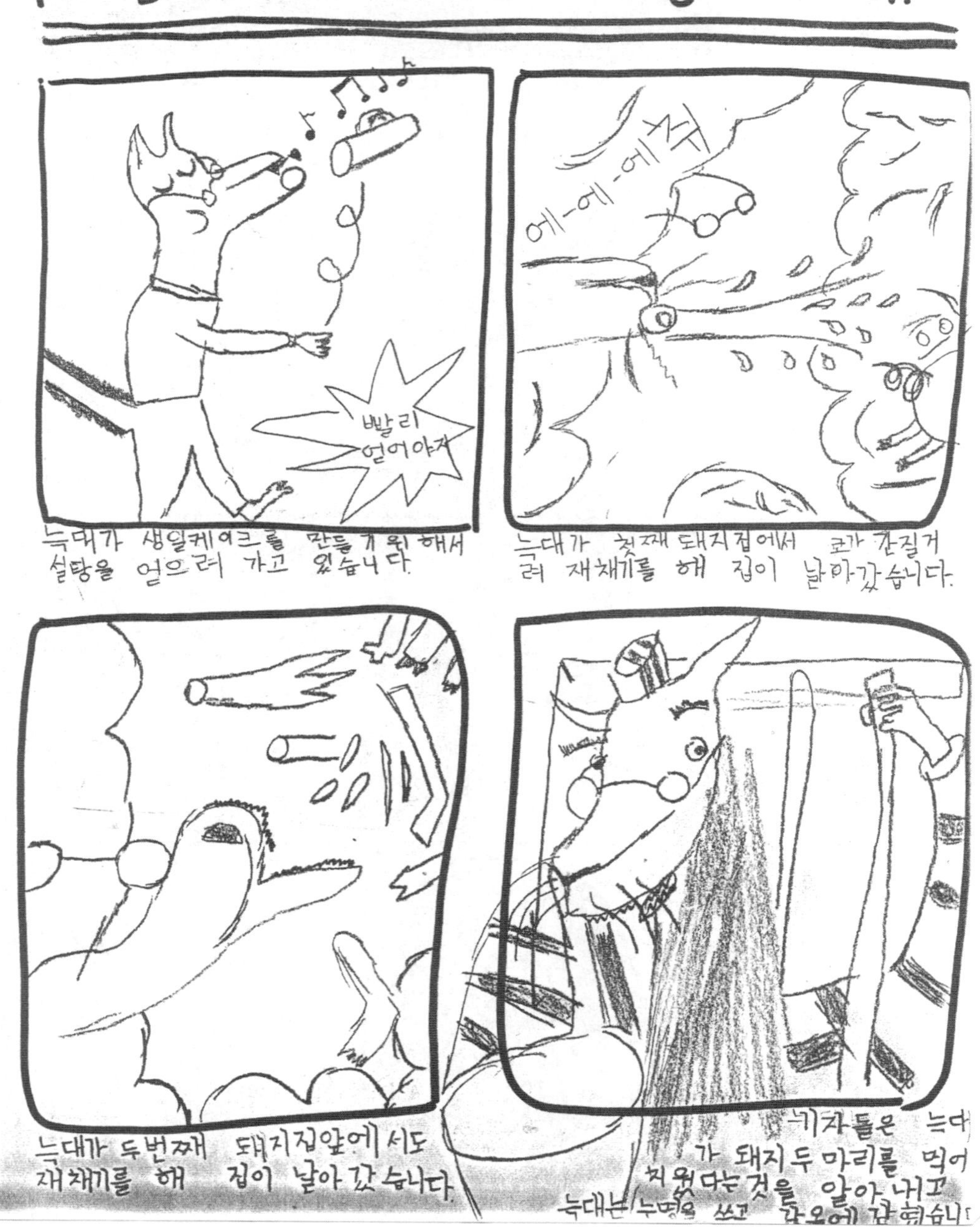


늑대가 생일케이크를 만들기 위해서 설탕을 얻으러 가고 있습니다.

늑대가 첫째 돼지집에서 코가 간질거려 재채기를 해 집이 날아갔습니다.

늑대가 두번째 돼지집앞에 서도 재채기를 해 집이 날아갔습니다.

네가 들은 늑대가 돼지 두마리를 먹어 지웠다는 것을 알아내고 늑대는 누명을 쓰고 감옥에 갔습니다

## 만화가 좋아요!

| | 도서명 | 학년 | 이름 |
|---|---|---|---|
| | 아낌없이 주는 나무 | 5 | 민정서 |

☐ 책의 내용을 바탕으로 6단 만화를 그려 보세요. 인상적인 주인공와 말을 넣어도 좋고, 전체적인 줄거리를 담아도 좋아요.

2 −우리들의 일그러진 영웅−
−김 윤 아−

## 만화 그리기

4 학년 8 반 36 번
이 름 : 전자현

| 주 제 | 호동왕자를 끝까지 사랑한 낙랑공주 | 책 이름 | 호동 왕자와 낙랑공주 |
|---|---|---|---|
| | | 지은이 | 김부식 |
| | | 읽은기간 | 11/29 |

☞ 책을 읽고 인상 깊은 장면이나 느낌을 만화나 간단한 그림으로 그려 봅시다.

☞ 내가 그린 만화를 친구들에게 소개하는 글을 써 봅시다.

호동왕자의 편지에 놀라고도 실망한 낙랑공주는 호동왕자를 향한 자신의 사랑을 보여 드리기 위해 자명고와 북나팔을 부쉈으나, 결국 아버지께 죽음을 당하고 만다.

## 3) 독서주제가

독서주제가는 작품과 어울리는 노래를 창작한다거나, 기존의 동요나 대중가요에 가
사를 바꾸어 얹어 부르는 활동이다. 작곡과 작사를 통한 직접적인 창작은 매우 어려운
일이므로 기존의 노래에 가사를 바꾸어 얹어 부르는, 즉 '노가바'를 중심으로 활동한다.
노가바는 서정 양식으로서 동요나 대중가요의 가사를 역으로 서사 양식으로서 동화나
소설로 바꾸는 활동으로 응용이 가능하다.

## 4. 작품의 '주제가' 만들기

| | |
|---|---|
| 활동안내 | 노랫말에 붙이는 곡은 직접 창작하기에 무리가있어 개사곡 형태로 한다. |

| 도서명 | 동 백 꽃 | 지은이 | 김 유정 |
|---|---|---|---|

| 주제가명 | 점순아 점순아 뭐하니? | 원곡명 | 여우야 여우야 뭐하니? |
|---|---|---|---|

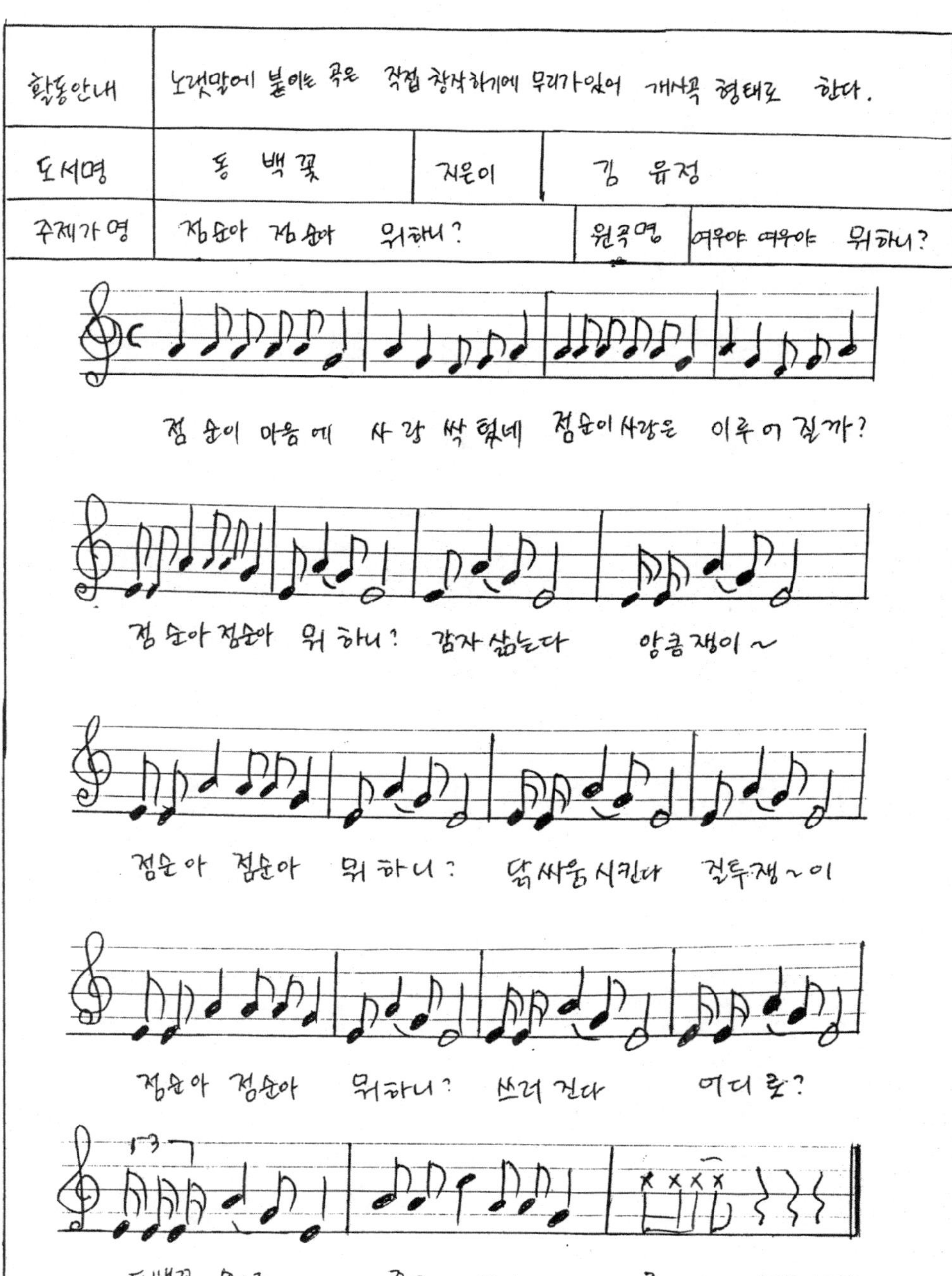

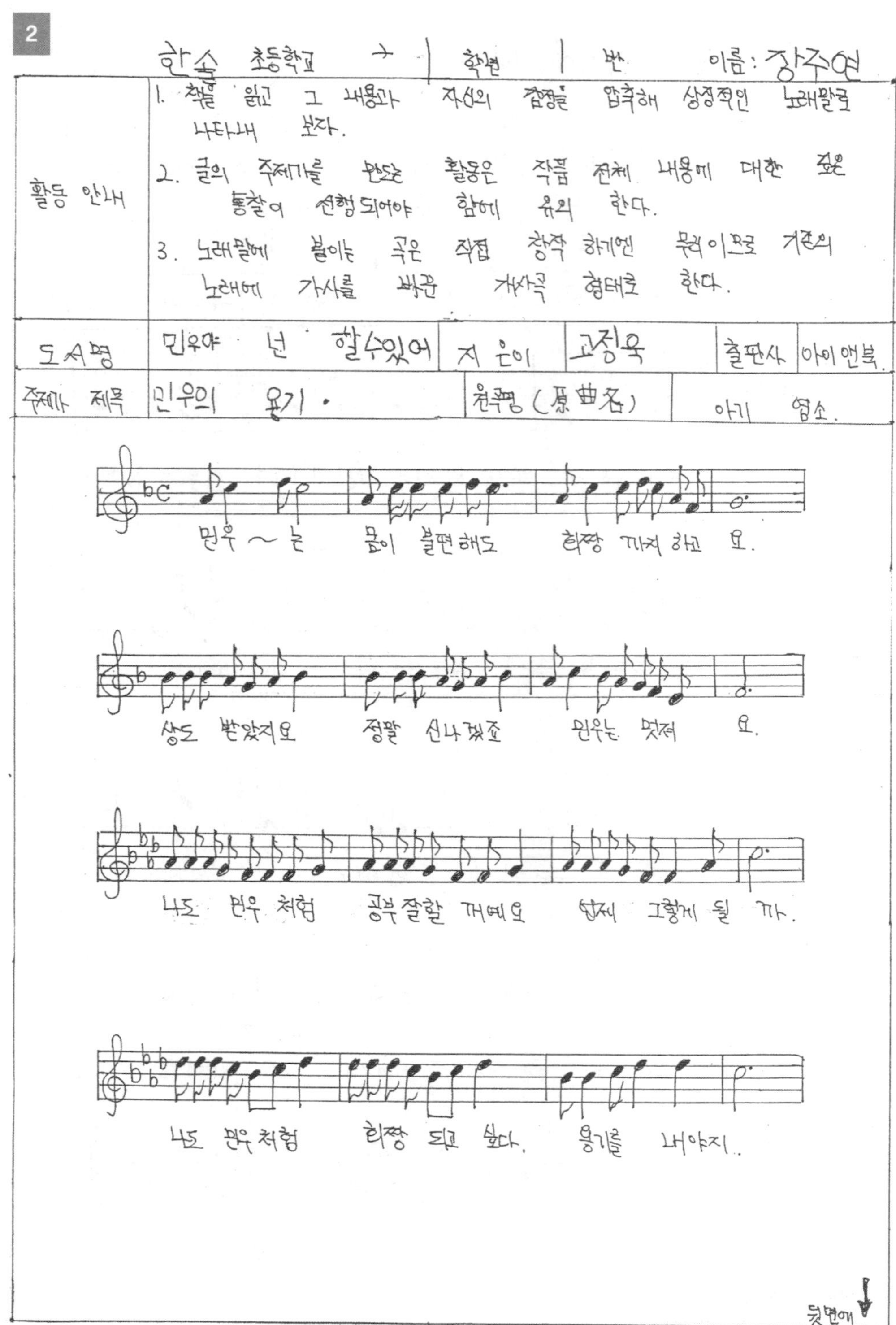
2
한솔 초등학교    학년    반    이름: 장주연
활동 안내
1. 책을 읽고 그 내용과 자신의 감정을 압축해 상징적인 노래말로 나타내 보자.
2. 글의 주제가를 만드는 활동은 작품 전체 내용에 대한 깊은 통찰이 선행되어야 함에 유의 한다.
3. 노래말에 붙이는 곡은 직접 창작 하기엔 무리이므로 기존의 노래에 가사를 바꾼 개사곡 형태로 한다.
도서명    민우야 넌 할수있어    지은이    고정욱    출판사    아이앤북
주제가 제목    민우의 용기.    원곡명 (原曲名)    아기 염소.
민우~는 몸이 불편해도 희망 가지 하고요.
상도 받았지요 정말 신나겠죠 민우는 멋져 요.
나도 민우 처럼 공부 잘할 꺼예요 언제 그렇게 될 까.
나도 민우 처럼 희망 되고 싶다. 용기를 내야지..
뒷면에

# 내가 만든 주제가 3

| 활동안내 | 1. 책을 읽고 그 내용과 자신의 감정을 압축해 상징적인 노래말로 나타내 보자.<br>2. 글의 주제가를 만드는 활동은 작품 전체 내용에 대한 깊은 통찰이 선행되어야 함에 유의한다.<br>3. 노래말에 붙이는 곡은 직접 창작하기엔 무리이므로 기존의 노래에 가사를 바꾼 개사곡 형태로 한다. |
| --- | --- |
| 도 서 명 | 사금파리 한 조각 / 지은이 : 린다 수 박 / 출판사 : 서울문화사 |
| 원 곡 명 | 독수리 오형제 / 주제가 제목 : 우리의 목이 ♪♬ |

원 곡 : 〈 독수리 오형제 〉

개사곡 : 〈 사금파리 한 조각 〉

| 원 곡 : 〈 독수리 오형제 〉 | 개사곡 : 〈 사금파리 한 조각 〉 |
| --- | --- |
| 슈파슈파슈파슈파<br>우렁찬 엔진 소리 독수리 오형제<br>쳐부수자 알렉터 우주의 악마를<br>불새가 되어서 싸우는 우리형제<br>태양이 빛나는 지구를 지켜라아<br>정의의 특공대 독수리 5형제<br><br>초록빛 대지의 지구를 지켜라아<br>하늘을 날으는 독수리 5형제<br>우주를 누비는 독수리 5형제 | 슈파슈파슈파슈파<br>우렁찬 물레 소리 줄포의 목~이<br>이겨보자 강영감 낙화암 도적~떼<br>용사가 되어서 싸우는 우리목이<br>도자기 빛나는 줄포의 도공되자<br>민영감 수제자 다리 밑 목이<br><br>비취빛 도자기 고려를 빛낸-다<br>줄포의 날으는 우리의 목이<br>고려를 빛내는 우리의 목이 |

4

** 노래가사나 CM송을 흥부와 놀부이야기로 고쳐쓰기를 해보아요^^ **

( 흥부가 박타는 장면 )

오늘은 왜이리 기분 좋은 걸까~♫

나는 착한 흥부라네~♫

박타세~박타세~박타세~♫

금은보화 쏟아지는 박타세~♫

부자되는 박~♪

흥부표 박! 한번 느껴봐요~~

## 4) 독서신문

신문은 현실세계의 사건과 문화를 다양한 입장에서 조망한다. 그래서 '살아있는 교과
서'로도 불린다. 독서신문(NIE ; Newspaper in Education)은 작품을 신문 형식으로 바꾸어
표현하는 활동이다. 신문의 다양성과 실용성을 반영해서 학습자의 지적 성장을 꾀하는
동시에 학습효과를 신장시키는 데 목적이 있다. 독서신문의 교육적 효과로서 종합적 사
고 및 학습능력 향상, 독해 및 쓰기 능력 향상, 논리성과 비판력 증진, 창의력 증진, 문
제해결 및 의사결정 능력 배양, 올바른 인성 함양 정보 및 자료의 검색, 분석, 종합, 활
용 능력 제고 등이 이미 검증되었다.

활동 방법으로 신문의 구성요소인 기사를 활용하는 방법, 사진을 활용하는 방법, 시
사만화를 활용하는 방법, 광고를 활용하는 방법, 신문의 형식 자체를 활용하는 방법 등
이 있다. 학습자의 지적 수준이나 학습목표에 따라 다르지만 가장 주요한 활동 방법은
기사의 활용이라고 할 수 있다.

**1**

제 102호 　　　## 소년일보 　　　1862년 2월 26일 ○요일

---

## 실종 된지 2년만에 고향으로 돌아온 15명의 소년들

1860년 2월 14일 뉴질랜드의 오클랜드 항구에 정박해 있던 슬라기호의 알수 없는 출항으로 인해 실종되었던 15명의 채어맨 학생들이 지난 2월 13일 마젤란책험 부근 바다에서 그래프턴 호에 의해 구조되어 어제 오클랜드 항구에 도착했다. 체어맨 학교 학생 14명과 흑인 모코가 뉴질랜드에서 3,000킬로미터나 떨어진 섬에 표류한 지 2년이 지나 가족들은 이들이 뉴질랜드 앞바다에서 화물과 함께 침몰했다고 여기고 있었다. 이들은 지난겨울 샌프란시스코에서 출항한 세반 호의 살인 사건의 범인들과의 결투에서 살아남　은 것으로 전해져 다시 한번 가족들을 놀라게 했다. 이들 15명중 드니팬은 결투 중 부상을 당하였으나 케이트와 친구들의 극진한 간호 덕분에 회복중이며, 다른 학생들은 모두 건강한 상태이다. 이 학생들과 동행한 케이트와 에반스는 세반호에서 살아남은 생존자이며, 학생들은 이들의 도움으로 체어맨(실제로는 하노버)섬에서 벗어날 수 있었다고 밝히고 있다. 이들의 지난 섬생활은 2년 동안 꾸준히 써 온 백스터의 일기를 본지에서 단독 입수하여 연재를 계획하고 있다.

/박지선 기자

---

### 사설

오늘 부모의 품으로 되돌아온 15명의 소년들은 섬 생활에 지신들의 버팀목이 되어 준 것은 친구들간의 우정과 다니엘 디포의 소설 <로빈슨 크루소>라고 밝혀 사람들을 놀라게 했다. 독서의 중요성을 다시 깨닫는 계기가 됐다. 이 기사는 부모들의 과잉 보호 속에 나약해져 가는 아이들에게 새로운 세계에 대한 도전의식을 가지게 해 주고, 또 자신의 아이들을 언제나 작고 어리게만 평가하는 부모들에게 아이들의 또 다른 가능성을 보여 주고 있다.

---

# 소년일보

1862년 7월 17일 O요일

---

## 흑인 소년 모코가 14명의 소년을 선거법 위반으로 고소하다.

지난 2월 2년 동안 실종되었다가 극적으로 귀향해 많은 이들을 놀라게 했던 체어맨 학교 학생 14명을 모코라는 소년이 섬 생활 중 자신이 흑인이라는 이유로 차별 받았다며 법정에 고소해 많은 이들을 당혹스럽게 하고 있다. 고소 내용에 의하면 모코는 섬 생활 중 식사를 전담하였으며 중요한 일을 결정하거나 행할 때 단지 흑인이라는 이유로 불이익을 당했다고 주장하고 있다. 특히, 새 지도자를 선출할 때 자신에게 선거권이 없다며 선거에서 제외시켜 정신적인 피해를 주었다고 한다. 이 소식에 많은 사람들이 생사를 함께 한 소년들의 우정이 이 재판과정을 통해 깨어지지 않을까 걱정하며 지켜보고 있다. 한 편 이들과 함께 돌아온 케이트는 자신이 목숨을 구해 준 드니팬의 집에서 머물며 살림을 맡고 있으며 믿음직한 애반스는 여러 사람에게 받은 기부금으로 상선을 마련하고 체어맨 호라고 이름을 붙였다. 슬라우기 호의 소년들이 섬에서 보낸 힘든 생활 속에서 더욱 성숙해지고 강해진 것처럼 이 재판을 통해 사회인으로써 거듭나기를 바란다. /박지선 기자

---

독자마당

드니팬에게                                      남평초등 3학년 박 혜수

안녕? 난 한국에 사는 혜수라고 해.
네가 처음에 브리앙하고 사이가 안 좋을 때에는 잘난 척하는 네가 싫었어
하지만, 지금은 잘난 척도 안하고 친구들과 안 싸우니까 좋아. 나는 <프렌치 댄의 일기>를 읽고 네가 브리앙을 구하기 위해 코프에게 덤비다가 다치는 부분에 제일 감동 받았어. 나도 너의 모습을 본받아 진정한 친구가 될게. 안녕!

1862년 6월 혜수가

---

### 2년간의 휴가 <프렌치 텐의 일기> 발간

#### 미지에 대한 호기심이 만들어 낸 용기와 지혜와 모험에 대한 이야기

- 2년 동안의 실제 섬 생활을 기초로 탄생한 무인도 지침서.

이 소설은 단순한 무인도의 이야기가 아닙니다. 여기에는 개성이 강한 열 다섯 명의 소년들을 통해서 작은 국가와 사회의 모습을 묘사하고 있고, 마지막에는 악당들과 당당히 대결하는 소년들의 용기를 통해 우리가 추구해야 할 바를 묘사하고 있다.

글/ 백스터 값/ 100원

송진우(강은정)

# 진우일보

회사 전화. 2716-3208    3832년 12월 16일

## 교양 아줌마! 본 모습 실망!

교양 아줌마! 실망이 네요. 교양있는 줄 알았는데......

어제인 12월 15일 9시경 교양아줌마가 돈때문에 남편과 소리도치르고 욕도하고 싸우는 것을 본 목격자가 있다. 그래서 교양아즈마는 목격자에게 요조하고 소리를 질렀다. 그리고 교양아줌마 때문에 교양아줌마의 남편은 갈비뼈가 조금 부러지고 어금니가 부러지고 등등 매우 심하게 다쳤다 그래서 교양 아줌마는 가정폭력 죄로 송진우 판사에게 재판을 받고 징역 5년으로 감옥생활을 하게 되었다. 그리고 남편은 아내의 소중한 물건을 팔았기때문에 퇴원을 하게되면 징역 1년으로 감옥생활을 하게되었다 그리고 교양아줌마의 남편인 ○○○씨는 탈옥을시도 하려다가 붙잡혀 징역 2년이 더추가되었다고한다.





제작회사 : 진우일보    제보자 : 이수성

송진우 법학과 학생! 하버드 대학교졸업하고 미국에서 인정받는 판사가되어 대한민국에돌아와 우리나라를 빛내다!



이름 : 송진우
신장 : 193CM
몸무게 : 64킬로그램
취미 : 법공부 하기.

제325호　　　　**부리 꽹이 마을 신문**　　　　1998년 12월 30일

## 아이들 곁에 있기 위해 좋은 직장까지 마다....

　　　추운 겨울에 IMF한파까지 겹쳐 몸도 마음도 얼어 붙은 시린 이 겨울, 최근 인천 만석동에서는 버려진 아이들을 또 다시 버릴 수 없다며, 좋은 직장까지 그만두고 버려진 아이들을 돌보아온 영호씨의 이야기가 알려져 우리들의 마음을 따뜻하게 하고 있습니다.

주인공인 영호씨는 늦은 밤 우연히 놀이터에 쓰러져 있던 동준이와 명환이를 발견하였고 집에 데려다 주기 위해 집을 찾아 갔으나, 아이들의 부모가 집을 비운지 오래되어 집은 엉망이었고, 그런 곳에 차마 아이들을 두고 올 수 없어, 집에 있던 동준이 동생 동수까지 집으로 데려와 돌보아 왔습니다. 특히, 버림 받았다는 충격에 모범생이었던 동준이는 마음을 잡지 못하고, 영호씨의 집에서도 여러 번 가출 했으나, 그때마다 영호씨는 끝까지 포기하지 않았고, 결국은 동준이가 다시 학교도 다니게 되었고, 기술자가 되겠다는 꿈도 심어주었다고 합니다. 영호씨는 요즘 기술자가 되겠다는 꿈을 위해 열심히 노력하는 동준이를 바라 보면 마음까지 흐뭇하다며 "아이들한테 제가 필요 한 게 아니라 제게 아이들이 필요했습니다"라며, 얼굴에 미소를 띈 채 수줍게 말합니다. 자신밖에 모른 채 분주한 우리들의 차고 딱딱한 마음을 훈훈하게 녹이는 이런 이야기들이 종종 들려오 길 기대해 봅니다.

전성연 기자

*힘들수록 놓치지 말아야한 가사
소중한 것이 무엇인지 생각해 보는건
어떨까요



인천지역에서 가장 빈민지역인 꽹이 부리마을 초등학교 교사인 김명희 선생님은 문제가 있는 아이들을 도와 오다가 아이들과 함께 해야 겠다며, 시내에 있는 자신의 아파트를 정리하고 꽹이부리마을로 이사를 했다고 합니다.

### Editor's Choice

#### 우리동네에는 아파트가 없다

김중미 지음

유동훈 그림

초록 출판사

**4**

# 천국일보

제125호    2008년6월8일일요일

## 위대한 영웅 에디 ! 천국을 여행하고 돌아오다

 한 달 전 00가든 이라는 작은 놀이공원에서 놀이기구를 정비하는 일을 하고 있던 에디 (85)씨가 놀이기구 사고가 일어나 그 곳에서 한 아이를 구하려고 자신의 몸을 던졌던 그 일을 모두 기억하고 있을 것이다.

그 사고로 식물인간 상태로  병원신세를 지고 있던 에디씨가 기적적으로 한달만에 깨어났다고 해서 찾아가보았다 .

기적적으로 깨어난 그가 처음 했던 말은 자신의 아버지를 봤다는 말이었다.

처음의 에디씨의 가족들도 의아해했지만 그의 말에 따르면 이러했다.

자신은 분명 아이를 구하려고 뛰어들었는데 눈을 떠보니 75년 전의 00가든으로 와있었고 지팡이 없이는 일어나지도 못했던 그의 몸이 가뿐하고 지팡이 없이도 쉽게 일어날 수 있었다고 한다. 그리고 그 곳을 여행하면서 다섯 사람을 만났는데 그중에 하나에 그의 아버지도 포함되어있었다고 한다.

처음 만난 사람은 몸이 파란 사내였다. 그는 에디에게 그곳이 천국이라는 것을 알려주었고 자신이 죽은 이유가 에디 그 때문이라는 것을 말해주었다고 한다.

파란사내 다음으로 군대시절 직속상관, 루비부인, 자신의 아내 마거릿, 전쟁 때 자신들 때문에 죽게 된 한 소녀를 만났다.

그곳에서 만난 다섯 사람은 모두다 그와 관련된 사람이었다.

다섯 번째 사람을 만나고 갑자기 모든 것이 하얗게 변하고 눈을 떠보니 병원이었다고 한다.

그렇게 그는 천국을 여행하면서 자신이 상처 줬던 사람들을 만나서 용서를 구하고 아버지의 대한 오해도 풀어서 정말로 뜻 깊은 여행이었다고 한다.

지금 이 세상을 살아가고 있는 우리들은 누구에게 상처를 주진 않았는가?

사람은 언제 어디서 어떻게 죽을 지 오직 신만 알고 아무도 모른다. 그러니 우리들은 살아 있을 때 남에게 상처주지 말고 살아가야겠다.

/하은혜 기자

이 달의 추천도서

## 모리와 함께한 화요일

미치앨봄 지음

공경희 옮김

세종서적 펴냄

# 악어 일보



2003년 0월 0일 0요일

| 대표 전화 043-123-4567 | 독자의 눈과 귀와 입이 되겠습니다 |

(우리나의 오리무중 산수공부)오후 3시 우리나는 산수숙제를 하는데 왠지 산수에는 자신이 없었다고 합니다. 마음씨 좋기는 반에서 일등이지만.. 산수 문제는 3과 9사이에는 어떤 수들이 있을까요? 라는 것이 었답니다. 친구인 나나니도 물끄러미 내려다볼뿐 이었답니다. 쿠나쿠나, 여미여미, 파프나도 마찬가지 였답니다. 도대체 우리나의 친구들도 산수를 못하는 학생인가 봅니다. 산수를 못하는 그 원인이 무엇인지 그 이유는 아무도 알수가 없었답니다. 한참 공부를 하다보니 뻐꾸기 시계에서 뻐꾹 뻐꾹... 9번을 울고 갔답니다. 본인이 오후 3시에 숙제를 시작했는데 지금이 9시니까 4,5,6,7,8 세상에, 시간이 이렇게 많이 흘렀다니!! 그때 "어머님께서 숙제 다하고 자거라!" 하셨는데 그때까지도 우리나는 해결하지도 못했답니다. 도대체 한심한 우리나인 것 같습니다.

## 사 설

(산수와 우리나)지난 11월 11일 우리나에게 일어난 산수숙제가 크게 대두되고 있습니다. 친구들 마저도 그 문제를 못풀어서 그 동네 이웃 아주머니들이 과외바람이 크게 휘몰아쳤답니다. 덕분에 학교 성적은 많이 올랐는데 어린 악어떼들만 죽을 지경이었지요. 어쨌든 많은 악어떼들이 공부를 열심히 해서 이 악어나라에 큰 기둥이 되었으면 하는 마음으로 필자는 원고를 마칩니다.

## 독자의 편지

열린 도서실 운영

악어들의 학생이 더욱 논술과 공부하는 분위기 조성을 하려면 각 동네마다 열린 도서실을 운행하며 충대 평생 교육원에서 수료한 자질있는 독서지도자 선생님을 추천하여 독서의 올바른 방법과 논술에 앞장서서 조금이나마 사교육비가 감소 되기를 바란다.

## 말.말

요즘 학원가의 회비가 엄청나서...
학원학생의 모친 관계자가 사는 강남시의 요지 학원은 논술과 토익, 토플 때문에 굉장한 학원 수업료로 인하여 부모님이 고충을 격고 있답니다.....

어린이

악어떼의 절도 대응책 마련 시급절도는 놀이라는 제목의 기사를 모았다. 노래방 빈집, 할인마트에 들어가 55차례나 범행을 저질렀는데 더욱이 황당한 것은 12세미만은 법적으로 죄를 물수 없다는 것입니다. 이 악어들의 미래는 불을 보듯 뻔하다 법의 맹점 때문에 방치해 둘게 아니라 올바른 길을 걸올수 있도록 지도 감독 하는 장치를 시급히 마련해야 할것이다.

**6**

# 기적! 바리데기 공주, 왕과 왕비를 구하다

지난 월 00일 약을 구하겠다며 길을 떠난 바리데기 공주가 기적적으로 살아 돌아왔다.

다들 지옥보다 더 더럽고 치사한 길이라며 치를 떨던 그 위험천만한 곳을 지나 무장승의 부인으로써 밑 빠진 독으로 물을 긷고, 불을 3년간 지폈으며, 거인의 아이를 7명이나 낳는 등 총 9년 동안 약값을 지불했다고 한다.

오랫동안 소식이 없어 다들 포기하고 왕과 왕비 또한 죽어 침체된 분위기로 장사를 진행하던 중 갑자기 난입한 바리데기 공주로 인해 귀신이 나타났다며 난리법석이 된 인파들을 진정시키느냐 해당 호위병들은 집신으로 맞는 등의 군중들의 행패를 모두 견디어야만 했다.

바리데기 공주가 구해온 약으로 왕과 왕비가 살아나자 모두 놀라 워했는데 특히 궁중 의료반들은 되살아난 것에 대해 혼란을 겪기도 했다.

바리데기 공주는 자신은 낳아주신 부모에 대해 효를 다한 것뿐이라며 겸손한 자세를 보였지만 많은 시민들은 그녀의 효심에 감동하여 눈물바다를 이루었다고 한다.

그녀의 효심에 감동하여 팬클럽을 만들자는 등 그녀를 지지하는 사람들이 급속히 늘고 있다.

왕과 왕비도 그녀에게 미안하고 또 감사하다며 거듭 그녀를 칭찬하고 있다.

<개굴기자:
keke@maro.net>

## 5) 북아트(Book Art)

북아트(Book Art)는 학습자가 '나만의 책'을 직접 제작하는 활동이다. 학습자 스스로 한 권의 책을 기획하고 자신의 생각과 느낌을 글과 그림으로 표현해서 완성하는 단계까지 체험하는 활동이다. 말하자면 Reading + Writing + Making이 연계된 활동 프로그램으로서 독서는 물론 논술, 미술 등의 통합이 가능하다.

북아트는 기획단계로부터 → 자료를 수집·정리하고 → 쓰기와 미술로 내용을 첨부하고 → 편집을 거쳐 책을 완성한 후 → 인쇄 출판의 의미를 갖는 발표 활동으로 이어진다. 실제 한 권의 책을 만들기 위해서는 작가, 화가, 디자이너, 편집자, 제작자, 인쇄사, 제본사 등 여러 전문가의 손을 거쳐야 한다. 북아트는 이러한 분야의 작업을 두루 경험할 수 있는 장점이 있다. 작가의 입장에서 글을 쓰고, 화가의 입장에서 그림을 그리고, 편집자와 디자이너의 입장에서 책을 구성한다. 개인작업 위주의 활동이지만 모둠별로 작업할 경우에는 한 분야를 전문적으로 담당하여 활동한다.

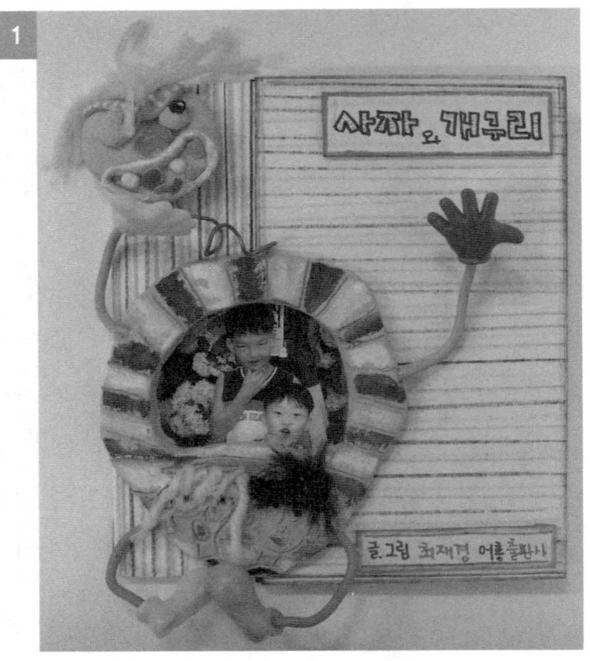
사자와 개구리
글.그림 최재정 어름출판사

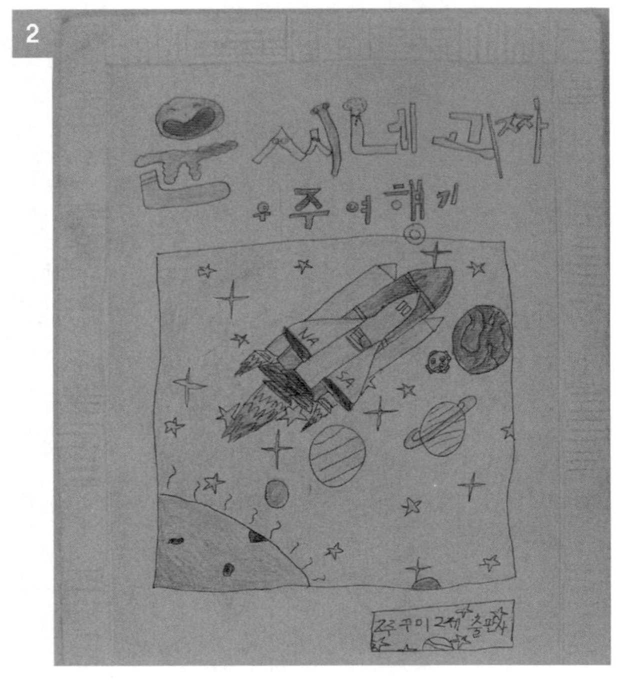
운 세네과자
우주여행기
구미 2재 출판사

3
어느 추운 겨울날이였어요. 사자와 개구리가 풀밭에서 재미있게 놀고 있었어요. 그러다가 비가 그쳐진 사자와 개구리는 저 멀리 사과나무를 보았답니다. "아! 신난다."
"개구리야 우리 이 사과 더 먹자"
"그래 그래 여우도 못먹게 우리가 다 먹는거야"
우르르 넘어져 다시 사과가 쳐꼬야.

4
랑께 두께 새끼가 ... 나무에 있던 사과를 모두 먹어치운 사자와 개구리들. 사자가 여우게 흥냈어요
"아이고 배불러" "못일어나겠네" 그렇게 말하고 일어나는 순간 배가 "뻥" 하고 터져요 말았답니다.
"도와주세요!! 도와주세요!! 누구 없어요?" 그때 마침 지나가며 토끼 어두머니께서 컵들을 보고 갈 는 거야 꼬며 누었지요. 우리 다 컵들 살과 비눌을 가져다 꼬며 누었지요. 토끼의 목두 있을 거요.?

**5**

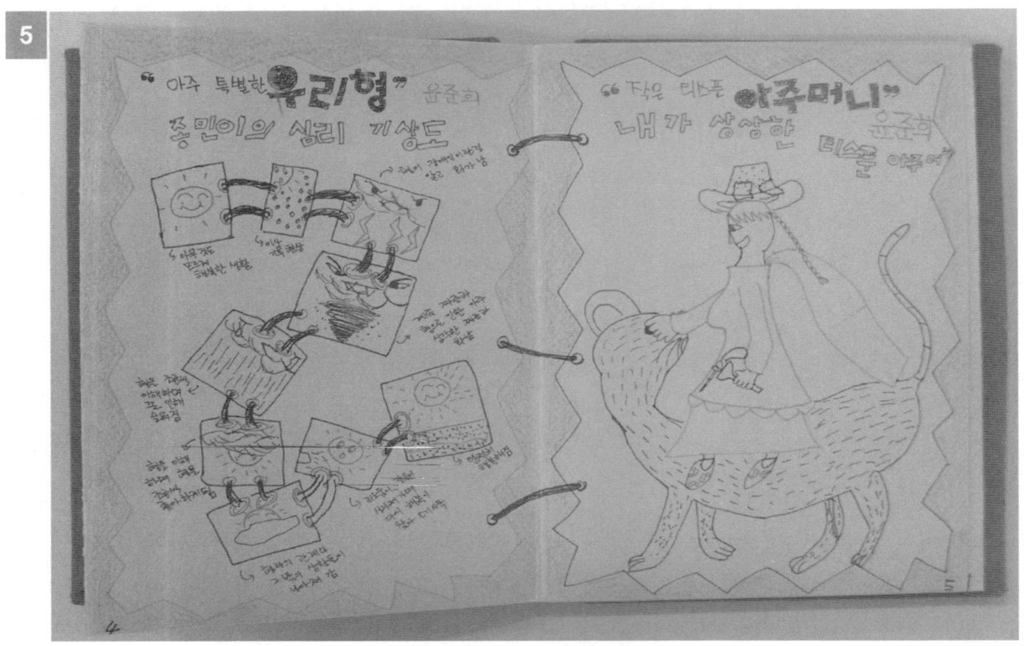

**6**

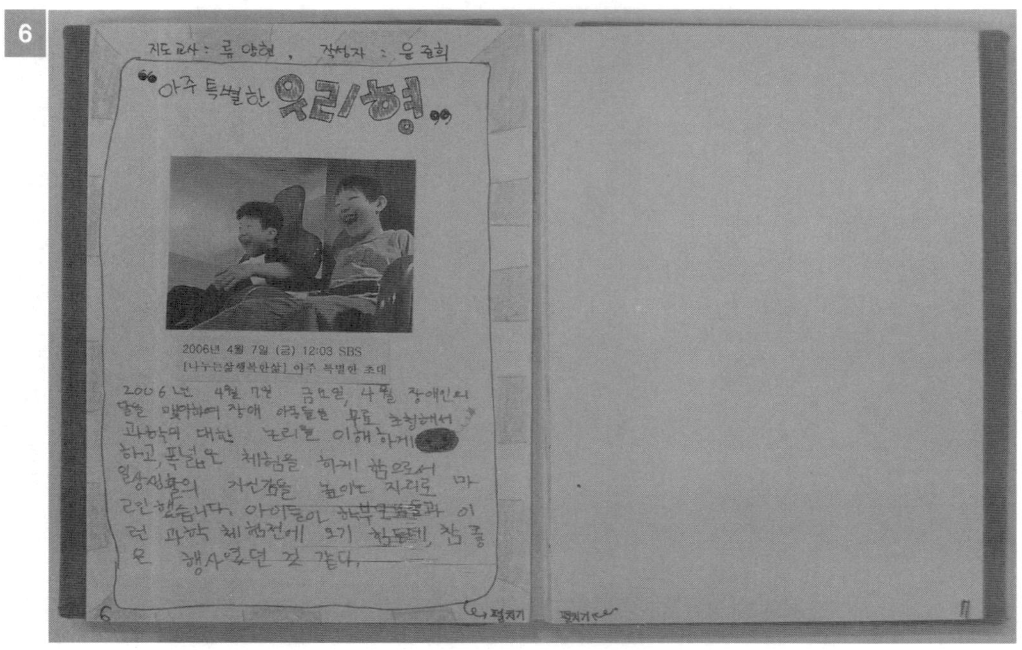

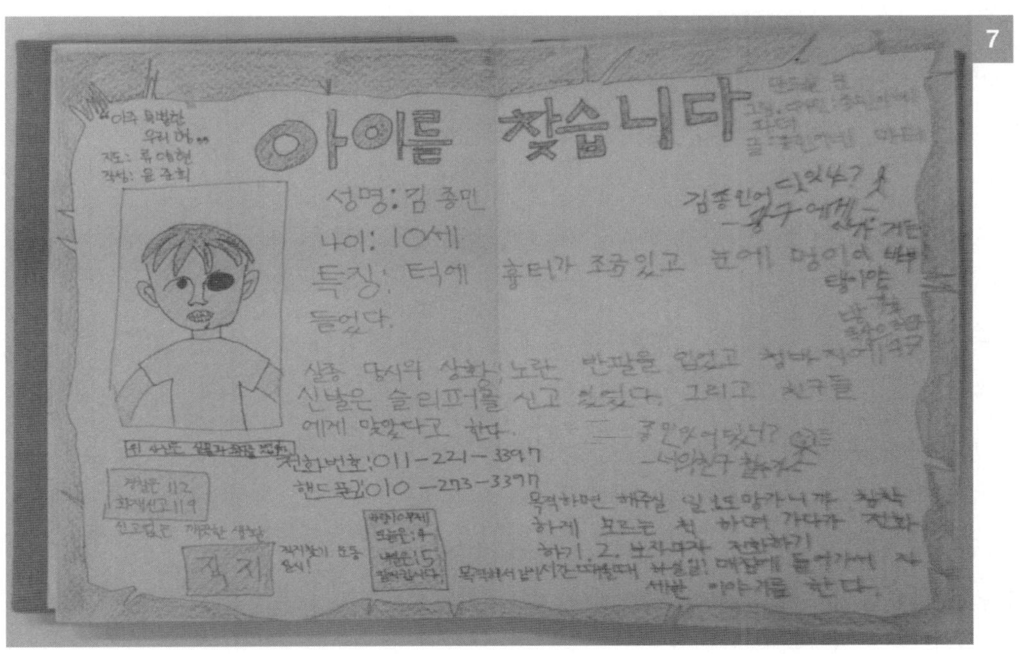

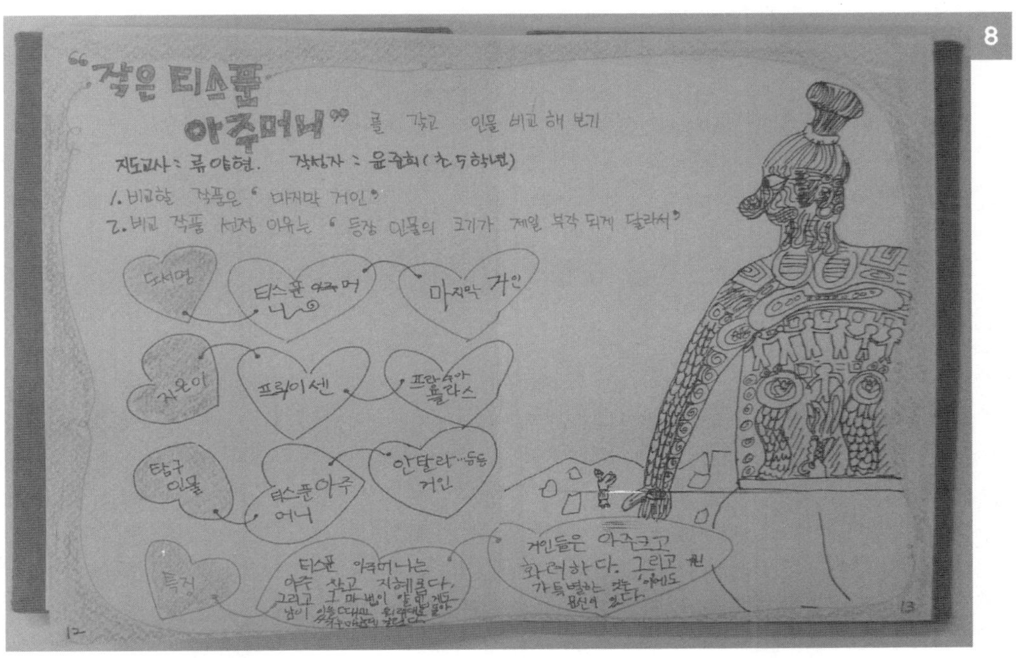

## 6) 연극[극본]

연극은 극본을 전제로 하기 때문에 읽기와 쓰기의 영역이다. 그리고 실연을 전제로 하기 때문에 말하기와 듣기의 영역이다. 더구나 음악이나 미술 등 다른 예술매체와 통합되어 있기 때문에 종합예술이다. 영화의 시나리오든, 텔레비전 드라마의 대본이든, 라디오 방송의 극본이든, 학습자가 직접 대본을 작성하는 활동을 통해 인물의 행동, 극적인 대사, 작품의 분위기나 배경 등 작품을 입체적인 차원에서 이해할 수 있다.

활동 방법으로 극본 작성과 실연이 있다. 극본 작성은 작품의 플롯과 인물의 성격을 통찰해야 가능한 작업이다. 지문이나 대사의 기초 이론을 숙지하고 플롯별 사건 진행과 그에 따른 인물의 행위와 심리변화 등에 유의하여 극본을 작성한다. 실연은 극본을 바탕으로 배역을 연기하는 활동이다. 작품의 배경을 세트로 꾸미고, 부합하는 음악과 음향 효과를 삽입하며, 인물의 성격과 행동에 어울리는 분장을 하고, 사건의 내용에 맞는 소품을 준비한다. 실연은 배역의 입장에서 인물의 행동이나 심리 등을 옹호하는 토론으로 연결할 수 있다.

## 〈토끼전〉의 대본 및 연극

1

– ‘2003년 충북대학교 평생교육원 원우회 축제’ 독서지도자 과정 실연 내용.

내레이터 : 제1장은 용궁에서 벌어지는 어전회의 장면입니다.

효과 음악 1 : 물고기의 노래

용왕 : (무대로 나와 주위를 돌아보며) 짐을 위해 누가 가서 토끼의 간을 구해올 것이냐?
모든 배우 : (일제 고개를 숙인 채 서로들 소곤거리며 용왕의 눈치를 살핀다.)
용왕 : (이들 주위를 천천히 선회한다.)
용왕 : (손가락질과 혀를 차며) 정녕 나를 위해 자청하는 자가 없단 말이냐?
용왕 : (고래 앞으로 다가가 고래를 가리키며) 그렇다면 수장인 고래 네가 갔다 오너라.
고래 : (무대로 나와 팔짱을 낀 채) 저는 바다의 장수이지 육지의 장수가 아닙니다. 명을 따
　　르지 못하겠습니다. (고래 읍하며 뒷걸음질로 퇴장한다.)
용왕 : (가재 앞으로 다가가 가재를 가리키며) 그렇다면 힘이 센 가재 네가 갔다 오너라.
가재 : (무대로 나와 가슴을 치며) 저는 힘만 셌지 머리는 아주 둔합니다. 명을 따르지 못하
　　겠습니다. (가재 읍하며 뒷걸음질로 퇴장한다.)
용왕 : (매기 앞으로 다가가 매기를 가리키며) 그렇다면 경험이 많은 매기 네가 갔다 오너
　　라.
매기 : (무대로 나와 다리를 휘청거리며) 저는 연로한 탓에 어딜 왔다 갔다 할 기력이 없습
　　니다. 명을 따르지 못하겠습니다. (매기 읍하며 뒷걸음질로 비실비실 퇴장한다.)
용왕 : (객석을 향해 손가락질 하며) 이런! 모두가 하나같구나! 이렇게도 나를 위해 자청하는
　　자가 없단 말이냐?
거북이 : (느릿느릿 나와 머리를 긁적이며) 명만 내려주신다면 제가 다녀오겠습니다.
모든 배우 : (제각기 다양한 동작을 하며 환호성을 보낸다.)
용왕 : (반가이 거북이의 손을 부여잡고) 오! 거북이 네가 진정한 충신이로구나. 그래. 어서
갔다 오너라. 어서~ 어서~ (거북이를 향해 손을 내저으며 용왕 퇴장한다.)
거북이 : (퇴장한다.)
내레이터 : 거북이가 육지로 간다네.
모든 배우 : 거북이가 육지로 간다네. 와~ 거북이가 육지로 간다네.

내레이터 : 제2장은 산 속에서 벌어지는 모족회의 장면입니다.

효과 음악 2 : 한네의 슬픔

호랑이 : (주위 동물들을 차례로 위협하며 등장한다.)
모든 배우 : (호랑이의 위협에 몸을 움츠리며 고개 숙인다.)
호랑이 : (주먹을 허공에 날리며) 먹을 것을 가져와라. 그렇지 않으면 너희들 모두를 먹어버
　　릴 테다. 어흥~ 어흥~
멧돼지 : (무대로 나와 호랑이에게 고개를 조아리며 새끼를 바친다.) 노여움 푸시고 우선 이
　　것으로 배를 채우십시오. 오늘 아침에 낳은 따끈따끈한 제 새끼들입니다.
호랑이 : (새끼를 받고 흐뭇해하며) 진즉에 그럴 것이지! 다음엔 더 많이 나아서 가져오너라.
멧돼지 : (비굴한 표정으로 고개를 조아리며) 분부대로 거행하겠습니다.
호랑이 : 하하하! 내가 바로 천상천하 유아독존 이 세상 제일이구나! (호랑이 퇴장한다.)
멧돼지 : (주위를 돌며 큰 소리로) 사냥개 어디 있느냐? 사냥개 어디 있느냐?
사냥개 : (무대로 급히 뛰어나와 고개를 조아리며) 찾으셨습니까? 주인님.
멧돼지 : (사냥개의 멱살을 잡아 흔들며) 이 놈! 어서 빨리 내가 먹을 것을 구해오너라. 그래
　　야 내가 새끼를 편히 낳아 바칠 것 아니냐? 산 속을 샅샅이 뒤져 콩 한 알이라도 모두
　　빼앗아 오너라.

사냥개 : 예. 분부 거행하겠나이다. (급히 무대를 퇴장한다.)
멧돼지 : (무대를 돌며 퇴장한다.)

효과 음악 3 : 삼포가는 길

(다람쥐와 토끼가 주위의 눈치를 살피며 조심스레 등장한다.)

다람쥐 : (한숨을 쉬며) 호랑이, 멧돼지, 사냥개 극성에 도저히 이 곳에서 살 수가 없어. 어
　　　　제는 겨우 하나 남은 도토리까지 사냥개가 와서 빼앗아 갔어.
토끼 : (한숨을 쉬며) 맞아! 그러니까 우리 다른 데 가서 살자. 여기보다 못한 데가 어디 있
　　　겠어? 수탈 없는 평화의 땅이 어딘가에 반드시 있을 거야. 서로 알아보고 우리 여기서
　　　다시 만나자.

(다람쥐와 토끼가 무대 주변을 이곳저곳 기웃거리다가 다시 등장한다.)

다람쥐 : (한숨을 쉬고 앞을 향해 손가락질 하며) 나는 저 앞산에 갔다 왔는데, 우리보다 더
　　　　불쌍하게 살아가더라.
토끼 : (한숨을 쉬고 뒤를 향해 손가락질 하며) 나는 저 뒷산에 갔다 왔는데, 거기도 우리보
　　　다 더 불쌍하게 살아가더라. 우리 그냥 이렇게 살아갈 수밖에 없을 것 같아.
다람쥐 : (고개 숙인 채) 배가 너무 고파. 풀뿌리라도 캐먹으러 가야겠어. (다람쥐 퇴장한다.)
토끼 : (객석을 가리키며) 차라리 저 바다 속에 빠져 죽는 것이 낫겠어. 그래 죽자! 이렇게
　　　살 바에야 차라리 죽자! 그래 차라리 죽자! (토끼 퇴장한다.)
내레이터 : 그래 차라리 죽자!
모든 배우 : (일제히 합창하며) 그래 차라리 죽자! 그래 차라리 죽자!

내레이터 : 제3장은 토끼와 거북이가 만나는 장면입니다.

효과 음악 4 : 조각배

토끼 : (다시 무대로 나와 객석을 향해) 여기가 말로만 듣던 바다구나! 이 큰 바다에 이 작
　　　은 몸을 던져 그만 슬픔을 마감해야겠구나.
거북이 : (무대로 서서히 나온다.)
토끼 : (거북이를 가리키며) 어~그런데 저건 뭐야?
거북이 : (토끼 앞에서 머리를 긁적거리며) 혹시 토끼님이 맞습니까?
토끼 : (의아해 하며) 내가 토끼인데, 나를 어떻게 알지?
거북이 : 저희 수궁나라 용왕님께서 토끼님을 기다리고 계십니다. 토끼님의 지혜를 익히 들
　　　　으시고 방금 전 책사로 임명하셨습니다. 제가 수궁나라로 안내하겠습니다.
토끼 : (관객을 향해) 나를 책사로? 그래 정처 없이 죽을 목숨인데, 책사면 어떻고 문지기면
　　　어떻겠어. 그래 덧없이 가보자.
토끼 : (거만한 몸짓을 하며) 그 말이 사실이라면 나를 용왕님께 안내하도록 해라.
거북이·토끼 : (배우들을 향해 손을 치켜들며 퇴장한다.)
모든 배우 : (일제히 일어나 탄성을 지른다) 와~ 와~

내레이터 : 제4장은 용궁나라 거북이의 집에서 벌어지는 장면입니다.

효과 음악 5 : 사랑가 1

거북이·토끼 : (거북이가 토끼를 인도하며 무대 중앙으로 다시 등장한다.)
거북이 : (무대 중앙에 서서) 여기 저희 집에서 잠시 쉬었다 가시지요. 해가 저물었습니다.
토끼 : 그래 그렇게 하자. 그런데 며칠동안 아무 것도 먹지 못했더니 배가 너무 고프구나.

먹을 것을 가져오너라.
거북이 : (뒤를 돌아보며) 여보! 여보! 먹을 것 좀 마련해주구려.
거북아내 : (무대로 사뿐사뿐 나오며) 예, 분부대로 거행하겠나이다.
토끼 : (거북아내를 멍하니 쳐다보며) 천하절색이구나.
내레이터 : 천하절색이구나!
모든 배우 : (얼굴에 손을 대고 일제히 합창하며) 천하절색이구나! 천하절색이구나!
토끼 : (화들짝 거북이에게 다가가) 나는 내일부터 너희 용왕을 위한 책사가 될 것이다. 그
    러면 너 또한 나의 신하가 될 터이다. 그러니 너의 아내와 내가 하룻밤을 자야겠다.
거북아내 : (수줍은 듯 몸을 비틀며) 아니 되옵니다. 절대 아니 되옵니다.
거북이 : (비장한 표정으로 아내에게 다가가) 토끼에게 충성을 바치는 것이 곧 용왕님께 충
    성을 바치는 길이니, 토끼의 숙청을 거부하지 마시오. (거북이 퇴장한다.)

효과 음악 6 : 사랑가 2

거북 아내 : (토끼에게 슬며시 다가가 손을 잡고) 저를 진심으로 아껴주신다면 저도 토끼님
    께 다함 없는 사랑을 바치겠사옵니다.
토끼 : (거북 아내의 어깨를 감싸고 관객을 향해) 이제야 내 사랑을 만났구나! 보잘 것 없는
    이 몸이 여기서 이런 사랑을 할 줄이야. (거북이 아내의 허리를 안고 토끼 퇴장한다.)
내레이터 : 이렇게 용궁나라에서 하룻밤을 묵은 후, 토끼는 용왕을 만납니다. 그리고 용왕이
    병이 들었다는 사실과, 병을 치유할 수 있는 특효약이 자신의 간이라는 사실과, 거북이
    에게 속았다는 사실 등을 모두 알게 됩니다. 그러나 토끼는 지기를 발휘하여 다시 뭍으
    로 나오게 됩니다.
거북이·토끼 : (거북이가 토끼를 인도하며 등장한다.)
토끼 : (거북이를 밀치며) 이런 바보들! 세상에 간을 빼놓고 다닌다는 게 말이냐 되느냐?
거북이 : (뒷걸음질치며) 그러면 모든 게 거짓이었다는 말입니까?
토끼 : (여기 저기 침을 뱉으며) 여기 저기 모두 사기꾼에 도둑놈들뿐이구나. 이 험한 세상
    우리 같이 힘없는 동물들은 또 어떻게 살아갈꼬~ (토끼 퇴장한다.)
거북이 : (풀썩 주저앉아 땅을 치며) 아이고 불쌍한 우리 용왕님~ 불쌍한 우리 용왕님~
    (거북이 퇴장한다.)

내레이터 : 제5장은 마지막으로 용왕이 임종하는 장면입니다.

효과 음악 7 : 흘러가네

용왕·고래·가재 : (고래는 오른쪽에서, 가재는 왼쪽에서 용왕을 부축하며 등장한다.)
용왕 : (관객을 멀리 바라보며) 왜 이렇게 거북이가 늦는단 말이냐?
고래 : (거드름을 피우며) 그것 보십시오. 수장인 제가 갔어야 하는 것인데.
가재 : (가슴을 치며) 아니 무슨 말이오. 힘이 제일 센 내가 갔어야지.
거북이 : (고개를 숙인 채 힘없이 등장하여 용왕 앞에 엎드려 흐느끼며) 용왕님! 토끼의 말
    은 모두 거짓이었습니다.
용왕 : (깜짝 놀라며) 아니 그게 사실이란 말이냐? 그럼 내가 죽어야 한단 말이냐? (그 자리
    에서 풀썩 쓰러진다.)
고래·가재·거북이 : (용왕 옆에 무릎을 꿇고 앉는다.)
매기 : (다리를 떨고 등장하며) 용왕님! 기쁜 소식입니다. 거북이 아내가 토끼와의 하룻밤 정
    분을 못 잊고 울다가 그만 자결을 하였습니다. 이 어찌 아름다운 일이 아니겠습니까?
거북이 : (깜짝 놀라 일어나) 아니 내 아내가! 여보~ 여보~ (거북이 퇴장한다.)
용왕 : 아니 그게 사실이냐? 정말 아름다운 일이로다. 내 죽기 전에 마지막으로 토끼의 아내
    에게 열녀문을 하사하러 가야겠다. (용왕 일어나 퇴장한다.)
가재 : 와~ 용왕님 만세!
고래·가재·매기 : (일제히 왕을 따르며) 용왕님 만세! 용왕님 만세! 용왕님 만세!

내레이터 : 이렇게 용왕이 죽고 말았답니다. 어때요? 우리가 알고 있었던 〈토끼전〉과 많이
다르지요. 〈토끼전〉은 원래 조선 후기의 사회 현실을 고발하고 있는 작품입니다. 왕권
의 실추와 허울뿐인 충 그리고 관료들의 부패상이 잘 드러나 있습니다. 또한 아무 의미
없는 열녀의식도 비판하고 있습니다.

# 팥죽 할머니와 호랑이　2

때 : 아주 먼 옛날
곳 :깊은 산속
등장 인물 : 할머니 ,호랑이 ,알밤, 자라 , 개똥 ,송곳 ,절구, 지게,

제 2장 ( 할머니 집)

무대 정면에는 할머니의 집이 보인다. 부엌문이 활짝 열려있는데 , 한쪽으로 물독
이 놓여있다. 마당에는 멍석이 깔려있고 한 켠에는 지게와 절구가 세워져있다.

할머니는 가마솥 가득 팥죽을 쑤다말고　엉엉엉　운다.
알밤 : ( 대굴대굴 굴러오며) 할머니 할머니 ,왜 울어요?
할머니 : ( 한 손으로 눈물을 닦으며)　오늘 저녁에 호랑이가 날 잡아 먹으러 온대.
알밤 : (군침을 삼키며) 팥죽 한 그릇 주면 못 잡아먹게 하-지.
할머니 :( 팥죽을 한 그릇 퍼서 알밤에게 준다.)
알밤 : ( 맛있게 팥죽을 먹고 아궁이 속으로 들어간다.)
할머니 : ( 힘없이 또 울기 시작한다.)
자라 , 개똥, 송곳이 할머니 곁으로 다가온다.
자라,개똥, 송곳:( 한 목소리로 ) 할머니 ,할머니 왜 울어요?
할머니 :(한 손으로 눈물을 닦으며) 오늘 저녁에 호랑이가 날잡아 먹으러 온대.
자라,개똥, 송곳: (한 목소리로) 팥죽 한 그릇 주면 못 잡아먹게 하-지.
할머니 : (팥죽을 한 그릇 퍼서 자라, 개똥, 송곳에게 준다.)
자라 : ( 팥죽을 맛있게 먹고 물독으로 들어간다.)
개똥 :( 팥죽을 맛있게 먹고 부엌바닥에 납작 엎드린다.)
송곳 : (팥죽을 맛있게 먹고 부엌바닥에 꼿꼿이 선다.)
할머니 : (힘없이 또 울기 시작한다.)
절구,　지게가 할머니 곁으로 다가온다.
절구,지게: (한 목소리로) 할머니,할머니, 왜 울어요?
할머니: (슬픈 목소리로) 오늘 저녁에 호랑이가 날 잡아먹으러 온대.
절구, 멍석, 지게: (한 목소리로, 활기차게) 팥죽 한 그릇 주면 못 잡아먹게 하-지.
할머니 : ( 팥죽을 한 그릇 퍼서 절구,지게에게 준다)
절구: (팥죽을 맛있게 먹고 문 위로 올라간다.)
지게 :( 팥죽을 맛있게 먹고 마당 한 구석에 서있다.)

3장(저녁)

무대 어두워지고, 저녁이 되었다. 할머니는 방안에서 슬프게 울고 있고, 호랑이가 어슬렁어
슬렁 나타난다.
호랑이 : 할멈, 할멈, 어두우니까 불을 켜야지?
할머니 : (목소리만) 부엌 아궁이에 불씨가 있으니 가져오너라.
호랑이 : ( 불씨를 찾으려고 아궁이를 들여다본다)
효과음 : 빠르고 경쾌하게

알밤 : (톡 뛰어나와 호랑이 눈알을 한 대 때린다)
호랑이 : (놀라고 아픈 표정으로 눈을 만지며) 앗, 따가워! 눈에 재가 들어갔어.
           어, 저기 물독이 있네. ( 물독으로 가서 독 안에 손을 집어넣는다)
자라 : ( 물독에 숨었던 자라가 호랑이의 손을 콱 문다)
호랑이 : ( 너무 아픈 표정으로 뒤로 펄쩍뛰며 ) 으악 ! ( 바닥에 엎드려있던 개똥에 걸려
           넘어진다.)
송곳 :( 호랑이가 넘어지는 순간에 호랑이의 엉덩이에 일격을 가한다.)
호랑이 : (깜짝 놀라고 너무 아퍼서 ) 꽥 !
           ( 계속 소리를 지르며 부엌을 나간다)
절구 : ( 호랑이가 부엌문을 뛰어나가는 순간 호랑이의 머리로 뛰어 내린다.)
호랑이 : ( 깜짝 놀라며 정신을 잃고 마당에 쓰러진다. )
지게 : ( 호랑이를 들쳐 매고 무대 밖으로 사라진다.)
할머니 : (기뻐서 어쩔줄 몰라하며) 얘들아 고맙다. 너희들 덕분에 내 목숨을 건졌다.

제목: 해님 달님

나오는 사람: 엄마,  호랑이, 오빠, 여동생

때: 가을

곳: 깊은 산 속 외딴 집


 어느 깊은 산 속 외딴 집에 어머니와 오누이가 살고 있었어요.

살림은 가난했지만 세 식구는 오순도순 행복하게 살았답니다.

 (어머니는 광주리를 이고 나오고, 아이들은 마당에서 놀고 있다)

어머니: 얘들아, 엄마 건너 마을 잔칫집에 다녀올테니 사이좋게 놀고 있어라.

오빠: 네, 엄마. 걱정말고 다녀오세요

동생: 엄마, 맛있는 떡 많이 가지고 오셔야 돼요.

 (어머니와 아이들이 손을 흔들며 반대쪽으로 퇴장한다)

 저녁 무렵,  산 속에서 호랑이가 배를 문지르고 있었어요

호랑이: 아이고, 배고파, 먹을 것도 없고 지나가는 토끼 한 마리도 없으니. 어흥~ 누구든지
          걸리기만 해봐라. (한쪽에 웅크리고 숨어있는다)

어머니; (광주리를 이고 잰 걸음으로) 우리 아이들이 배가 많이 고프겠네. 빨리 가야겠다.

호랑이: (뛰어나오며) 어 - 흥 !

엄마: 아이고 깜짝이야! (호랑이임을 알고 벌벌 떤다)

호랑이: 배고픈데 마침 잘 만났다

어머니; 아이고 호랑이님 살려주세요. 아이들이 집에서 저를 기다리고 있어요.

호랑이: 뭐! 살려달라고? 그럼, 그럼 난 어떡하라고. 나도 하루종일 아무것도 못 먹었단 말
          야

어머니: (생각하다가) 저, 그럼 이 떡을 드릴테니 이걸 잡수세요

호랑이: 으응! 떡 으하하하 떡 좋지 그럼 떡 하나만 주면 안 잡아 먹지.

 (엄마 호랑이에게 떡을 주고, 떡을 멀리 던져주고 고개를 넘는다)

호랑이: (불쑥 뛰어나오며) 어-흥! 떡하나로는 배가 안차. 떡 하나만 더 주면 안 잡아 먹지.

 (광주리를 통째로 주고  도망치듯 가고 호랑이 마구 떡을 먹는다)

호랑이: (배를 문지르며) 아무리 먹어도 배가 고픈 걸

 (호랑이 달려가 어머니를 잡고 퇴장- 낮고 빠른 템포의 음악)

호랑이: (엄마 옷을 입고 나오며) 우헤헤헤, 그럼 이번에는 아이들한테 가 볼까 (퇴장)

 (오누이는 방안에서 어머니를 기다리고 있다)

동생: 오빠, 엄마가 왜 이렇게 안 오시지. 나 배고프단 말야 이-잉

오빠: 글쎄 일이 늦게 끝나서 그럴거야. 조금만 참아

 (호랑이 등장)

호랑이: (엄마처럼) 얘들아 엄마왔다 문 열어라

오빠: (고개를 갸우뚱하며) 어? 이건 우리 엄마 목소리가 아니야

호랑이: 산을 넘어오다가 감기에 걸려서 그래

오빠: (잠시 머뭇거리다) 그럼 손을 좀 보여주세요

 (호랑이 손을 들이민다)

**4**

<늑대가 들려주는 아기돼지 삼형제 이야기>


-대본-
제목:늑대가 들려주는 아기돼지 삼형제 이야기
나오는 이:울프(늑대), 셋째돼지, 경찰
때:봄
곳:셋째돼지의 벽돌집


푸른 산을 배경으로 아름다운 벽돌집 하나가 보인다.
늑대 한 마리가 급하게 등장하며 벽돌집 문을 두드린다
울프:돼지씨, 돼지씨, 안에 계세요?
한참의 시간이 흐른 뒤에도 인기척이 없자
울프:(문을 마구 두드리며)이웃집 사는 울프인데요? 안에 아무도 안계세요?
집안에 셋째 돼지가 면도를 하다만 채 창 문틈으로 얼굴만 힐끗 내밀며 등장한다
셋째 돼지:(느리게 귀찮다는 듯)누군데 이렇게 시끄러워?
울프: 안녕하세요? 이웃집 사는 울프인데요? 설탕 있으면 조금만 빌려주세요?
셋째돼지:(정색하며)뭐 설탕이라고, 흥 내가 모를 줄 알고 그렇게 안심 시켜놓고 날 잡아
먹으려고 그러지?
울프:(단호하게)아~ 아니예요. 저희 할머니 생신 케잌을 만들려고 하는데 설탕이 떨어져서
온 거예요.
셋째돼지:(정색하며)너희 늑대의 말은 콩으로 메주를 쑨다 해도 못 믿겠어, 얼른 가버려 난
지금 아주 바쁘다고.
울프:(혼잣말로)케잌 대신 멋진 생일 카드나 만들어야 겠구나.
울프 돌아서며 가려하는데 코가 벌름 거리며 재채기가 나오려 하는 것을 참다 요란하게 재
채기를 한다
셋째 돼지:(화를 내며)늑대 놈아 꺼져버려, 늑대야, 다시는, 날 괴롭히지마. (비아냥 거리
며 쏘아댐)그리고 너희 할머니 다리나 부러져 버려라.
울프 화를 내며 문을 부시고 들어갈 듯 문을 두들기고 패기 시작함
울프:(흥분이 고조된 목소리로)뭐 뭐라고, 난 내가 존경하는 우리 할머니를 그런 식으로 애
기 하면 절대로 못 참아, 문 열어!!!!! 너 나와!!!! 안 나와!!!
문을 부수고 코를 벌름거리고 숨을 들이마시고 재채기를 하면서 야단법석을 떨고 있는 울프
에게 경찰이 달려들어 수갑을 채운다.(중략)

## 7) 모의재판[청문회]

모의재판은 인물의 행동과 심리변화를 통해 확인할 수 있는 갈등 양상을 간파하고, 재판의 형식을 차용하여 인물에 대해 학습자의 의견을 개진하는 활동이다. 재판의 형식을 차용하는 활동이기 때문에 인물간의 가치 대립이 극명하게 드러나야 한다. 검사의 공격과 변호사의 방어의 근거는 반드시 작품에서 찾아야 한다. 모의재판은 인물을 객관적인 입장에서 다각도로 재조명하는 기회를 제공한다.

활동 방법으로 검사, 변호사, 판사, 피고, 증인 등을 설정한다. 이때 인물뿐만 아니라 사회적인 제도나 사건 등도 피고가 될 수 있다. 재판의 형식이나 법의 적용이 맞고 틀리고 하는 것을 떠나 판결의 도출이 얼마만큼 비판적이며 논리적인가에 초점을 맞춘다. 재판장의 인정신문 → 검사의 공소 제기 → 변호사의 변론 → 증인의 증언(검사 측, 변호사 측) → 검사의 논고 → 변호사의 최후 변론 → 피고의 최후 진술 → 재판장의 판결 등으로 진행한다. 논고와 변론은 적절한 이유나 근거를 바탕으로 논리적으로 전개한다. 의견 개진은 일관된 논점을 유지한다. 배심원의 판결을 유리하게 이끌어 내기 위한 자료나 증인의 선택에 신중을 기한다.

꺼삐딴리   - 전 광용 -

## ◈ 2003년 청문회에 불려온 이 인국 박사 ◈

**안녕하십니까?**

**지금부터 제국대학을 나와 탁월한 의술과 경제적 감각으로 종합병원에 버금가는 병원을 가지셨고, 일찍이 남다른 교육열로 두 자녀를 모두 유학시켜 후세에 조기유학 바람의 선구자적 역할을 하셨을 뿐만 아니라 기발한 처세술로 본인의 입지를 단단하게 다져오신  이 인국 박사님을 모시고 청문회를 열도록 하겠습니다. 지면 관계상 인사는 생략하여 주시면 감사 하겠습니다.**

질문1 : 환자를 골라가며 진료 및 입원을 시키셨는데 양심에 가책은 없으셨습니까?

⇒허워진단서로 의료수가 올려 의료비 왕창 챙긴 병원들도 많다 합디다. 저는 양반이죠.

질문2 : 아들을 억지로 유학보내 생사여부도 모른다고 하는데 괴롭지는 않으십니까?

⇒ 병역회피 시키려고 멀쩡한 자식 환자로 맏드는 부모들 심정이나 한 가지 아닐까 봅니다.

질문3 : 딸이 국제결혼 하는 것이 싫음에도 불구하고 반대를 하지 않으신 이유는 무엇입니까?

⇒외화낭비 해가면서 원정출산도 잘들 갑디다. 비록 흰둥이 손자지만 그 애들 보다는 떳떳한 시면권자 아니겠소?

질문4 : 문화재를 국외로 내보낸다는 자책감이 있음에도 불구하고 고려청자 화병을 브라운 씨 에게 뇌물로 건네준 이유는 무엇입니까?

⇒아- 그것이 저도 정말 유갑입니다.
누구는 경매할 물건을 값싼 것으로 대치해 내놓았다던데 한 수 배 웠더라면 나도 비슷한 모조품을 주었을게 아닙니까. 정말 아깝습니다.

질문5 : 친일에서 친러로 또 친미까지 이렇게 다양한 얼굴을 가질수 있는 비법이라도 있으십니까?

⇒무슨 러찬의 말씀을! 철 따라 옷 바꿔 입듯 당적을 바꾸는 의원들에 비하면 이 정도는 鳥足之血(조족지혈) 아닙니까?

질문6 : 결국 미국행을 택 하신 이유는 무엇 입니까?

⇒ 다들 마지막엔 그리로 갑디다.

**말씀 잘 들었습니다.우리 모두의 내면에 제2,제3의 이 인국 박사가 있지는 않은지 자문 해 볼 필요가 있는 것 같습니다.고맙습니다.**

작성자 : 김 애 경

## 1. 지도계획안의 의의와 구성 요소

### 1) 지도계획안의 의의

한국사회가 원하는 인재의 상을 가장 빠르게 알 수 있는 방법 중에 하나가 대입시험의 유형을 분석해 보는 일이다. 대입시험의 유형 중에서 가장 눈에 띄는 전환점은 1994년부터 시작된 '대학수학능력시험'이라고 할 수 있다. 이전에도 교육과정의 변화와 아울러 대입시험의 변화가 있었지만, '학력고사'에서 '대학수학능력시험'으로의 전환은 한국사회가 지향하는 인재의 변모 상을 가장 직접적으로 시사하는 일이었다.

한국사회는 1990년대에 이후부터 근대를 초월한 선진사회로의 진입, 지식정보의 창조를 통해 세계의 중심으로 다가서고 있다. 외국에서 개발한 지식과 정보를 습득하고 수용하고 모방하는 것으로서는 더 이상 발전을 기대할 수 없었다. 비록 근대화는 늦었지만 지식정보의 창조를 통해 세계의 중심이 되고자 하는 한국사회의 노력은 그렇게 시작되었다. 교육체계도 교과지식의 단순한 수용과 암기에서 벗어나 사고력과 창의력을 기를 수 있는 방향으로 개편되었고 시험의 방향과 패턴도 변모되었다.

이에 기초하여 독서교육도 새로운 방향으로 나가야 한다는 주장이 제기되었다. 물론 독서의 본질적 가치와 중요성은 어느 시대에나 적용될 수 있다. 인간 문화의 총체가 담겨 있는 책을 읽는다는 것은 인류문화 전체에서 가장 중요한 문화적·지적 행위일 것이다. 지식정보의 소통 도구를 넘어, 독서를 통해 사고의 폭과 깊이를 넓히고 자아를 성찰하며 삶에 대한 꿈과 희망을 갖게 된다는 점은 독서의 절대적 유용성과 의의라고 할 수 있다.

독서행위를 광범위하게 확산시키는 것은 물론, 특히 아동과 청소년의 독서교육을 원활하게 이루기 위해서는 시대의 눈높이에 맞는, 그리고 학습자의 눈높이에 맞는 안내가 뒷받침되어야 한다. 이러한 인식에서 '통합 독서교육콘텐츠'가 개발되었고, 학교현장이나 소그룹 형태의 독서·논술교육현장에서 활용되고 있다. 그러나 통합 독서교육콘텐츠가 기존의 독서교육에 비해 전방위적으로 활용되고 있지만, 보다 체계적이고 효과적인 독서교육을 이루기 위해서는 반드시 지도계획안을 수립해야만 한다. 그렇지 않으면 일회성 위주나 흥미 위주의 독서교육으로 치달을 위험이 있다.

독서교육은 즉각적으로 효과가 나타나는 것이 아니라 상당히 지속적이고 체계적인 노력의 결과로 나타난다. 따라서 지도교사가 아무리 의욕적으로 시작했다고 하더라도 조금만 무리하게 되면 학습자가 지루하게 느끼거나 쉽게 지쳐 버릴 수 있다. 독서에 대한 흥미나 욕구가 그다지 크지 않은 학습자는 자신의 독서행위에 대해 제대로 격려를 받지 못하거나, 무리한 독서행위를 강요받을 때 읽기 자체에 거부감을 나타낼 수 있다. 따라서 거시적인 차원에서 학년별, 연령별로 연간 지도계획안을 세운다고 하더라도, 미시적인 차원에서 학습자의 독서취향이나 독서능력을 고려한 독서자료별, 단위시간별 지도계획안의 수립이 필요하다.

그래야만 학습자의 텍스트에 대한 인지와 감상의 폭을 넓힐 수 있으며, 독서흥미를 고취키시고 독서능력을 향상시킬 수 있다. 그리고 지도계획안의 수립에 학습자의 의견을 반영할 때, 학습자의 입장에서도 어떤 방향으로 독서교육이 전개될 것인지 이해하고 적응할 수 있다. 또한 계획한 대로 진행하고, 계획에 따른 결과물을 평가하고, 차기에 그 계획을 다시 개선하는 등 일련의 조직적 과정도 체계적인 지도계획안이 수립되어야만 가능하다. 독서교육은 학습자의 독서능력을 점진적으로 향상시키기 위한 장기적 과정이라는 사실을 상기할 필요가 있다.

## 2) 지도계획안의 구성 요소

학습자가 아무리 많은 양의 작품을 읽고, 지도교사가 아무리 열정적으로 독서교육을 한다고 해도, 무원칙적인 독서나 독서교육은 전혀 의미가 없다. 조직적이고 체계적인 방법에 입각한 독서교육이 제대로 이루어지지 않으면 기대한 만큼 교육적 효과를 거둘 수 없기 때문이다. 학습자가 주체적인 독서행위를 할 수 있도록 여건을 조성해주고, 독서능력을 향상시킬 수 있도록 유도하는 독서교육이 되기 위해서는 분명한 목표와 계획이 수립되어야 한다. 그리고 이에 기초한 지도교사의 지도가 수반되어야 한다.

지도계획안을 수립할 때, 우선 학습목표의 초점을 학교교육에 필요한 독해력 고취에 맞출 것인지, 학습자의 인성을 발달시키기 위한 교양적 측면에 맞출 것인지를 결정한다. 그러나 학교교육에 필요한 독해력 고취이든, 학습자의 인성을 발달시키기 위한 교양적 측면이든, 학습목표의 결정은 학교교육 현장의 연간 독서지도계획을 비롯하여 학년별 발달단계의 계획, 교과영역과 기타 영역별 계획 등과 연계가 가능한 범위 내에서 결정해야 한다. 그래야만 지도계획안을 바탕으로 학교, 학원, 가정에서 일관성 있는 독서교육이 실현될 수 있다.

독서자료의 선정은 학습목표의 수립에 따른 하위의 결정이라고 할 수 있다. 이때 간과해서는 안 될 것이 아무리 훌륭한 독서자료라고 하더라도, 학습자의 독서취향에 부합되지 않는다면 강요하지 말아야 한다는 사실이다. 한편 독서자료를 선정할 때 흔히 도서관이나 출판사 또는 특정 독서교육단체의 추천도서목록을 참고한다. 그러나 추천도서목록은 대체적으로 학년별, 연령별 독서취향이나 독서능력 등을 고려하여 작성한 것이고, 또 순수한 목적에서 선정한 것이 아닐 수도 있기 때문에 추천도서목록을 맹신하는 것은 절대 금물이다. 학습자 개개인의 성향을 파악하고, 그것을 고려한 적절한 독서자료의 선정이 무엇보다 중요하다.

학습내용과 학습활동은 지도계획안의 구성에서 가장 핵심적인 부분이라고 할 수 있다. 학습내용과 학습활동은 독서자료의 인물, 사건, 갈등, 배경, 주제 등을 정확하게 포착할 수 있도록 고안해야 한다. 학습내용은 통합 독서교육콘텐츠의 단계별 독서전략으로서 독서동기 유발, 스키마 활성화, 텍스트 이해, 텍스트 확장, 텍스트 변화 등에 유의하여 순차적으로 설정한다. 학습활동은 학습내용을 구체화시킬 수 있도록 통합 독서교육콘텐츠의 단계별 독서전략에 따른 상·하위 모형에서 해당 독서자료와 가장 부합하는 동시에 학습자의 독서동기와 흥미를 유발시킬 있는 모형을 설정한다.

　이외 '준비할 사항'과 '유의점'을 고려해야 하며 '시간'을 안배해야 한다. 제한된 시간 내에 독서교육이 원활하게 이루어질 수 있도록, 그래서 학습자의 주의를 집중시킬 수 있도록 독서교육의 장을 독서교육의 실험실로 승화시키기 위해서는 지도교사의 철저한 준비가 선행되어야 한다. 또한 예상 가능한 여러 가지 돌발적인 상황을 짐작하고, 이에 대한 대비를 해야 한다. 독서교육의 시간은 준비활동, 본활동, 정리활동 등 독서교육에 대한 주의 환기로부터 어떤 지식이나 감동의 획득에 이르기까지 세분하여 안배한다.

　지도계획안의 수립에 따른 독서교육을 통해 궁극에는 인간의 삶을 총체적으로 이해하여 바람직한 인간상을 구현할 수 있다. 뿐만 아니라 독해력, 사고력, 이해력, 창의력 등을 진작시킬 수 있으며, 학교교육의 교과수업과 연계를 통해 주체적 학습의욕을 고취시킬 수 있다.


## 2. 지도계획안의 작성 실례

　통합 독서교육콘텐츠 지도계획안은 학교현장의 연령별, 학년별 연간 지도계획안을 고려하는 바탕에서 '독서자료별 지도계획안'과 '단위시간별 지도계획안'으로 작성하는 것을 원칙으로 삼는다. 독서자료별 지도계획안은 지도교사가 개별 작품의 플롯이나 등장인물의 특성을 충분히 이해하고, 그 특성과 부합하는 통합 독서교육콘텐츠의 단계별 하위 모형을 접목시켜 학습자의 작품 이해와 감상의 완성도를 높이는 데 목적이 있다. 단위시간별 지도계획안은 독서자료별 지도계획안에서 설정한 거시적인 계획을 단위 시간별로 세분하여 교육현장에서 보다 체계적이고 실질적인 독서교육이 될 수 있도록 하는 데 목적이 있다.

　통합 독서교육콘텐츠 지도계획안에 대한 이해를 돕기 위해 돔 드루이즈의 『애벌레 찰리』를 기본 텍스트로 삼아 독서자료별 지도계획안과 단위시간별 지도계획안의 사례를 들어보이도록 하겠다.

맑고 깨끗한 어느 날 애벌레 찰리가 태어났어요. 세상은 찰리에게 아주아주 커 보였어요. 찰리는 이제 막 태어나서 아주아주 작았거든요.

찰리는 초록색 풀잎들이 얼마나 맛있는지 알게 되었어요. 풀잎을 한입한입 갉아먹으면서 바람이 속삭이는 소리와 새들의 노랫소리를 들었지요. 찰리는 이 세상에 살아있는 게 기뻐서 미소 지었어요.

찰리는 나가서 세상을 보기로 했어요. 찰리는 고개를 돌려 왼쪽을 보고 또 오른쪽을 보았어요. 그리고는 앞을 보고 똑바로 나아갔어요.

얼마 안 가서 찰리는 원숭이 두 마리를 보았어요. "안녕!" 찰리가 말했어요. "뭐하는 거야?" "카드놀이 해." 원숭이들이 말했어요. "야! 재미있겠다. 나도 같이 하면 안 돼?" "응, 넌 안 돼." 원숭이들이 말했어요. "왜?" 찰리가 물었어요. "넌 못생긴 애벌레잖아. 그러니까 이제 저리 가!"

어린 찰리는 태어나서 처음으로 슬픔을 느꼈어요. 찰리는 한숨을 내쉬었어요. 만약에 어깨가 있었다면 어깨도 한번 으쓱했을 거예요. 찰리는 고개를 돌려 왼쪽을 보고 또 오른쪽을 보았어요. 그리고는 앞을 보고 똑바로 나아갔어요.

찰리는 깡충깡충 뛰어다니는 토끼 두 마리를 만났어요. "안녕!" 찰리가 말했어요 "뭐 하는 거야?" "테니스 쳐." 토끼들이 말했어요. "야! 재미있겠다. 나도 같이 하면 안 돼?" "응, 넌 안 돼." 토끼들이 말했어요. "왜?" "넌 못생긴 애벌레잖아. 우린 못생긴 애벌레랑은 안 놀아. 그러니까 이제 저리 가!"

어린 찰리는 두 번째로 슬픔을 느꼈어요. 찰리는 기분이 좋지 않았어요. '못생긴 게 뭐지?' 찰리는 궁금했어요. 못생긴 게 어떤 건지 알 수 없었거든요. 찰리는 고개를 돌려 왼쪽을 보고 또 오른쪽을 보았어요. 그리고는 앞을 보고 똑바로 나아갔지요.

바로 그때, 찰리는 골프놀이를 하고 있는 생쥐 두 마리를 만났어요. "안녕!" 찰리가 말했어요. "뭐 하는 거야?" "골프놀이 해." 생쥐들이 대답했어요. "야! 진짜 재미있겠다. 나도 같이 하면 안 돼?" "응, 넌 안 돼." 생쥐들이 말했어요. "왜?" 찰리가 물었어요. "넌 못생긴 애벌레잖아. 우린 못생긴 애벌레랑은 진짜 안 놀아. 그러니까 이제 저리 가!"

이제 찰리는 그렇게 어리지 않았지만 세 번째로 슬픔을 느꼈어요. 찰리는 기분이 아주 아주 나빠졌어요. 사실 찰리는 못생긴 게 어떤 건지 알 것 같았지요. 아무도 찰리와 놀려고 하지 않았어요. 그래서 찰리는 고개를 돌려 왼쪽을 보고 또 오른쪽을 보았어요. 그리고는 울기 시작했어요.

찰리는 혼자 있고 싶었어요. 찰리는 나무 위에 올라가서 작은 가지에 몸을 바짝 붙였어요. 조금 추워진 찰리는 이렇게 했다가 저렇게 했고, 또 이렇게 했다가 저렇게 했어요. 그래서 어떻게 되었냐고요? 찰리는 자기도 모르는 사이에 따뜻하고 멋진 고치를 지은 거예요.

찰리는 못생긴 애벌레라고 아무도 놀아주지 않아서 무척 슬펐어요. '왜 나는 친구가 없지?' 찰리는 생각했어요. 찰리는 고치를 만드느라 너무 피곤해서 잠깐 자기로 했어요.

갑자기 눈이 내려서 온 세상이 하얗게 되었어요. 겨울이 온 거예요. 그렇지만 찰리는 고치 안에 있어서 따뜻하고 편안했어요. 찰리는 아주 좋은 친구가 생기는 꿈을 꾸었어요. 꿈 속에서 찰리는 친구와 함께 재미있게 놀았지요.

얼마 후 새싹이 돋아나고 꽃들이 피어나기 시작했어요. 하늘에서는 새들이 즐겁게 노래 불렀어요. 봄이 온 거예요. 찰리는 일어날 때가 된 것 같았어요.

찰리는 하품을 하고 기지개를 켰어요. 그런데 어머나! 무슨 일이 일어났게요?

팡! 팡!
찰리는 고개를 돌려 왼쪽을 보고 또 오른쪽을 보았어요. 와! 찰리에게 날개가 생겼어요. 그것도 아주 예쁜 날개가요! 나비의 날개가요! 찰리는 나비가 된 거예요!

찰리는 훨훨 날개 짓을 해 봤어요. 그 다음은 어떻게 되었게요? 찰리가 날아올랐어요! 높이, 더 높이 날아올랐어요. 새들보다도 높이 날아올랐을 때, 찰리는 정말 신이 났어요. 높이 날고 있던 찰리는 아직도 카드놀이를 하고 있는 원숭이들을 만났어요.

"이리 와서 우리랑 놀지 않을래?" 원숭이들이 두 손 모아 말했어요. "왜?" 찰리가 물었어요. "넌 예쁜 나비잖아." 원숭이들이 대답했어요. "아니, 됐어! 난 저리 가야 돼!" 찰리가 생긋 웃으며 말했어요.

그리고는 휙 날아가 버렸어요. 원숭이들은 불쌍한 표정을 지으며 뒤로 물러섰어요. '흥, 쌤통이다!' 찰리는 생각했어요.

재주를 부리며 날던 찰리는 테니스를 치고 있는 토끼들을 만났어요. "부탁인데, 이리 와서 우리랑 같이 놀자, 응?" 토끼들이 말했어요. "왜?" 찰리가 물었어요. "넌 정말 예쁜 나비잖아!" 토끼들이 대답했어요. "안 돼! 이제 난 저리 가야 돼!" 찰리가 대답했어요.

찰리는 풀이 죽은 토끼들을 놔두고 날아가 버렸어요. '흥 쌤통이다!' 찰리는 생각했어요.

찰리는 하늘을 몇 바퀴 돌고 나서 골프놀이를 하고 있는 생쥐들을 보았어요. "얘, 멋진 나비야, 이리 와서 우리랑 놀아 줘." "왜?" 찰리가 물었어요. "넌 정말정말 예쁜 나비잖아." 생쥐들이 대답했어요. "미안하지만 오늘은 안 돼. 난 더 재밌는 일들이 정말정말 많거든. 그러니까 이제 난 저리 가야 돼!" 찰리가 말했어요.

찰리는 가엾은 표정을 짓고 있는 생쥐들을 놔두고 날아가 버렸어요. '흥 쌤통이다!' 찰리는 생각했어요. 모두들 찰리가 예쁜 나비이기 때문에 친구가 되려고 했어요. 그 예쁜 나비가 못생긴 애벌레 찰리라는 건 아무도 몰랐지요.

'내 날개가 예뻐서 친구가 되고 싶다구? 그럼 진짜 친구가 아니야.' 찰리는 봄 햇살 속을 날아다니며 생각했어요. 바로 그때, 찰리는 누군가가 우는 소리를 들었어요.

애벌레 케이티였어요. 찰리는 가까이 다가갔어요. "왜 울고 있니?" 찰리가 물었어요. "다들 나랑은 안 놀아 줘. 난 친구가 없어." 케이티가 울면서 말했어요. "날 더러 못생긴 애벌레래." "내가 놀아 줄게." 찰리는 윙크를 하고는 미소 지으며 말했어요. "나랑 놀아 준다구? 정말?" 애벌레 케이티가 말했어요. "야, 신난다!" 찰리는 케이티에게 어떻게 나비가 되는지 모두 이야기해 주었어요.

그날부터 찰리와 케이티는 매일매일 함께 놀았어요. 둘이서 카드놀이도 하고 테니스도 치고 골프놀이도 했지요. 둘은 신나고 재미있었어요. 꼭 찰리의 꿈에서처럼 말이에요. 케이티는 행복했어요. 찰리도 무척 행복했지요. 찰리는 드디어 친구를 찾은 거예요. 진짜 친구, 제일 좋은 친구를요.

— 돔 드루이즈, 강연숙 옮김, 『애벌레 찰리』, 도서출판 (주)느림보, 2003

# 1) 독서자료별 지도계획안

| 독서자료 | 애벌레 찰리 | 단위 시간 : 40분 | 대상 연령 : 6~8세 | 인원 : |
|---|---|---|---|---|
| 학습목표 | 진정한 벗 사귐에 대해 알아본다. | | | |
| 차시별 | 학 습 내 용 | 학 습 활 동 | | 준비 및 유의점 |
| 1차시 | • 애벌레 일생 확인<br>• 줄거리 파악 | • 애벌레를 본 경험이 있는가? 나비를 잡아본 경험이 있는가? 서로 이야기해 본다.<br>• 백과사전 및 영상자료를 활용하여 애벌레의 일생을 알아본다.<br>• '애벌레 찰리'의 줄거리를 요약 및 발표한다. | | • 백과사전<br>• 영상자료 |
| 2차시 | • 등장인물의 성격 확인<br>• 등장인물의 심리변화 확인 | • 찰리가 애벌레였을 때 주변인물과의 관계 및 심리변화를 도표나 그래프로 처리한다.<br>• 찰리가 나비가 되었을 때 주변인물과의 관계 및 심리변화를 도표나 그래프로 처리한다.<br>• 도표나 그래프 작성을 근거로 등장인물의 성격과 심리변화를 발표한다. | | • 도표용지<br>• 그래프용지 |
| 3차시 | • 세부 묘사하기<br>• 이어질 내용 상상하기 | • 찰리가 고치 안에서 꾸었을 법한 꿈을 구체적으로 묘사하고 발표한다.<br>• 찰리가 케이티에게 나비가 되는 과정을 어떻게 설명했을지 작품 내용을 근거로 발표한다.<br>• 케이티는 정말 나비가 될까? 찰리와 케이티에게 어떤 일들이 또 벌어질까? 상상하고 발표한다. | | |
| 4차시 | • 등장인물 그리기<br>• 배경이나 중요 사건 그리기 | • 찰리의 모습을 상상하여 그림으로 표현한다.<br>• 원숭이, 토끼, 생쥐의 모습을 상상하여 그림으로 표현한다.<br>• 케이티가 나비가 된 모습을 상상하여 그림으로 표현한다. | | • 각종 미술도구 |
| 5차시 | • 등장인물 주제곡 만들기 | • 등장인물의 성격이나 행동을 5~6소절로 요약 및 정리한다.<br>• 찰리의 노래, 케이티의 노래, 원숭이의 노래, 토끼의 노래, 생쥐의 노래로 명명한다.<br>• 노가바 형식을 빌어 각각의 주제가를 만든다. | | • 각종 음악도구 |
| 6차시 | • 입장바꾸기<br>• 나와 친구에 대해 고민하기 | • 내가 만일 찰리였다면? 내가 만일 원숭이, 토끼, 생쥐였다면? 어떻게 했을 것인지 발표한다. 이때 등장인물의 행동을 비판한다.<br>• 나는 친구의 어떤 면모를 좋아하고 어떤 면을 싫어하는지 이야기한다.<br>• 나는 친구들에게 어떤 친구인지 고민한다. | | • 자기동일화<br>• 내면화<br>• 가치화에 초점 |

**주간교육지도안**

1

<1/6~6/6 차시>

| 교재 | 돼지책 | 시간 | 총 4시간: 단위시간 50분 | 대상 | 7살 |
|---|---|---|---|---|---|
| 차시별 | 학습내용 | | 학습활동/유의점 | | 준비물 |
| 1 | ※마음열기<br>※내용확인<br>하기<br>※OX게임<br>하기 | | ※책을 읽기에 앞서 책표지를 살펴본다.<br>· 책표지를 살펴보면서 독서 동기를 유발시킨다.<br>(제목을 먼저 가린다.)<br>① 책 앞표지에는 누구누구가 있나요?<br>② 업고 있는 아주머니의 표정을 보세요.<br>어떤가요?<br>③ 업혀 있는 사람들의 표정은 어떤가요?<br>④ 책 뒤표지에 쓰여 있는 글을 읽어보세요.<br>누가 썼을까요? 왜 썼을까요?<br>⑤ 책 제목을 맞춰보세요.<br>⑥ (책 제목을 보여 주면서)<br>제목이 무엇인가요?<br>※책을 읽는다.<br>· 듣기 훈련을 위해서 교사가 읽는다.<br>※책의 줄거리에 대한 OX 퀴즈를 풀면서<br>내용을 완전히 이해한다.<br>· OX 퀴즈를 풀 때 게임규칙을 정한다.<br>① 선생님이 하나, 둘, 셋 하면 동시에 든다.<br>② 생각이 잘 나지 않을 경우 '잠깐만요!'<br>라고 외친다.<br>③ 선생님이 수를 세기도 전에 먼저 답을 말하는<br>경우 벌칙을 정한다.<br>④ 답이 맞으면 책의 어떤 부분에서 그 내용이<br>있었는지,<br>틀리면 틀린 내용을 고쳐서 말하게 한다. | | 교재<br>(돼지책),<br>OX퀴즈문제,<br>OX퀴즈도구 |
| 2 | ※돼지에 대<br>하여 알아<br>보기(마음<br>열기) | | ※돼지는 어떤 동물인지 알아본다.<br>· 평소 돼지를 어떻게 생각했는지 묻는다.<br>· 돼지 사진을 보여준다.<br>· 돼지 울음소리를 들려준다.<br>· 돼지의 종류, 습성 등과<br>돼지에 대한 몇몇의 고정관념을 간단히 말해준다. | | 교재,<br>돼지에 관한<br>시청각자료,<br>고정관념에<br>관한 자료,<br>단어 퀴즈문제, |

| | | (고학년일 경우 돼지에 관한 글(속담 등)을 전 수업 시간에 미리 알려 찾아오게 한다.) · 이 책에 나오는 돼지를 다른 동물로 바꾼다면 어떤 동물로 바꾸고 싶은지 묻는다. | 단어퀴즈답안, 단어퀴즈해설 |
|---|---|---|---|
| | ※ 내용확인 하기 ※ 단어퀴즈 풀기 | ※ 책을 읽는다. · 말하기 훈련을 위해 학생들이 읽는다. · 학생이 2명 이상일 경우 번갈아 읽게 한다. ※ 단어퀴즈를 통해서 책에 나오는 단어를 살펴본다. · 단어퀴즈를 어떻게 푸는 지 설명한다. · 되도록 책을 보지 않고 풀도록 하지만 학생들이 어려워할 경우 책을 참고해도 좋다고 한다. · 문제에 나온 단어의 뜻을 어떻게 이해하고 있는지 물어보고 단어의 정확한 뜻을 설명해 준다. | |
| 3 | ※ 마음열기 ※ 내용확인 하기 | ※ 부모님에 대해 생각해 본다. · 학생이 자신의 부모님에 대해 어떻게 생각하고 있는지 알아본다. ① 엄마가 집안에서 가장 많이 하시는 말씀은 무엇인가요? ② 아빠는 집에서 어떤 말씀을 가장 많이 하시나요? ③ 엄마와 아빠는 무엇을 하시는 분이시죠? ※ 책 내용을 질문을 통해 확인한다. · 책을 보지 않고 답변을 이끌어 내지만 학생들이 어려워 할 경우 책을 참고하도록 한다. ① 피곳 씨와 아이들은 아침마다 피곳 부인에게 뭐라고 외쳤나요? ② 피곳 씨와 아이들은 집에 돌아와서 피곳 부인에게 뭐라고 외쳤나요? ③ 피곳 씨와 아이들이 저녁을 먹은 후 피곳 부인은 무엇을 했나요? ④ 사라진 피곳 부인이 남긴 종이에는 뭐라고 쓰여 있었나요? ⑤ 피곳 부인이 집에 돌아오지 않자 집은 어떻게 변했나요? ⑥ 피곳 씨와 아이들의 모습은 어떻게 바뀌었나요? ⑦ 아빠와 아이들이 이상하게 변한 이유는 무엇일까요? ⑧ 피곳 부인이 집에 돌아오자 피곳 씨와 아이들은 어떻게 집안일을 도왔나요? ⑨ 피곳 부인은 집에 돌아와서 무엇을 했나요? | 교재, 크레파스 |

| | | | |
|---|---|---|---|
| | ※그림 그리기 | ※책 내용을 다시 한번 상기한다.<br>· 책에서 인상 깊었던 장면을 떠올려 그려보고 그 이유를 말해본다. | |
| 4 | ※마음열기<br><br><br><br>※내용확인하기<br><br><br><br><br><br><br><br><br><br><br><br><br><br>※편지 쓰기 | ※우리가족은 누구누구가 있는지 말한다.<br>·가족 구성원(동생, 조부모님 등)에 대해 어떻게 생각하는지 말한다.<br>※책의 내용을 좀더 깊게 생각한다.<br>· 가족은 서로에게 어떤 존재여야 하는 지를 생각해본다.<br>① 돼지책에서 집안일을 혼자서 해결하던 엄마가 집을 나가버려요. 피곳 씨 집의 문제점은 무엇인가요?<br>② 피곳 부인에게 문제는 없었나요? 집안의 문제를 해결하기 위해서 집을 나가는 방법 말고는 없었을까요?<br>③ 가족은 서로에게 어떤 존재여야 하나요?<br>④ 내가 가족을 위해서 할 수 있는 노력은 어떤 것이 있나요?<br>※책 속의 등장인물이나 가족에게 편지를 쓴다.<br>· 편지의 형식에 대해 간단히 설명해준다.<br>다만, 형식에 너무 얽매이지 않도록 지도한다. | 교재,<br>편지지 |

2

## 주간 지도 교육안

(1/4 ~ 4/4 차시)

| 단원 | 돼지책 | 시간 | 총 4시간 : 단위시간 40분 | 학년 | 7세 | 인원 | 3명 |
|---|---|---|---|---|---|---|---|
| 차시별 | 학습내용 | | 학 습 활 동 | | | 준비 및 유의점 | |
| 1 | * '돼지'에 관해 알아보기<br>* '돼지책' 내용 파악하기 | | * '돼지'를 본 경험이 있는지 질문하기<br>* '돼지'의 느낌에 대해 말해보기<br>* '돼지'와 관련된 노래 한곡 부르기<br>　(유아가 직접 선곡 한다.)<br>* 주어진 그림을 보며 주어진 상황을 말로 표현한다.<br>* 선생님과 책 읽기<br>* 책 읽고 질문하며 줄거리 파악하기<br>* 책 읽기 전과 후 느낌 말해 보며 정리하기 | | | * '돼지'에 관련된 책<br>* 첫 시간이므로 자유롭고 편안한 분위기를 유도한다.<br>* 어떤 답변에도 호응을 해 주며 들어주는 태도를 기른다. | |
| 2 | * 상황에 맞는 감정을 그래프를 이용해 느껴본다. | | * 책을 조금 빠른 속도로 읽기<br>* 그래프 그리는 방법 설명하기<br>* 상황에 따라 등장인물의 감정(마음)이 어떠했는지 느끼며 표현하기<br>　- 그래프를 이용<br>* 나의 생각을 정리하여 말해보기<br>　(유아 한명씩 모두 발표)<br>* 나만의 멋진 방법 소개하기<br>　(어떻게 가족을 도울까?) | | | * 준비물 : 스케치북, 두꺼운 실(십자수 실), 가위, 풀, 연필, 지우개<br><br>* 다소 산만해 질 수 있으니 집중 할 수 있도록 도와준다. | |
| 3 | * '돼지책' 내용의 응용 | | * '돼지책'을 옛날 이야기로 바꿔 발표하기<br>* 책 내용중 재미있는 흉내말 놀이<br>* 주어진 낱말 연상하기<br>* 뒷 이야기 상상하기 | | | * 준비물 : 낱말카드 | |
| 4 | * '돼지책' 감상화 그리기 | | * 감상화 그리는 방법 알기 및 좋은 예 제시하기<br>* 감상화로 그릴 것 정하기<br>　(인물정하기, 내가 느낀 감동, 뒷 이야기등)<br>* 감상화 그리기<br>* 그림 설명 첨부하여 게시, 서로 설명하기 및 감상 | | | *준비물 : 스케치북, 색 연필, 연필, 지우개<br>*주제나 줄거리가 되지 않도록 지도 | |

# 주간 교육 지도안

<1/5~5/5차시>

| 단 원 | 나쁜 어린이표 | 시간 | 총 4시간 : 단위시간 50분 | 학년 | 2학년 | |
|---|---|---|---|---|---|---|
| 차시별 | 학 습 내 용 | | 학 습 활 동 | | | 준비사항 및 유의점 |
| 1 | ◎ 책의 내용 알기<br>◎등장인물 파악 | | ▶책을 읽고 줄거리를 요약하여 발표해본다.<br>▶등장인물들을 파악하여 정리한다. | | | 준비물 : 메모장,<br>필기도구 |
| 2 | ◎주인공이 나쁜 어린이표를 받은 이유 살펴보기 | | ▶건우가 한 행동을 적어보고 각각의 행동에 대해 나쁜 어린이표 또는 착한 어린이표 스티커를 붙여본다.<br>▶책의 내용과 결과가 다른 경우 그 이유를 설명해본다.<br>▶각각의 사건발생 시 건우와 담임선생님의 감정 상태를 기상도로 표현해 본다. | | | 준비물 : A4용지,<br>도형 스티커,<br>기상도 그림 샘플<br>(참고하여 그릴만한 것으로 준비한다.) |
| 3 | ◎역할을 바꾸어 각자의 입장을 이해해 보기 | | ▶내가 담임선생님이라면 아이들에게 나쁜 어린이표를 준 이유를 어떻게 설명할 것인가? 선생님은 아이들에게 어떤 감정을 갖고 있을까? 선생님의 입장에서 건우에게 편지를 쓰고 각자 발표해 본다.<br>▶내가 건우가 되어 선생님께 편지를 쓴다. 하고 싶은 이야기들을 자유롭게 쓰도록 한다. | | | 준비물 : 편지지,<br>필기도구 |
| 4 | ◎내가 꾸미고 싶은 이야기를 만들어 보기 | | ▶나쁜 어린이표를 읽은 후 더 얘기하고 싶은 부분이나 꾸미고 싶은 이야기들을 넣어 본다.<br>▶한 가지 장면을 택하여 상황을 바꾸어 이야기를 전개해 본다. | | | 준비물 :메모지,필기도구<br>※아이가 글쓰기를 힘들어 할 경우 이야기의 줄거리를 지도교사가 받아적 어도 됨. |
| 5 | ◎가장 나타내고 싶은 부분을 그림으로 그리기<br>◎나의 행동 되돌아 보기 | | ▶가장 재미있거나 흥미로웠던 장면을 생각해 본다.<br>▶그림으로 나타내고 싶은 장면을 그려본다.<br>▶나는 행동이 바른 아이인가? 나쁜 아이인가? 내가 잘한 점, 잘못한 점들을 적어보고 잘못한 점이 있다면 발표해 본다. | | | 준비물 : 그림도구는 각자 원하는 것으로 자유롭게 준비 |

**4**

# 주간 교육 지도안

<1/5 - 5/5차시>

| 단 원 | 나쁜 어린이표 | 시간 | 총 5시간, 단위시간 - 60분 | 학년 | 2학년 | 인원 | 4명 |
|---|---|---|---|---|---|---|---|

| 차시별 | 학습내용 | 학습활동 | | | | 준비 및 유의점 |
|---|---|---|---|---|---|---|
| 1차시 | '나쁜 어린이표 ' 제목으로, 연상하기 예측하기 어린이에 대해 알아보기 | · 제목으로 글 내용 연상, 예측하기<br>· "어린이 사전 찾아보기" 어린이 날에 대해 알아보기<br>· 반장선거, 지각, 노란스티커, 1단원씩 돌아가며 읽기<br>· 각자 경험(반장선거, 지각) 이야기해 보기 | | | | · 국어사전 준비<br>· 책 읽어오기 |
| 2차시 | 내용 이해하기<br><br>질문 만들기 | · 책을 읽고 난 느낌 써보기<br>· 건우네 반에서 나쁜 어린이표를 받는 경우는?<br>· 만약 내가 나쁜 어린이표를 받았다면 느낌이 어떨지 생각해보기<br>· 억울한 일을 당했을때 어떻게 할까?<br>· 학교에서 없어졌으면 하는 제도는? | | | | · 필기도구<br>· 서로 자유롭게 토론하기 |
| 3차시 | 인물 비교<br><br>만약 ~ 라면 가정하기 | · 비교 대상 정하기 (나 : 건우 : 선생님 : 경식)<br>· 내가 건우, 선생님, 경식이라면…<br>· "나" 를 탐구하기<br>( 내가 아는 나, 친구가 보는 나) | | | | · Rolling Paper |
| 4차시 | 이어질 내용 상상해보기<br><br>편지쓰기 | · 개인별 활동<br>· 모듬별 활동 : 이야기 이어받아 쓰기<br>· 작품 속 인물에게 편지쓰기 | | | | · 열두 고개 게임 |
| 5차시 | Book Art<br><br>느낌 정리하기 | · 독서 감상화로 책표지 꾸미기<br>· 책 속에 만화로 내용 표절해보기<br>· 돌아가며 간단히 발표 | | | | · 자, 표지, 풀 가위, 칼 |

## 2) 단위시간별 지도계획안

| 독서자료 | 애벌레 찰리 | 차시 : 6 / 6차시 | 대상 연령 : 6~8세 | 인원 : |
|---|---|---|---|---|
| 학습목표 | 나와 주변친구의 관계에 대해 생각한다. 진정한 친구의 의미에 대해 생각한다. | | | |
| 단 계 | 학 습 내 용 | 학 습 활 동 | | 소요 시간 |
| 준비활동 | • 작품의 내용과 등장인물의 성격 재확인 | • 작품의 전체적인 내용을 상기한다 : 찰리의 성장 과정을 중심으로 내용을 상기하도록 지도한다.<br>• 등장인물의 개별적 성격을 상기한다 : 찰리, 케이트, 원숭이, 토끼, 생쥐의 행동을 근거로 성격을 상기하도록 지도한다.<br>• 주변친구들의 이름과 특징을 노트에 간략하게 작성한다 : 친한 친구와 그렇지 않은 친구를 일별하여 정리하도록 지도한다. | | 5~10분 |
| 본활동 | • 입장바꾸기<br>• 나와 친구에 대해 고민하기 | • 내가 만일 원숭이, 토끼, 생쥐였다면 찰리와 함께 놀았을까? 함께 안 놀았을까? 상상하여 발표한다 : 함께 놀았을 것이든, 그렇지 않았을 것이든, 이때 반드시 구체적인 이유를 제시하여 발표하도록 지도한다.<br>• 내가 만일 찰리였다면 외로움을 어떻게 극복했을까? 상상하여 발표한다 : 작품의 내용을 염두에 두고 망상이나 상상에 그치지 않도록 지도한다.<br>• 나는 친구들을 따돌린 경험이 있는가? 발표한다. 그랬다면 왜 그랬는지 구체적인 이유를 제시한다.<br>• 나의 성격은 어떤지? 나는 친구들에게 어떤 친구인지 발표한다 : 객관적인 입장에서 자신을 조망할 수 있도록 지도한다. | | 15~25분 |
| 정리활동 | • 벗 사귐의 진정성 파악하기 | • 나와 친구들의 장점과 단점을 발표한다 : 장난으로 그치지 않도록 유의하여 지도한다. 가능하면 장점과 단점의 실례를 들어 발표하도록 지도한다.<br>• 찰리의 진정한 모습과 아름다움이 어떤 것인지 발표한다 : 이때 나와 찰리를 동일화할 수 있도록 지도한다. | | 5~10분 |

**1**

## 단위시간별 지도안

<단위시간 : 50분>

| 일자 | 2006. 12. 19. 화 | 차시 | 1차시 | 대상 | 7세 | 교재 | 돼지책 |
|---|---|---|---|---|---|---|---|
| 학습목표 | | 등장인물을 알고 책 내용을 확실히 이해한다. | | | | | |

| 단계 | 학습내용 | 학습활동 | 시간 | 준비물 |
|---|---|---|---|---|
| 도입 | ※마음열기 | ▶책을 읽기에 앞서 책표지를 살펴본다.<br>· 책표지를 살펴보면서 독서 동기를 유발시킨다.<br>(제목을 먼저 가린다.)<br>① 책 앞표지에는 누구누구가 있나요?<br>② 업고 있는 아주머니의 표정을 보세요. 어떤가요?<br>③ 업혀 있는 사람들의 표정은 어떤가요?<br>④ 책 뒤표지에 쓰여 있는 글을 읽어보세요. 누가 썼을까요? 왜 썼을까요?<br>⑤ 책 제목을 맞춰보세요.<br>⑥ (책 제목을 보여 주면서) 제목이 무엇인가요? | 10′ | 교재<br>(돼지책) |
| 전개 | ※내용확인 하기 | ▶책을 읽는다.<br>· 듣기 훈련을 위해서 교사가 읽는다.<br>▶책의 줄거리에 대한 OX 퀴즈를 풀면서 내용을 완전히 이해한다.<br>· OX 퀴즈를 풀 때 게임규칙을 정한다.<br>① 선생님이 하나, 둘, 셋 하면 동시에 든다.<br>② 생각이 잘 나지 않을 경우 '잠깐만요!' 라고 외친다.<br>③ 선생님이 수를 세기도 전에 먼저 답을 말하는 경우 벌칙을 정한다.<br>④ 답이 맞으면 책의 어떤 부분에서 그 내용이 있었는지, 틀리면 틀린 내용을 고쳐서 말하게 한다. | 30′ | OX퀴즈 문제,<br>OX퀴즈 도구 |
| 정리 | ※내용정리 | ▶돼지책 줄거리를 학생이 정리해서 말한다. | 10′ | |
| | ※차시예고 | ▶돼지의 모습이나 울음소리 등을 조사해 오도록 예고한다. | | |

$$\boxed{\text{단위 시간별 지도안}}$$

(단위 시간 : 40분)

| 단 원 | 돼지책 | 차시 | 3차시 | 학년 | 7세 | 인원 | 3명 |
|---|---|---|---|---|---|---|---|
| 학습목표 | 책 주제를 파악하고 뒷 이야기 상상하기 | | | | | | |
| 단계 | 학습내용 | 학 습 활 동 | | | | 시간 | 준비 및 유의점 |
| 준비<br>활동 | * '돼지책'<br>줄거리와<br>주제<br>점검 | *주제 파악 점검<br> -'돼지책'을 옛날이야기 형식으로 바꿔 꾸며보<br> 기<br>* 책 내용중 재미있는 말 흉내내기<br> (대사라면 감정을 있는 그래도 표현하기)<br>*주어진 낱말 연상하기<br> (ex) 돼지 = 꿀꿀, 뚱뚱하다, 꼬리 코 | | | | 10분 | *전체의 적<br>극적인 참여<br>를 유도한다.<br><br>* 한 유아에<br>게 편중되지<br>않도록 한다. |
| 본<br>활<br>동 | * 책 내용<br>이해를 토<br>대로 뒷<br>이야기를<br>상상해 만<br>들어 간다 | * 뒷 이야기 만들 부분을 선택하고, 이야기 꾸밀<br> 시간을 잠시 갖도록 한다<br> (유아가 직접 선택하도록 유도한다)<br>* 선택한 부분에 뒷 이야기를 상상해서 발표한<br> 다.<br> (개별로 이야기를 만들어 발표한다.) | | | | 20분 | *서로의 이<br>야기에 경청<br>하고 격려<br>할 수 있도<br>록 도와준다. |
| 정리활동 | *책을 다시<br>한번 읽고<br>느낌을 정<br>리한다. | * 유아들이 쓴 이야기를 본문에 집에 넣어 간단<br> 하게 한번씩 교사가 읽어준다.<br>* 책을 읽고 난 느낌을 한사람씩 간단히 이야기<br> 한다. | | | | 10분 | |

3

# 차시별 계획서

< 단위 시간 : 50분 >

| 단원명 | <나쁜 어린이표> | 차시 | 2/5차시 (50분) |
|---|---|---|---|
| 활동<br>목표 | ①책을 읽고 각 상황에 대해 정리하여 스티커를 붙여보면서<br>  자기 자신의 입장을 나타내고 판단력을 키울 수 있다.<br>②담임선생님과 주인공의 감정을 파악하여 살펴보고 기상도로<br>  나타낼 수 있다. | 준<br>비<br>물 | A4용지, 기상도 그림 샘플,<br>도형(모양)스티커 |
| 단계 | 학 습 활 동 | 시간 | 유의점/ 자료 |
| 생각<br>열기 | *인사나누기<br>*반에서 가장 꾸중을 많이 듣는 아이들에 대해 얘기 나누기 | 10분 | |
| 본활동 | 활동 1. 건우는 왜 나쁜 어린이표를 받았을까?<br>* 건우가 학교에서 한 행동들을 순서대로 적는다.<br>* 각 행동에 대해 나쁜 어린이/착한 어린이의 두 항을 만들어<br>  해당되는 쪽에 스티커를 붙인다.<br>* 책과 결과가 다를 경우 이유를 이야기 해 본다.<br><br>활동 2. 등장인물의 감정 파악<br>* 일기도 샘플 그림을 보며 그림이 나타내는 날씨에<br>  대해 이야기해 본다.<br>* 감정 대립을 보일 등장인물 두 명을 선정한다.<br>  (특별히 선정을 하지 않을 경우 담임선생님과 건우로 함)<br>* 활동 1에서 선정한 사건들에 비추어 선정한 인물들의<br>  감정 변화를 기상도로 그려본다.<br>* 자신이 그린 기상도를 발표한다. | 15분<br><br>15분 | ※유의점<br>1.기상도 샘플 그림을 다양<br>  하게 준비하여 어려운 그<br>  림의 경우 아이들과 맞춰<br>  본 후에 교사가 자세히 설<br>  명을 해준다.<br>2.행동의 옳고 그름에 대한<br>  아이의 판단에 귀 기울여<br>  주고 자유스러운 분위기에<br>  서 이야기 하며 서로의 의<br>  견을 충분히 듣도록 한다. |
| 정리 | * 감정을 잘 표현한 기상도를 추천한다.<br>* 바르게 생활하는 아이가 되도록 격려한다.<br>* 다음 차시에 활동할 내용에 대해 안내한다. | 10분 | ※모든일에 편협한 시각으로<br>보지말고 열린 마음으로 판단<br>할 수 있도록 생각하고 판단<br>하는 능력을 길러준다. |
| 관련<br>활동 | * 생활목표를 만들어 성취여부에 따라 스티커를 붙일 수 있도록<br>  칭찬 스티커판 만들기<br>* 등장인물의 감정을 감정곡선 그래프로 만들어 보기 | | |
| 평가<br>초점 | *학교생활에서 옳고 그른 행동이 무엇인지를 깨달았는지<br>  평가한다.<br>*여러 아이들과의 대화를 통해 나와 다른 생각이 있다는 것을 배<br>  우게 되었는지를 평가한다. | | |

## 단위 시간별 지도안

<단위시간 65분>

| 제목: 너도 하늘 말나리야 | 차시 | 4차시 | 학년 | 6학년 |
|---|---|---|---|---|
| 학습목표 | 너도 하늘 말나리야 | | | |
| 단계 | 학습내용 | 학습 활동 | 시간 | 준비물 유의할점 |
| 도입 | 생각 그물 할 가지 나누기 | 내가 그림가지 수를 정하고 분류한다. | 5분 | 차시 준비물 스케치북과 싸인펜 싸인펜 색깔 수가 5~6가지를 사용한다. |
| 전개 | 1,2,3 차시 내용을 정리한다. | 줄거리 심리변화 등장인물의 1:1 데이트를 간단한 이미지를 사용할 수 있도록 한다. | 40분 | 너무 많은 주가지 수를 피한다. |
| 정리 | 이 책을 읽고 느낀점 | ① 생각 그물 발표<br>② 부모님의 대한 고마움과 감사함을 전할 줄 안다.<br>③ 다음 책 소개를 하면서 겉표지나 책의 삽화를 통해 어떤 이야기인지 상상해 본다. | 15분 | |

## 3. 독서교육 평가의 의의와 방법

### 1) 독서교육 평가의 의의

학교교육의 현장에서 학교도서관 중심의 독서교육은 창의적 재량 활동이나 특별 프로그램으로 전개되는 경우가 많기 때문에 공식적인 차원에서 독서교육 평가 활동이 제대로 이루어지지 않는다. 이러한 경향은 비단 학교교육의 현장에서뿐만 아니라 소집단 형태의 독서·논술교육에서도 마찬가지이다. 그러나 개별 학습자의 작품에 대한 이해 및 감상은 어떤 형태로든 측정되어야 하며, 그 결과물을 바탕으로 독서교육의 방향을 설정해야 한다.

독서교육은 단순히 지식을 전달하는 데 목적이 있지 않다. 학습자 스스로 느끼는 흥미와 동기유발에 의해 독서를 즐기며, 독서를 효과적으로 수행할 수 있는 능력을 길러주는 데 목적이 있다. 따라서 독서교육의 결과보다 독서교육의 과정에서 학습자의 텍스트에 대한 인지와 감상에 초점을 맞춘 평가가 이루어져야 한다. 독서교육의 과정에서 동원되는 콘텐츠의 결과물을 단순히 평가하기보다 지식, 기능, 태도에 이르기까지 종합적인 평가가 이루어져야 한다. 특정 텍스트와 특정 독서교육콘텐츠의 형식에 얽매이지 말고 다양한 텍스트와 다양한 독서교육콘텐츠를 동원해야 한다.

통합 독서교육콘텐츠에서 독서교육의 평가는 다음과 같은 성격을 갖는다. 첫째, 어떤 텍스트로부터 획득하게 되는 특정한 지식 혹은 결과보다 독서교육의 과정, 문제해결 과정을 중심적으로 평가한다. 둘째, 실제 독서교육의 장에서 이루어지는 통합의 세 차원적 활동을 중심으로 평가한다. 셋째, 다양한 장르의 텍스트는 물론 인터넷 정보자료에 이르기까지, 그것에 대한 이해와 감상을 평가한다. 넷째, 실질적으로 전개한 독서교육 활동을 중심으로 평가하되 객관적인 평가 기준과 도구를 개발해야 한다. 다섯째, 지도교사에 의한 평가 이외에 학습자 상호간 평가, 자기평가 등의 방법을 함께 적용한다. 여섯째, 객관식 지필평가 보다 다양한 형식의 수행(performance) 평가 방법을 활용한다.

## 2) 독서교육 평가의 방법

독서교육에 대한 평가는 독서교육의 목적 및 교육현장의 상황에 따라 시험지법, 논술형, 그래픽 조직자, 토론형, 관찰법, 포트폴리오법 등을 다양하게 적용할 수 있다.

### (1) 시험지법(페이퍼 테스트)

시험지법(페이퍼 테스트)은 학교교육의 현장에서 이루어지는 일반 교과영역의 평가와 동일한 방식을 취한다. 객관식 시험이나 학력 테스트와 같이 학습자가 관련한 문항을 읽고 알맞은 답을 고를 수 있도록 하는 방법이다. 텍스트에 대한 인지 정도를 측정하는 데 가장 널리 사용되고 있다.

특정 텍스트에 대한 내용을 중점적으로 평가하고자 할 때에는 지도교사가 직접 평가 문항을 작성해야 하지만, 독서태도, 독서흥미, 독서수준 등을 측정하고자 할 때에는 표준 시험지를 활용할 수도 있다. 독서 결과를 측정하기 위한 시험지는 진위형, 선택형, 완성형 문항 등이 있다. 일반 시험지법과 달리 사전에 일정한 기준에 의거하여 체크리스트를 작성하고 학습자가 수시로 평정하는 체크리스트법도 있다. 텍스트의 내용이나 주제에 비추어 각 정보들이 갖고 있는 중요도를 체크하도록 하는 중요도 평정법이 대표적이다.

### (2) 서술법

서술법은 텍스트의 내용을 바탕으로 사건의 전개나 갈등 또는 쟁점이나 의견 등에 대해 학습자가 서술한 결과물을 평가하는 방법이다. 구체적인 방법으로 요약하기, 추론하기, 생략된 부분 상상하기, 책소개 및 광고하기 등이 있다. 이외 학습자가 스스로 독서교육의 계획을 세우고, 이에 기초하여 조사·탐구활동 수행의 결과물을 보고서 형식으로 작성하게 하는 연구보고서법이 있다. 이때 지도교사는 학습자가 작성한 전체적인 글을 인상적으로 평가해서는 안 된다. 일정한 평가요소와 기준을 설정하여 객관적으로 평가해야 한다. 그 기준 설정을 예시하면 다음과 같다.

[표 14] 서술법 평가기준의 사례

| 평가 항목 | 평가 점수 |
| --- | --- |
| 자료 수집의 체계성 | 상(3), 중(2), 하(1) |
| 내용 전개의 일관성 및 타당성 | 상(3), 중(2), 하(1) |
| 증거 내용의 정확성 | 상(3), 중(2), 하(1) |
| 글 및 보고서의 형식성 | 상(3), 중(2), 하(1) |

## (3) 그래픽 조직자

그래픽 조직자는 통합독서교육콘텐츠에서 플롯이나 인물의 이해를 위해 활동했던 도표의 활용, 그림의 활용, 신문의 활용, 검색자료의 활용, 퀴즈, 퍼즐, 게임의 활용, 인물탐구, 인물교류, 인물대조 및 비교, 인물재생 등을 일정한 형식에 맞추어 재구조화한 결과물을 평가하는 방법이다. 이때 각각의 그래픽 조직화 기법에 따른 평가 기준을 마련해야 하는데, 신문의 활용에 대한 평가기준을 예시하면 다음과 같다.

[표 15] 그래픽 조직자의 평가기준 사례 – 신문의 활용 평가 기준

| 평가 항목 | 평가 점수 |
| --- | --- |
| 신문기사의 다양성 | 상(3), 중(2), 하(1) |
| 자료의 신뢰성 및 적합성 | 상(3), 중(2), 하(1) |
| 편집의 형식성 | 상(3), 중(2), 하(1) |
| 모둠의 경우, 모둠원의 참여도 | 상(3), 중(2), 하(1) |

## (4) 토론법

토론법은 특정 텍스트에서 부각되고 있는 쟁점이나 주제에 대해 학습자 상호간 토론을 전개하고, 개별 학습자의 주장이 갖는 논리성을 중심으로 독서교육의 성과를 측정하는 방법이다. 이때 지도교사는 지나친 비약이 제기되거나 감정에 휩싸여 토론이 제대로 이루어지지 않을 경우를 제외하고, 토론의 주제를 선정·제시하는 단계까지만 지도 역할을 수행한다. 평가방법으로 지도교사가 직접 평가하는 방법, 학습자 상호간에 평가하는 방법, 토론에 대해 학습자 스스로 자기를 평가하는 방법 등이 있다.

[표 16] 토론법 평가기준의 사례 – 지도교사의 평가

| 평가 항목 | 평가 점수 |
|---|---|
| 토론 내용의 이해 | 상(3), 중(2), 하(1) |
| 주장의 논리성 및 설득력 | 상(3), 중(2), 하(1) |
| 적절한 해결책 및 대안의 제시 | 상(3), 중(2), 하(1) |
| 토론에 임하는 태도 | 상(3), 중(2), 하(1) |

[표 17] 토론법 평가기준의 사례 – 학습자의 자가평가

| 처음 나의 생각 | 찬성 주장 | 반대 주장 | 바뀐 나의 생각 |
|---|---|---|---|
|  |  |  |  |

## (5) 관찰법

관찰법은 학습자의 독서행동이나 독서과정을 지도교사가 직접 관찰하여 평가하는 방법이다. 지도교사의 주관적인 판단이 개입될 소지가 있지만 직접적으로 학습자의 활동을 평가할 수 있다는 장점이 있다. 이때 관찰하고자 하는 대상과 평가항목을 사전에 설정해 두어야 하며, 평소에 특정한 행동이 눈에 띄는 대로 바로 체크리스트에 기록해 두어야 한다. 독서교육 활동이 끝난 후 지도교사가 학습자의 텍스트에 대한 이해와 감상 정도를 토로할 수 있도록 발문의 기법을 사용하여 질의한다. 그 결과를 바탕으로 해당 텍스트에 대한 차후 독서교육의 활동 방향을 진단한다.

## (6) 포트폴리오법

포트폴리오는 읽기 전, 읽는 중, 읽은 후에 이루어지는 모든 독서교육 활동의 수행 결과물을 모아 놓은 것이다. 통합 독서교육콘텐츠의 모든 하위 활동 모형에 해당하는 결과물을 개인철 형식으로 묶을 수 있기 때문에 학습자의 독서문집이라고도 할 수 있다. 포트폴리오법은 한 학기 정도의 기간에 걸친 독서교육 활동 결과물을 대상으로 평가하기 때문에 결과와 과정을 동시에 평가할 수 있다. 학습자의 개별적인 독서능력 전반에 걸쳐 평가할 수 있다는 장점이 있다. 이때 포트폴리오에 대한 설명과 평가기준을 상세하게 제시해야 하며, 중간 평가는 물론 수시로 지도교사와 학습자의 피드백이 이루어져야 한다.

# 참고문헌

## 제1장

노병곤, 「독서의 실태와 문제점」, 『한민족문화연구』 제4집, 한민족문화학회, 1999.
손정표, 『신독서지도방법론』, 태일사, 2003.
오세영 외, 『(교사용 지도서) 독서』, 대한교과서, 2002.
정기철, 『읽기교육의 이론과 실제』, 도서출판 역락, 2004.
한국독서학회, 『21세기 사회와 독서지도』, 박이정, 2003.
한우리독서문화운동본부, 『독서교육론과 독서논술지도론』, 위즈덤, 2005.
형지영, 『통합적 독서교육』, 인간과자연사, 2001.

## 제2장

노명완, 『국어교육론』, 한샘, 1988.
소경희, 「교육과정과 통합논술」, 『논술교육 역량 강화를 위한 중등교사 연수』, 서울대학교 중등
　　　　교육연수원, 2007.
신헌재 편, 『학습자 중심의 국어교육』, 서광학술자료사, 1994.
이재승, 『국어교육의 원리와 방법』, 박이정, 1997.
천경록 외, 『읽기교육의 이해』, 우리교육, 1997.
최현섭 외, 『국어교육학개론』, 삼지원, 1999.
한철우 외, 『(과정 중심) 독서 지도』, (주)교학사, 2002.
형지영, 『통합적 독서교육』, 인간과자연사, 2001.

## 제3장

신헌재 편, 『학습자 중심의 국어교육』, 서광학술자료사, 1994.
한철우 외, 『(과정 중심) 독서 지도』, (주)교학사, 2002.
형지영, 『통합적 독서교육』, 인간과자연사, 2001.

제 4 장

김상태 외, 『문학(상)』, 도서출판 태성, 2002.
김슬옹, 「창의력 / 상상력 / 비판력을 위한 맥락읽기와 통합교육 전략」, 『한민족문화연구』 제4집,
　　　　한민족문화학회, 1999.
김이종, 『학생 독서교육 어떻게 할 것인가』, 교육과학사, 2003.
박호영 외, 『문학(상)』, 형설출판사, 2002.
손정표, 『신독서지도방법론』, 태일사, 2005.
신헌재 외, 『학습자 중심의 국어교육』, 서광학술 자료사, 1994.
양재한 외, 『어린이 독서지도론』, 태일사, 2003.
오세영 외, 『(교사용 지도서)독서』, 대한교과서, 2002.
이　영, 『창의적 동작 교육』, 교문사, 1992.
이삼형, 「스키마 이론의 읽기 지도」, 『한양어문』 13집, 한국언어문화학회, 1995.
이정애, 「국어교육에서의 경험적 담화의 활용 양상과 그 문화적 함의」, 『국어교육』 115집, 한국
　　　　어교육학회, 2004.
천경록 외, 『(자기주도적 학습을 위한) 독서전략 지도』, 교육과학사, 2006.
한국독서학회, 『21세기 사회와 독서지도』, 박이정, 2003.
한철우 외, 『(과정 중심) 독서 지도』, (주)교학사, 2002.
형지영, 『통합적 독서교육』, 인간과자연사, 2001.
Israel Lana, 한국부잔센터 역, 『아이들을 위한 마인드맵 : 사고력 중심의 두뇌개발프로그램』, 사
　　　　계절, 1994.


제 5 장

교육인적자원부·서울특별시교육청, 『선생님을 위한 독서지도 길라잡이』, 2007.
김혜영, 『독서지도론』, 경남대학교 출판부, 2005.
손정표, 『독시지도방법론』, 학문사, 1990.
송기호, 「독서지도 계획 세우기」, 부산 디지털자료실 지원센터, http://dls.busanedu.net, 2008.
양재한 외, 『어린이 독서지도론』, 태일사, 2003.
저우예우이, 최경숙 옮김, 『내 아이를 위한 일생의 독서계획』, 바다출판사, 2007.
조영희, 「독서지도계획의 효율적인 수립방법」, 『새국어교육』 제46집, 한국국어교육학회, 1990.
한복희, 『초등학교 독서와 논술』, 노트북, 2005.

# 찾아보기